Maurice Merleau-Ponty.
Filosofía, corporalidad
y percepción

Esteban A. García

Maurice Merleau-Ponty.
Filosofía, corporalidad
y percepción

Editorial Rhesis

García, Esteban
Maurice Merleau-Ponty. Filosofía, corporalidad y percepción
Esteban García
1a. ed. - Rhesis, 2012.
220 p.; 22x15 cm.

ISBN 978-987-27375-1-1

1. Filosofía. 2. Fenomenología.
Fecha de catalogación: 1/7/2012

2012
Editorial Rhesis
www.editorialrhesis.com
info@editorialrhesis.com
Diseño de tapa: Laura Dos Santos
ISBN: 978-987-27375-1-1

Índice

Introducción / 9

I. Rudimentos de una historia de las filosofías del cuerpo / 25
I.1. La doble gestación del cuerpo y el alma
    en la Antigüedad / 25
I.2. Cuerpos, máquinas y animales desde Descartes a Nietzsche / 38
I.3. La fenomenología de Husserl en la crisis de la
    conciencia moderna / 47
I.4. La filosofía del cuerpo de Merleau-Ponty frente
    al dualismo occidental / 66

II. La teoría merleaupontyana de la percepción / 76
II.1. El problema de la percepción, el método fenomenológico
    y el proyecto merleaupontyano / 76
II.2. El objeto percibido como fórmula motriz / 86
II.3. El cuerpo habitual como sujeto de la percepción / 105
II.4. El pragmatismo merleaupontyano en contraste
    con las teorías intelectualistas y fisiologistas
    de la percepción / 128

III. Más allá de la fenomenología de la percepción / 144
III.1. El cuerpo sentiente: una teoría estructural de la percepción / 144
III.2. Lo invisible y el mundo natural / 168
III.3. Imágenes, sueños, ilusiones y alucinaciones / 178

Bibliografía / 195

Observaciones acerca de las referencias bibliográficas

Por lo general se han citado las obras de Merleau-Ponty en alguna de sus traducciones al español publicadas. Sin embargo, en ciertos casos se ha preferido proponer una traducción alternativa del texto francés. Siempre que a una cita en español corresponda una referencia de una obra en otro idioma se estará utilizando una traducción propia. En las notas a pie de página se utilizaron las siguientes siglas para citar obras de Merleau-Ponty de referencia frecuente:

EC   *La estructura del comportamiento*, tr. E. Alonso, Hachette, Buenos Aires, 1976.

FL   *Filosofía y lenguaje. Collège de France, 1952-1960*, tr. H. Acevedo, Buenos Aires, Proteo, 1969.

FP   *Fenomenología de la percepción*, tr. J. Cabanes, Barcelona, Planeta-Agostini, 1993.

MPS *Merleau-Ponty à la Sorbonne. Resumé de cours 1949-1952*, Dijon-Quetigny, Cynara, 1988.

N   *La nature. Notes de cours du Collège de France*, Paris, Éditions du Seuil, 1995.

NC   *Notes des cours au Collège de France 1958-1959 et 1960-1961*, París, Gallimard, 1996.

PP   *Phénoménologie de la perception*, París, Gallimard, 1945.

PPCP *Le primat de la perception et ses conséquences philosophiques*, Grenoble, Cynara, 1989.

S   *Signes*, París, Gallimard, 1960.

SS   *Sentido y sinsentido*, tr. N. Comadira, Barcelona, Península, 1977.

VyI *Lo visible y lo invisible. Seguido de notas de trabajo*, tr. J. Escudé, Barcelona, Seix Barral, 1970.

Maurice Merleau-Ponty. Filosofía, corporalidad y percepción

Introducción

Este trabajo se propone presentar ciertas ideas centrales de la filosofía de Merleau-Ponty, mostrando algunas de las posibles vías de acceso a este pensamiento multifacético y esbozando a la vez una suerte de mapa histórico y conceptual que sirva para situar sus conceptos en un contexto filosófico más amplio. Merleau-Ponty todavía puede cargar con bastante justicia aquel título a la vez demasiado vago y demasiado pesado que algunos contemporáneos le concedieron al hablar del "filósofo del cuerpo". Cuan divergentes puedan ser las interpretaciones que se hayan hecho de su filosofía e incluso cuan variadas hayan sido las tesis sostenidas por el filósofo mismo a lo largo de su evolución intelectual, el propósito dominante y singular de su obra reside sin duda en volver a mirar con nuevos ojos los misterios de nuestra experiencia carnal, sensible y deseante. Abrir la lectura del *corpus* merleaupontyano sólo puede significar entonces abrir de nuevo la interrogación por el cuerpo, escuchar y dar expresión filosófica a ese otro yo que somos y que nos interpela sin hablar: "este cuerpo actual que llamo mío, el centinela que asiste silenciosamente a mis palabras y mis actos".[1] Para comenzar a divisar el sentido de una interrogación tal, es necesario primeramente percatarse de la singularidad y la provocación que representa en el contexto de la historia de la filosofía el gesto de colocar el cuerpo en el corazón de la metafísica y de la teoría del conocimiento, tal como se propuso hacer Merleau-Ponty. Antes de ello, incluso, será preciso entender la magnitud del evento que constituyó en la historia cultural moderna y para nuestra entera tradición intelectual la mera legitimación del cuerpo como problema de interés filosófico, es decir, como tema que concierne al tipo de reflexión que ejercen los filósofos además de ser aquel objeto que sin duda se presta a la investigación del biólogo o el fisiólogo y que encomendamos a la pericia técnica del médico. El momento filosófico de Merleau-Ponty significó un capítulo decisivo en esta historia del regreso del cuerpo al *corpus* filosófico, uno de los que determinaron que la filosofía contemporánea continúe discurriendo hasta el presente de manera incesante acerca del cuerpo. La

---

[1] M. Merleau-Ponty, *El ojo y el espíritu*, trad. esp. de Jorge Romero Brest, Barcelona, Paidós, 1986, p. 11.

fenomenología merleaupontyana del cuerpo fue contemporánea en la Francia de mediados del siglo XX de otras filosofías que reflexionaron profundamente acerca del carácter carnal de la experiencia humana, el dolor o la sexualidad, tales como las de Simone Weil, Emmanuel Lévinas, Gabriel Marcel, Simone de Beauvoir o Jean-Paul Sartre. Por su parte, las generaciones intelectuales posteriores, aquellas que quizá abusaron del prefijo "post" –post-existencialistas, post-humanistas, post-estructuralistas, post-modernas– afianzaron definitivamente el inmenso interés filosófico de la cuestión impulsadas por sus diversas relecturas de Nietzsche. Ciertamente no se trataba éste de un tema novedoso para la filosofía: en cierto sentido puede afirmarse que los filósofos se ocuparon siempre y con insistencia del cuerpo, si bien con cierta incomodidad característica.

Clásicamente la corporalidad –entendiendo aquí por ella, en términos más bien vagos, el *sôma* y algunos de sus parientes más o menos cercanos tales como la sensibilidad platónica o la carne paulina– fue inventariada entre los obstáculos del camino hacia el Bien, como una prisión o tumba (*sêma*) para el alma caída, un caballo negro y salvaje que tira del carro del alma, un mal necesario, un problema ontológico, una fuente de error o de maldad, una falla de nuestra naturaleza.[2] Solamente los filósofos modernos lograron despojar al cuerpo de cualquier investidura metafísica, por oscuras que hubieran sido aquellas que le había concedido la antigüedad. En la modernidad la filosofía finalmente afrontó el problema sin miedo ni pudor y puso al cuerpo en su sitio, lado a lado con los demás objetos, a la vista de todos, exhibido parte por parte y hasta el último rincón. Ciertamente le concedió un lugar especial como el que corresponde a un artefacto tan preciosamente elaborado: por increíble que parezca, al desvestir el cuerpo y rasgarle la piel lo que Descartes halló dentro suyo fue algo muy semejante a un reloj. El gesto filosófico cartesiano determinó que

---

[2] El *sôma* como *sêma* (tumba) del alma fue una doctrina de origen pitagórico que recogió la filosofía platónica. Las vertientes hegemónicas de la filosofía medieval de índole casi puramente teológica combinaron en muchos casos el dualismo platónico y la condena moral de la carne paulina: "Andad en el Espíritu, y así jamás satisfaréis los malos deseos de la carne. Porque la carne desea lo que es contrario al Espíritu, y el Espíritu lo que es contrario a la carne"; "Los que son de Cristo Jesús han crucificado la carne con sus pasiones y deseos" (San Pablo, Epístola a los Gálatas V:16-24); "Antes hiero mi cuerpo y lo pongo en servidumbre no sea que yo mismo sea reprobado" (San Pablo, I Epístola a los Corintios IX:27).

los saberes acerca del cuerpo siguieran los mismos métodos de observación objetiva y cuantitativa que convenían propiamente a la naturaleza física: la ciencia moderna comenzó a descubrir el cuerpo a costa de encubrir sus rasgos subjetivos, humanos y aún algunas de sus dimensiones propiamente biológicas que escapaban al paradigma físico.

Esta matriz conceptual y cultural moderna que ubica a nuestro cuerpo más cerca de las máquinas y de los animales –a su vez considerados ellos también como mecanismos movidos por fuerzas ciegas– no sufrió una crisis profunda sino hasta finales del siglo XIX y principios del XX con pensadores como Marx, Freud y Nietzsche, a quienes algunos contemporáneos llamaron "los tres filósofos de la sospecha".[3] A ellos debería anteponerse otro eximio maestro de la sospecha que muchos filósofos olvidan con frecuencia: Charles Darwin. Estos intelectuales y científicos subvirtieron de distintos modos la tradicional devaluación del cuerpo al menos en el ámbito de los saberes académicos, hurgando en los orígenes y los fundamentos carnales y materiales de la preciada espiritualidad humana. Si circunscribimos su influencia especialmente al ámbito intelectual es porque la integridad del mundo social y cultural que habitamos, incluidas sus estructuras o dimensiones familiares, políticas, laborales, etc., sigue manifestando fuertes sesgos dualistas desfavorables a los aspectos corporales de la existencia. Aristóteles ya afirmaba que deben gobernar tanto en la ciudad como en la familia quienes participan en mayor medida de la razón –los hombres adultos y griegos, ya que consideraba a las mujeres como menos racionales–, y aún hoy existen visibles jerarquías entre los trabajadores intelectuales y manuales así como entre hombres y mujeres.[4]

A mediados del siglo XIX, cuando empezó a ser conocida la biología evolucionista darwiniana, las controversias no se originaron solamente en ámbitos científicos sino religiosos y filosóficos: la ciencia parecía en este caso haber horadado o invadido terrenos ajenos intentando explicar biológicamente facultades exclusivamente humanas, reservadas a los únicos habitantes terrestres que comparten

---

[3] Paul Ricoeur y Michel Foucault, entre otros filósofos contemporáneos, utilizaron y popularizaron este mote de "los filósofos de la sospecha" para referirse a la tríada.

[4] Acerca de la asociación filosófica tradicional entre los dualismos mente/cuerpo y masculino/femenino, cf. Elizabeth Grosz, *Volatile Bodies. Toward a Corporeal Feminism*, Bloomington, Indiana University Press, 1994, pp. 13 ss.

originariamente con la divinidad una dimensión espiritual. El escándalo y el peligro del evolucionismo biológico no residían en proveer una nueva versión, ahora científica, de algún tipo de materialismo reduccionista como los que ya existían desde el siglo XVII y XVIII con Hobbes o La Méttrie. Aquí ya no se trataba de aferrar un solo cuerno del dualismo cartesiano y mostrar la prescindencia del otro: el riesgo inédito y potencial consistía en atreverse a pensar de qué modo se puede pasar sin solución de continuidad de una sustancia a la otra. Para mayor escándalo, la fórmula mágica de la alquimia darwiniana consistiría simplemente en dejar pasar el tiempo, mucho tiempo. El significado de esta transmutación de la máquina en fantasma, este rebajamiento del ser esencialmente humano a un ser vivo cualquiera "hominizado", no era meramente el de una disolución de la escisión sustancial dualista por medio del ensanchamiento del rango explicativo de un término en detrimento del otro, sino una multiplicación y diversificación de las categorías de lo real que haría necesario redefinir lo que la modernidad entendía por "mente" y "cuerpo". Merleau-Ponty resumió esta nueva situación intelectual al escribir que "nuestro siglo ha borrado la línea de división del 'cuerpo' y el 'espíritu' y ve la vida humana como espiritual y corporal a la vez, siempre apoyada en el cuerpo". En su visión, el siglo XX restauró y profundizó "la noción del cuerpo animado".[5] El filósofo se refirió justamente a Marx, Freud y Nietzsche como a tres exponentes de esta renovación del concepto clásico del cuerpo. ¿En qué sentido podrían relacionarse estos intelectuales tan alejados entre sí no sólo en sus doctrinas sino, más ampliamente, incluso en sus disciplinas? Si en general se narraba la historia de la humanidad primariamente en términos de la historia política, religiosa, filosófica o de las altas producciones culturales, Marx calificó a esta historia clásica como una mera historia de las "ideologías" convirtiendo a su vez en "ideológica" a aquella historia misma. La ideología es el decorado que encubre la verdadera historia, la historia económica entendida básicamente como el modo en que los hombres de carne y hueso y con sus pies sobre la tierra trabajan: los cuerpos trabajadores y expropiadores pasan a ser entonces los protagonistas de la historia en lugar de las cortes, los papados o los representantes de la alta cultura. Por su parte, Freud afirmó que la conciencia humana es sólo la punta del *iceberg* de un aparato psíquico constituido prioritariamente por pulsiones inconscientes que tienen su fuente y su objeto en el cuerpo. Nietzsche, a su vez, sostuvo contrariamente a Descartes, quien afirmaba ser puro pensamiento

---

[5] M. Merleau-Ponty, *S*, p. 287.

incorporal: "yo soy cuerpo íntegramente, y alma es solamente una palabra para designar algo del cuerpo". El alma, escribía metafóricamente Nietzsche, es nada más que un juguete del cuerpo: "Detrás de tus pensamientos y sentimientos [...] se encuentra un soberano poderoso, un sabio desconocido. [...] En tu cuerpo habita, es tu cuerpo".[6]

El propósito de los primeros capítulos de este libro será ubicar a Merleau-Ponty en la línea de estos filósofos de la sospecha, participando del mismo movimiento intelectual que reivindica el valor de la corporalidad al invertir los términos del dualismo tradicional. Sin embargo, es necesario advertir que este movimiento de inversión es acompañado por un trastrocamiento o redefinición del sentido de los términos mismos. Porque el cuerpo del que hablan Freud, Nietzsche o Merleau-Ponty, aun con todas sus diferencias, no corresponde en ningún caso exactamente a lo que Descartes entendía por un cuerpo ni tampoco refiere propiamente al cuerpo que describe la anátomo-fisiología y estudian las ciencias objetivas del cuerpo. Merleau-Ponty es conciente de que para superar el dualismo cartesiano para el cual el sujeto es propiamente una mente o una conciencia no basta con invertir la jerarquía de los términos, porque de ese modo se permanece todavía en el interior de la alternativa cartesiana. Es necesario volver a pensar radicalmente qué es el cuerpo más allá de lo que concebía Descartes y para hacerlo Merleau-Ponty recurre, entre otras, a las herramientas metodológicas provistas por la fenomenología de Husserl: una filosofía de la "conciencia trascendental" que Merleau-Ponty revelará como heredera secreta de la revolución intelectual iniciada por aquellos pensadores decimonónicos de la animalidad, del inconciente, de la historia y del cuerpo.

Como es patente, el sentido de la filosofía merleaupontyana sólo puede salir a la luz en el contexto o por contraste con otras filosofías que la constituyen interiormente como partes de su propia historia, y es por ello que los primeros capítulos esbozan una somera reseña de algunos hitos o mojones que atravesó la reflexión filosófica acerca del cuerpo. Merleau-Ponty forjó enteramente su propio pensamiento en diálogo con otros y es por ello que no resulta posible, por ejemplo, captar el sentido de su definición del cuerpo como sujeto de la percepción sin aludir a los contrastes con una gnoseología intelectualista (típicamente, en los textos de Merleau-Ponty, cartesiana o kantiana). Por otro lado, la inclusión de esta primera parte histórica tiene el sentido de

---

[6]   F. Nietzsche, *Así habló Zaratustra*, Madrid, Alianza, 1985, pp. 60-62.

mostrar el vasto alcance y las numerosas implicancias del proyecto merleaupontyano de trascender la ontología y la gnoseología dualistas, siendo el dualismo una estructura de pensamiento que atraviesa la entera reflexión filosófica occidental y pervive aún en nuestras concepciones y expresiones más usuales. Las dos partes siguientes conciernen ya a un número de temas centrales propios de la filosofía de Merleau-Ponty, entre los que se cuentan la conciencia del propio cuerpo, la percepción del mundo, los hábitos de movimiento, la sensibilidad y el mundo natural. Estos temas distan de agotar la inmensa diversidad de problemas que tocó la reflexión del filósofo, diversidad que abarca entre tantas otras áreas la filosofía política, la estética, la filosofía de la historia, la epistemología y la filosofía del lenguaje, pero representan cuestiones basales en las que se asienta buena parte del resto de los desarrollos merleaupontyanos.

Entre las hipótesis interpretativas que orientan esta exposición pueden distinguirse algunas referidas a la interpretación del pensamiento (y la evolución del pensamiento) merleaupontyano, de otras de alcance más general relativas a la temática filosófica misma de la corporalidad. En esta enumeración de los objetivos de este trabajo comenzaremos por las tesis más modestas, aquellas inscriptas en el interior del ámbito de los estudios merleaupontyanos. En primer lugar, se pretende presentar la obra filosófica de Merleau-Ponty como el desarrollo inconcluso de un proyecto de una *filosofía del cuerpo*: una filosofía que dé cuenta de la integridad de la experiencia humana – incluidos sus aspectos perceptivos, emocionales, racionales, lingüísticos, etc.– desde el dato central de la corporalidad. Esto supone proponer el cuerpo como eje no sólo gnoseológico –el cuerpo como sujeto de la percepción e incluso como fundamento y fuente de las operaciones intelectuales– sino como eje ontológico: el cuerpo en tanto entrelazamiento de sujeto y objeto como modelo para pensar el ser en general. Al abordar la obra de Merleau-Ponty desde la unidad de este proyecto se intenta confirmar la profunda coherencia que impregna la evolución del pensamiento del filósofo, en contraste con una extendida interpretación de la misma que subraya una pretendida ruptura entre un "primer Merleau-Ponty" existencialista, dialéctico y fenomenológico (asociado especialmente a la *Fenomenología de la percepción*) y un "último Merleau-Ponty" "ontológico" y quizá "post-estructuralista" (*Lo visible y lo invisible* entre otros textos), a los que podría agregarse además un "proto-Merleau-Ponty" "gestáltico" (*La estructura del comportamiento*), un Merleau-Ponty "estructuralista" de mediados de la década del cincuenta, etc. Por tal razón esta exposición no separa en secciones diacrónicas el pensamiento del "primero" y el "último" Merleau-Ponty sino que se organiza temáticamente.[7] Al abordar, por ejemplo, las teorías merleaupontyanas de la percepción y la sensibilidad, las remisiones a textos de épocas diversas del pensar merleaupontyano harán evidente la profunda unidad subyacente a su deriva reflexiva, sin dejar de advertir las variaciones o ampliaciones coherentes que hubieran aparecido.

Esta afirmación de la unidad y coherencia de la reflexión merleaupontyana en todas sus fases se apoya en el reconocimiento de un número de rasgos claves que definen el estilo de su entera filosofía. En primer lugar, se trata de una filosofía "estructuralista", "gestáltica" u "holística" del sentido. Intencionadamente se enumeran las tres determinaciones como si fueran equivalentes aunque es claro que no lo son: es sabido que el primer calificativo se aplica estrictamente al "estructuralismo" que estuvo en boga desde mediados del siglo XX en Francia (y que no se restringió a la lingüística desarrollada a partir de la investigación saussureana de principios de siglo, sino que se extendió a la filosofía, la antropología, el psicoanálisis y otras ciencias humanas), el segundo a la *Gestaltpsychologie* de procedencia alemana y el tercero a ciertas teorías angloamericanas contemporáneas del significado lingüístico. El entrecomillado responde a que esta exposición de la teoría merleaupontyana de la percepción mostrará que el filósofo nunca fue estrictamente "gestaltista", así como un análisis de su filosofía del lenguaje mostraría que nunca fue estrictamente "estructuralista" (ni nunca se refirió, por otra parte, a las teorías angloamericanas "holísticas" del significado).[8] El filósofo, en cambio, integró elementos

---

[7]   Gran parte de los exégetas (entre ellos, de diversos modos B. Waldenfels y R. Barbaras) perciben un acentuado contraste entre el filósofo que escribió la *Fenomenología* y el de los últimos textos y notas que se integrarían en una obra incabada (publicados póstumamente como *Lo visible y lo invisible*). R. Kwant establecía una división en tres etapas en la evolución del pensamiento merleaupontyano, fechadas respectivamente entre los años 1938-1946, 1947-1954 y 1959-1961 (R. Kwant, *From Phenomenology to Metaphysics*, Pittsburgh/Louvain, Duquesne University Press/Nauwelaerts, 1966, pp. 15,16). J. Nebreda reconoce la misma división tripartita en su obra sobre *La fenomenología del lenguaje de Maurice Merleau-Ponty* (Madrid, UPCM, 1981, p. 19). James Edie, en cambio, delimita cuatro períodos en la vida filosófica de Merleau-Ponty en función de sus (pretendidamente) distintas concepciones de la "estructura" (a los que denomina "gestáltico", "dialéctico", "estructuralista" y "post-estructuralista"; *cf.* Bibliografía final).

de una y otra corriente a su propia reflexión, la cual se mantuvo siempre fiel a la noción central de que el sentido (tanto el sentido del objeto percibido así como el sentido lingüístico y aun el concepto) debe comprenderse como la interrelación estructural de un número de elementos que no tienen existencia autónoma, es decir, separada de la forma o estructura que los pone en relación. Así, resultan injustas las críticas que han deslizado algunos intérpretes al afirmar que Merleau-Ponty habría confundido la "forma" de la *Gestaltpsychologie* con la "estructura" del estructuralismo, si el filósofo hace más bien un uso libre de estas nociones al integrarlas en el hilo de una teoría propia que por sí misma no es nunca estrictamente gestáltica ni estructuralista.

Un segundo rasgo que articula todo el desarrollo de la filosofía merleaupontyana es su carácter "pragmatista" e "intersubjetivista". Aquí el entrecomillado responde en el primer caso a que el término "pragmatista" no pretende sugerir la adscripción del filósofo al pragmatismo como corriente específica de pensamiento, y en el segundo al uso de un neologismo poco elegante como los que frecuentemente impone la exégesis de un pensamiento singular. En *La estructura del comportamiento,* la primera obra publicada por el filósofo en 1943, ya se postulaba la imbricación esencial de la sensibilidad con la conducta y la motricidad. Esta intuición es desarrollada en *Fenomenología de la percepción* (1945), donde el percibir como modalidad originaria de toda experiencia y conocimiento es definido como una conducta corporal. El sentido percibido de un objeto es la "fórmula motriz" que propone a mi cuerpo, el cual está por sí mismo dotado de una particular "practognosia" en tanto es portador de habitualidades, habilidades y disposiciones comportamentales, una tesis que acompañará al filósofo hasta en sus últimas notas y cursos. Esta relación activa con el mundo siempre constituye a la vez un "comercio pragmático" con los otros cuerpos percipientes: la percepción no es nunca una relación diádica entre un sujeto y un objeto sino, cuanto menos, un *ménage-à-trois*, desde que el otro es tanto el que sostiene la objetividad (o, en términos merleaupontyanos, la "profundidad") del objeto así como el espejo mediante el cual se constituyó mi esquema motriz (lo que hace que mi cuerpo exista esencialmente "en circuito" con el mundo y con los otros cuerpos, es decir, sólo como un "inter-cuerpo").

Un tercer rasgo ubicuo de la reflexión merleaupontyana es su

---

[8] *Cf.* a este respecto mi artículo "Cuerpos que suenan. Aspectos de la filosofía del lenguaje de M. Merleau-Ponty", en *Escritos de Filosofía*, Buenos Aires, Año XXIII, 44, enero-diciembre 2004, pp. 265-302.

adscripción al método fenomenológico. La segunda parte de este trabajo mostrará de qué modo la teoría de la percepción desarrollada en la *Fenomenología*, si bien no prescinde de argumentos y del recurso a investigaciones empíricas, se basa en última instancia en una descripción fenomenológica de la experiencia tal como es vivida. Aun en sus últimas notas de trabajo el filósofo sigue haciendo valer el punto de vista fenomenológico por sobre otras explicaciones de la percepción y la conducta. Se sostiene con frecuencia que, si el "primer Merleau-Ponty" (*Fenomenología de la percepción*) es un fenomenólogo interesado en el problema gnoseológico de la conciencia perceptiva, "el último Merleau-Ponty", en cambio, desarrolla estrictamente una ontología, cambiando el eje de su reflexión desde la conciencia hacia el mundo, la naturaleza o el Ser. Sin embargo, la exposición aquí propuesta de las teorías merleaupontyanas de la percepción, la sensibilidad y la naturaleza apuntan a revertir tal interpretación. Desde la *Fenomenología* la preocupación ontológica del filósofo se hace evidente no sólo en su apuesta explícita de definir "un tercer tipo de ser" sino en su tematización del mundo y particularmente del "mundo natural". La "naturaleza", para el autor de la *Fenomenología*, designa al mundo precisamente en tanto difiere del sistema de los objetos percibidos o manejables, si se recuerda que el objeto percibido es para Merleau-Ponty un determinado recorrido o proyecto pragmático adaptado a mis habitualidades o habilidades corporales. La "naturaleza" en la acepción de la *Fenomenología* remite al mundo precisamente en cuanto sus horizontes se extienden hasta más allá de lo que es posible recordar, anticipar, aprehender y manejar o, como expresa la misma obra, al mundo desde el cual la conciencia ha nacido. La ontología del "último Merleau-Ponty" reconoce, inversa y complementariamente, que la naturaleza, el mundo o el Ser son siempre y esencialmente seres de percepción: su "ser" consiste en "ser percibidos". Mediante estas afirmaciones solamente hemos intercambiado los disfraces del primer "fenomenólogo" y del último "filósofo ontológico" para mostrar que en realidad se trata del mismo personaje, y que las dos tesis son partes de una única tesis más amplia sostenida siempre y coherentemente por el filósofo: entre la fenomenología y la ontología merleaupontyanas no hay una relación de disyunción sino una relación circular en la que cada una remite a la otra. El mundo, la naturaleza o el Ser efectivamente exceden la conciencia perceptiva, como ya señalaba la *Fenomenología*, pero este exceso se da sólo en la misma percepción, en tanto lo percibido prolonga sus horizontes hasta lo no percibido y aun lo imperceptible. No hay necesidad de optar entre la gnoseología y la ontología merleaupontyanas porque la ontología, tal como la define el "último Merleau-Ponty", no es más que la "fenomenología de la no-fenomenología", es decir, el dar cuenta del entrelazamiento de lo que no aparece con lo que aparece, de la pregnancia de lo invisible en lo visible. No era otra cosa lo que se proponía el "primer Merleau-Ponty" al hablar del mundo y de la naturaleza como poniendo en cuestión la prerrogativa constituyente de la conciencia.

En segundo lugar, esta exposición pretenderá situar a la filosofía merleaupontyana en el contexto de la historia de las ideas en vistas de un doble propósito: mostrar de qué modo la filosofía del cuerpo de Merleau-Ponty representa una superación de los problemas de las gnoseologías clásicas tanto de corte intelectualista como empirista solidarias de una ontología dualista, haciendo patente a la vez la vigencia y originalidad que la propuesta merleaupontyana comporta aun en medio de las discusiones filosóficas actuales, todavía herederas en muchos casos de antiguas dicotomías. En este sentido, este trabajo constituye una exposición sistemática de algunos de los principales ejes de la filosofía merleaupontyana desde el contexto de algunas discusiones filosóficas contemporáneas y enriquecida mediante el recurso a investigaciones empíricas más recientes acerca de las cuestiones que preocuparon al filósofo.

Habiendo precisado los objetivos y esbozado los ejes problemáticos de este trabajo sólo resta agregar algunas observaciones acerca de la metodología heurística acaso singular aquí adoptada, en consonancia con la filosofía que constituye el objeto de esta exposición. El método empírico-trascendental propuesto por Merleau-Ponty para la reflexión filosófica, método que el mismo filósofo implementó en su propia investigación además de fundamentar teóricamente, implica una serie de entrelazamientos metodológicos que es posible desglosar.[9] Merleau-Ponty sostuvo que la investigación filosófica trascendental no puede desligarse de las investigaciones empíricas sino que debe trazarse entre ellas una relación dialógica y de mutua elucidación: "la filosofía está en todas partes, incluso en los 'hechos' - y no hay dominio suyo en el que esté preservada del contagio con la vida".[10] No se trata de la mera

---

[9] Acerca del entrelazamiento de lo empírico y lo trascendental, la reflexión y la constatación, *cf.* M. Merleau-Ponty, *La fenomenología y las ciencias del hombre*, tr. I. González-R. Piérola, Buenos Aires, Nova, 1977. Este punto será desarrollado en referencia a la fenomenología genética de Husserl en la Parte I de este trabajo.

operación de incluir datos empíricos en la esfera de lo trascendental, transformarlos directamente en "existenciarios" o consagrarlos como "esencias", sino de alumbrar sus implicancias filosóficas. Esto significa simultáneamente el abandono del proyecto filosófico de una reflexión pura que descubriría esencias o elementos apriorísticos de la experiencia desligados de sus condiciones y contingencias culturales, sociales, históricas y empíricas. De estas premisas se sigue la necesidad de que una elucidación fenomenológica de la experiencia corporal tenga en cuenta al menos tres entrelazamientos metodológicos. Los dos primeros conciernen, de modos diversos, a las imbricaciones entre la filosofía y la historia. De algún modo, ellos expresan la necesidad que Merleau-Ponty subrayaba de desarrollar "un pensamiento histórico-sistemático, capaz de profundizar por debajo de las esencias, de hacer el ida y vuelta entre ellas y los hechos, de discutir las esencias por los hechos y los 'hechos' por las esencias".[11]

a. *El entrelazo entre la fenomenología de la corporalidad y la historia del cuerpo.* Es patente que el desarrollo de nuestra experiencia presente es deudor del pasado personal así como de los horizontes pasados intersubjetivos, es decir, culturales e históricos, con los que está esencialmente entrelazado. No es posible entonces desarrollar una fenomenología de la experiencia corporal a título meramente personal y presente, sin referirse a la experiencia intersubjetiva y cultural contemporánea del cuerpo y a su vez referirla al modo en que ésta se ha instituido históricamente. Adviértase que no aludimos aún a una historia de las *representaciones* del cuerpo como capítulo de la historia de las ideas sino a una "historia del cuerpo" como capítulo de la historia a secas. A esta historia del cuerpo contribuirían, sólo por brindar algunos ejemplos, las premisas de Nietzsche en su *Genealogía de la moral* según las cuales cada cultura ha de ser considerada como un modo particular de "criar determinados cuerpos", los análisis de Norbert Elias acerca del proceso de la civilización, los estudios de Michel Foucault en torno a las técnicas de adiestramiento y control de los comportamientos corporales y de las relaciones intercorporales.[12] Es precisamente

---

[10]   *S*, p. 163.
[11]   *S*, p. 178.
[12]   Investigaciones que podrían encuadrarse en esta perspectiva de una "historia del cuerpo", además de las ya mencionadas de N. Elias (*Über den Prozess der Zivilisation*, Basel, Haus zum Falken, 1939) y M. Foucault (*Naissance de la Clinique*, Paris, PUF, 1983; *Surveiller et punir*, Paris, Gallimard, 1985; *Histoire de la Sexualité I, II, III*, Paris, Gallimard, 1994; etc.),

Foucault quien distingue con exactitud la originalidad de esta dimensión del análisis cuando afirma que su investigación no constituye "una 'historia de las mentalidades' que sólo tendría en cuenta los cuerpos según el modo de percibirlos y de darles sentido y valor sino, en cambio, una 'historia de los cuerpos' y de la manera en que se invadió lo que tienen de más material y viviente".[13] Nuestro trabajo no compete sin embargo directamente a la historia, de modo que las referencias relativas a esta dimensión de una "historia de los cuerpos" se integrarán al esbozo de una historia de las filosofías del cuerpo para retornar sólo ocasionalmente a nuestra exposición. Es necesario señalar, además, que esta "historia del cuerpo" como capítulo de la historia está asociada doblemente a la "historia de las filosofías del cuerpo" como capítulo de la historia de la filosofía, del mismo modo que las filosofías están doblemente asociadas al contexto histórico en el que surgieron. Por una parte, sólo accedemos a reconstruir la historia por medio de las representaciones culturales que sobrevivieron, algunas de las cuales son filosóficas. Pero en sentido inverso, no es posible comprender el sentido cabal de estas representaciones culturales sin atender a la experiencia histórica global (social, económica, política) ligadas a la cual éstas aparecieron. En este punto es necesario precaverse, como Merleau-Ponty frecuentemente advertía, del doble peligro de no atender a la contextualización histórica o de creerla determinante —y esto último especialmente una vez que se ha reducido además la riqueza del contexto histórico a la determinación económica o política, como se observa frecuentemente-. Es tan cierto decir que una filosofía es un producto o un hecho histórico como que un hecho histórico se determina

---

serían por ejemplo las muy numerosas obras de David Le Breton acerca de la historia y la antropología del cuerpo (*Anthropologie du corps et modernité*; *La Sociologie du Corps*; *Anthropologie du Sensoriel*; *Anthropologie de la douleur*; etc.), la investigación de Marcel Sendrail acerca de la historia de la enfermedad (*Histoire Culturelle de la Maladie*, Toulouse, Privat, 1980), la historia de los comportamientos intercorporales en la ciudad de Richard Sennett (*Flesh and Stone. The Body and the City in Western Civilization*, New York/London, W. W. Norton & Company, 1994), los numerosos volúmenes acerca de la *Histoire de la Vie Privée* a cargo de P. Ariès y G. Duby, los variados estudios recogidos en *Fragments for a History of the Human Body* 1, 2 & 3 (M. Feher-R. Naddaff-N. Tazi (eds.), New York, Zone Books, 1985-1989), etc. *Cf.* también Roy Porter, "Historia del cuerpo", en P. Burke et al., *Formas de hacer historia*, Barcelona, Alianza Editorial, 1994.

[13] M. Foucault, *Historia de la sexualidad I. La voluntad de saber*, Buenos Aires, Siglo XXI, 1992, p. 90.

como tal desde una cierta concepción filosófica de la historia. En este sentido afirma Merleau-Ponty que cuando se pretende reducir una filosofía a las condiciones socio-históricas de su aparición, "lo que se opone al estudio interno de los filósofos no es jamás la explicación socio-histórica, es siempre otra filosofía escondida en ella". De este modo, la pretendida explicación histórica de una filosofía puede ser en realidad "una manera de filosofar sin parecerlo, de disfrazar ideas en cosas y de pensar sin precisión. Una concepción de la historia no explica las filosofías más que a condición de devenir filosofía ella misma, y filosofía implícita. [...] Nos queda mucho por hacer para eliminar los mitos gemelos de la filosofía pura y de la historia pura y por reencontrar sus relaciones efectivas".[14] Existe una real imbricación o entrelazamiento entre historia y filosofía, lo cual significa un verdadero *va-et-vien* en lugar de meras relaciones unidireccionales de reducción, causalidad o fundamentación de una en otra.

b. *El entrelazo entre la fenomenología de la corporalidad y la historia de las filosofías del cuerpo.* Cualquier desarrollo filosófico contemporáneo y original, por trabajar con conceptos que tienen una historia y expresarse mediante palabras que también la tienen, no puede desligarse de la historia de estos conceptos y términos. El mismo Merleau-Ponty expresaba en su Prólogo a una obra colectiva de historia de la filosofía (*Les philosophes célèbres*) que pensar filosóficamente significa siempre y necesariamente hacer historia de la filosofía, a la vez que no es posible hacer historia de la filosofía sin filosofar.[15] Una reflexión en torno a la cuestión de la corporalidad como la que aquí se pretende emprender deberá por tanto desarrollarse de la mano de otras reflexiones pretéritas sobre la cuestión, mostrando la filiación, los contrastes o las torsiones de sentido implicados. A pesar de la precaución metodológica recién introducida es posible preguntarse si el cuerpo mismo es un objeto invariable de la reflexión filosófica al que se han aplicado epocalmente distintas conceptualizaciones y términos o si, por el contrario, no es él mismo sólo un concepto histórico y cultural: el "cuerpo", por ejemplo, no tendría relación con lo que los griegos denominaban *sôma* y al intentar reconstruir la historia del concepto de cuerpo sólo habríamos absolutizado, exportado o proyectado anacrónicamente una formación contingente y particular de nuestra mentalidad. Merleau-Ponty se enfrenta precisamente a una objeción metodológica análoga al iniciar sus cursos acerca de la historia de la

---

[14] *S*, pp. 162, 163.
[15] *S*, p. 167.

noción de naturaleza: "¿Es posible legítimamente estudiar la noción de Naturaleza? ¿No es ella sólo el producto de una historia en el curso de la cual ha adquirido una serie de acepciones que han terminado por tornarla ininteligible? ¿No es totalmente vano buscar en un único sentido el secreto de la palabra?".[16] Para Merleau-Ponty, tal como afirma tras el texto citado, los conceptos y las palabras tienen una historia que no es ni enteramente azarosa, arbitraria y quebradiza, ni tampoco totalmente lógica como si sólo se hubiera tratado de explicitar las implicancias de una idea inmutable: no hay un referente único ni tampoco una serie discontinua de referentes intraducibles. Cuando intentamos, por ejemplo, reconstruir el significado de *phýsis*, *sôma* o *psykhé* para los antiguos griegos nunca lo hacemos como quien buscara sólo el referente absolutamente misterioso de algunas palabras como si se tratara de objetos perdidos para siempre de los cuales quizá no podamos nunca imaginar siquiera su apariencia puesto que sólo existieron para ellos. Lo hacemos motivados por los problemas que nos sugieren las nociones de naturaleza, cuerpo o alma, problemas que a su vez tienen sentido para nosotros en tanto tenemos una experiencia natural, corporal e intelectual. Podemos descubrir, como de hecho sucede, que las palabras griegas que así traducimos poco tienen que ver con lo que nosotros entendemos por estas nociones. Ahora bien, el hecho de que los antiguos griegos tuvieran otra entera estructura lingüística e incluso la implicación de que su experiencia estuviera estructurada de modo distinto respecto de la nuestra, sólo sirve para relativizar nuestra experiencia y mostrarnos que existen otras experiencias posibles ligadas a otros modos de hablar y pensar. Cuáles son estos modos, una vez más, sólo lo intuimos a partir de algunas de nuestras experiencias o variaciones imaginarias de nuestra experiencia. Si la investigación histórica sólo nos llevara a deducir la existencia pretérita de una forma de vida tan alejada de la nuestra que no nos fuera posible siquiera imaginar no tendría ningún sentido ni valor proseguirla y ni siquiera cabría la posibilidad de hacerlo. En suma, al investigar la historia de la noción de cuerpo, por ejemplo, podemos descubrir variaciones de nuestras estructuras semánticas y conceptuales que enriquecen nuestras posibilidades de expresarnos y de pensar acerca de él, a la vez que iluminan modalidades de la experiencia a las que no estamos habituados pero que subsisten aún para nosotros como posibilidades. Nos muestran, por un lado, que las premisas mismas de nuestras prácticas sólo son algunas entre otras posibles, a la vez que nos

---

[16] *N*, p. 19.

invitan a atender y a explorar aspectos inusuales de nuestra experiencia enriqueciéndola.

Es por ello que Merleau-Ponty consideraba que para pensar filosóficamente es necesario hacer historia de la filosofía y creía a la vez que no es posible hacer historia de la filosofía sin filosofar: la historia de la filosofía "no es prefacio a la filosofía, es la filosofía misma".[17] No podemos dar cuenta de lo que los filósofos antiguos pensaron sin advertir filiaciones, contrastes, convergencias, complementariedades, etc. entre sus ideas, lo cual los hace partícipes de la discusión de un problema filosófico que se sitúa en un terreno difícil de circunscribir entre las preguntas que ellos efectivamente se formularon y aquellas por las cuales nosotros acudimos a ellos para interrogarlos. Pero además, hacer historia de la filosofía es hacer filosofía y la última tarea no puede prescindir de la primera, no sólo porque nosotros interrogamos filosóficamente con nuestras preguntas a los filósofos del pasado –y en este sentido tenía razón Hegel al decir que la historia de la filosofía está toda en el presente–, sino porque nuestro propio preguntar filosófico "recaería en un grado cero si ellos [quienes filosofaron antes] dejaran por un solo momento de aguijonearnos con sus luces".[18] En suma, porque ellos nos interrogan a nosotros, nutren nuestro pensar y en este sentido no se dejan encerrar en nuestro presente sin a la vez cuestionarlo: "las grandes filosofías son 'indestructibles', [...] por haber plantado mojones –la reminiscencia, las 'ideas' de Platón, la *physis* de Aristóteles, el genio maligno de Descartes– por donde la posteridad no debe [ni puede] dejar de pasar".[19]

c. *El entrelazo entre la fenomenología de la corporalidad y la investigación científica.* Merleau-Ponty no sólo fundamentó filosóficamente el entrelazamiento de lo trascendental y lo empírico sino que lo puso en práctica en su propio método de investigación filosófica, al recoger en su reflexión los resultados de las ciencias empíricas, tanto humanas como naturales (la antropología, la psicología genética, la etología, la anátomo-fisiología, la biología, la física). La prosecución de la investigación de los problemas planteados por el filósofo debe atenerse al mismo método, lo que implica interrogar filosóficamente a la ciencia, la misma que, según Merleau-Ponty, "vive aún en parte del mito cartesiano" pero que "devela más de lo que ve" y hace muchas veces sin saberlo "la crítica de su propia ontología".[20] La filosofía no

---

[17] *S*, p. 167.
[18] *S*, p. 160.
[19] *Idem.*

cumple aquí el rol de una presunta reflexión pura que tamiza y revela lo verdadero, esencial o trascendental de los resultados arrojados por la ciencia, sino que *necesita* recurrir a ella y hallar en ella indicaciones para guiar su investigación: "es peligroso dejar en libertad total al filósofo". No se puede pensar el Ser "sólo a partir de conceptos [...] sino que debemos pensarlo a partir de la experiencia, y en particular a partir de la forma más reglada de la experiencia, es decir a partir de la ciencia".[21] Es por ello que esta exposición recurre para enriquecer el tratamiento de los problemas filosóficos abordados a ciertas investigaciones empíricas contemporáneas relativas a la percepción y el comportamiento (básicamente procedentes, en este caso, de la psicología cognitiva y experimental, las neurociencias y la etología).

---

[20] *N*, p. 120.
[21] *N*, pp. 122, 123. Se trata, dice Merleau-Ponty, de "leer la ciencia como una cierta ontología (reducida) en el contexto más amplio de relación con el Ser primordial" (*N*, p. 267).

Capítulo I
Rudimentos de una historia de las filosofías del cuerpo

I.1. La doble gestación del cuerpo y el alma en la Antigüedad
Si nos proponemos dar una definición rápida de qué es el cuerpo o fomulamos ingenuamente la pregunta en un ambiente ajeno al de la filosofía académica el primer intento de respuesta pasará probablemente por distinguirlo de otras "partes" de nuestra humanidad: el cuerpo aún es para nuestro imaginario cotidiano "lo otro" del espíritu, del alma o de la mente. Sin embargo, la respuesta no es tan ingenua ni natural como aparenta: está cargada de "idealizaciones", llena de filosofía, de teología, de historia, de ciencia e incluso de gramática, o más bien, es deudora de una cierta filosofía, teología e historia particulares: las propias de la cultura "occidental y cristiana". Para volver a atisbar lo que sea la experiencia corporal más allá de las categorías con que la pensamos culturalmente y que se nos aparecen como "naturales", tanto los estudios históricos como antropológicos proveen elementos para realizar una especie de *epoché*, un distanciamiento o extrañamiento por medio del cual nuestra concepción del cuerpo aparece como particular y contingente. En efecto, ésta se "desnaturaliza" no sólo al remontarnos a un pasado histórico que disponía de otras categorías para hablar y pensar la experiencia sino cuando, en el presente, pueden reconocerse estos modos diferentes de categorizar en culturas "lejanas". David Le Breton en su *Antropología del cuerpo* observa, por ejemplo, que entre los Dogon de África la persona se concibe como compuesta por múltiples planos, uno de los cuales parecería semejante a lo que los occidentales denominan cuerpo, pero al prestar más atención a esta clasificación se hace evidente la imposibilidad de reducirla a un dualismo de tipo occidental. Para los Dogon la persona está compuesta por: a) el cuerpo definido como un "grano de universo" compuesto de agua (sangre), tierra (esqueleto), aire (aliento) y fuego (calor animal); b) ocho granos simbólicos localizados en las clavículas; c) el "principio

de fuerza vital" (*nama*) localizado en la sangre; d) ocho *kikinu*, "principios espirituales" de la persona localizados en diferentes órganos del cuerpo.[22] No sólo es imposible ubicar en una clasificación semejante a nuestro cuerpo anátomo-fisiológico, sino que se puede observar que las categorías más "corporales" están mezcladas con aspectos que consideraríamos espirituales y viceversa. Como afirma Le Breton, aquí "el cuerpo no encuentra su principio en sí mismo, como en la anatomía y la fisiología occidentales; los elementos que le otorgan sentido deben buscarse en otra parte, en la participación del hombre en el juego del mundo y de la comunidad".[23] A diferencia del individuo racional moderno, parecería que el sujeto Dogon se vive a sí mismo como una totalidad que a la vez comunica con los otros y el mundo: el no vivirse a sí mismo separado de su cuerpo implicaría el no sentir su existencia propia como separada de los otros y del mundo.

Entre los canacos de Melanesia la palabra que designa el cuerpo del hombre (*karo*) entra en la composición de las palabras usadas para referirse al cuerpo de la noche, el cuerpo del hacha o el cuerpo del agua. El cuerpo en su sentido occidental que señala los límites del átomo personal e individual no existe como tal: "no hay asperezas entre la carne del hombre y la carne del mundo".[24] La sustancia del cuerpo y de la humanidad misma comunica particularmente con la sustancia de lo vegetal y toma las categorías de ese reino, entrelazando su existencia con la de los árboles, los frutos, las plantas: *Kara* designa tanto la piel del hombre como la corteza del árbol; *pie* refiere a la unidad de la carne y de los músculos así como a la pulpa o al carozo de las frutas, etc. El cuerpo humano "aparece como otra forma vegetal o el vegetal como una extensión natural del cuerpo.[25] Como han advertido los antropólogos, no se trata aquí de meras metáforas sino de una identidad sustancial percibida y experimentada entre lo vegetal y el cuerpo. En esta experiencia melanesia del cuerpo se muestra la misma ausencia de individuación que se observaba en los Dogon: el hombre sólo existe por su relación con el otro y la naturaleza, y el cuerpo no es el soporte de una individualidad.[26]

---

[22] D. Le Breton, *Antropología del cuerpo y modernidad*, Buenos Aires, Nueva Visión, 1995, p. 26.
[23] Ibid., p. 27
[24] Ibid., p. 18.
[25] *Idem.*
[26] *Idem.*

Maurice Merleau-Ponty. Filosofía, corporalidad y percepción

Los historiadores coinciden en observar que muchas culturas antiguas tampoco poseían en su lenguaje una distinción dual semejante a la del cuerpo y el espíritu, aun cuando nuestras traducciones de textos antiguos deban necesariamente utilizar estos términos. Así, por ejemplo, la *psyché* homérica que traducimos como "alma" significa primariamente el último "hálito", "aliento" o "exhalación".[27] Como afirma Mondolfo, sólo una reflexión madura como la de Platón buscó la esencia del hombre en su alma, mientras que en las primeras concepciones "el alma (*psykhé*) no es sino una pálida sombra del hombre, cuya realidad viva –el *autós*, es decir 'él mismo'– está en lo que se manifiesta en la acción concreta, o sea el ser viviente corpóreo cuyas manifestaciones de vida y fuerza, sentimiento y voluntad son visibles y tangibles".[28] El alma en Homero es el aliento que libera el héroe al morir y no un soporte sustancial de los actos y estados mentales o volitivos. Por otra parte, los héroes homéricos tienen miembros, órganos, fluidos, pero propiamente no tienen "cuerpo". Para referirse a los fenómenos que nosotros calificaríamos como psíquicos Homero habla de los actos o los movimientos de ciertos órganos o miembros que curiosamente no se relacionan con la cabeza, especialmente el diafragma (*phrénes*), el corazón (*étor, kér, kradíe, kardíe*) o ligados al ámbito del *thýmos*.[29] Si bien el *thýmos* se asoció clásicamente a la emoción y el *noûs* a la deliberación o la representación estos significados distintivos no estaban en juego en el texto homérico. Ambos eran procesos que se localizaban en el pecho y, como afirma Eggers Lan, todos los fenómenos que en Homero evidencian "una conciencia de la propia interioridad son predominantemente emotivos: por eso tienen lugar en el pecho". El helenista propone consecuentemente que, lejos de considerar al *noûs* homérico algo tan abstracto como "entendimiento" (Furley) u "órgano de las representaciones" (Snell) debe recordarse primeramente que "alude también a una manera de desarrollarse los procesos orgánicos (especialmente de nuestro corazón)".[30] Eggers Lan concluye siguiendo a

---

[27] La misma concepción del alma como respiración puede ser perseguida a través de la etimología semítica y aria, en los términos hebreos *nefesh* y *ruach*, en los sánscritos *atman* y *prana*, en los latinos *animus, anima* y *spiritus*.

[28] Rodolfo Mondolfo, *En los orígenes de la filosofía de la cultura*, Buenos Aires, Hachette, 1960, p. 28.

[29] Conrado Eggers Lan, *El concepto del alma en Homero*, Buenos Aires, OPFyL, 1967, p. 5.

[30] *Ibid.*, p. 34.

Bickel que "no se puede aplicar a Homero nuestro dualismo cuerpo-alma. [...] La palabra *sôma*, con que en la Grecia clásica se denominó al 'cuerpo', no se refiere al cuerpo vivo en Homero, sino al cadáver".[31] Si los historiadores comenzaron por notar que no hay en los textos homéricos ningún término correspondiente a nuestra "alma" o "espíritu", el "golpe de gracia" a las concepciones clásicas lo dio Bruno Snell con su obra *El descubrimiento del espíritu*,[32] al mostrar que "en Homero tampoco hay un verdadero concepto de 'cuerpo' en el sentido que hoy (y desde el siglo V a.C.) le damos al vocablo, y por lo tanto mal podía darse concepto alguno de 'alma' como su cara mitad".[33] Se hallan en Homero términos referidos a distintos modos de ver, a la piel en distintos sentidos o funciones, otros traducibles como miembros, músculos o articulaciones pero, en suma, "cuando se trata de la corporeidad del hombre, no se hace una referencia unitaria y orgánica, sino más bien a una pluralidad".[34] Esta misma concepción o experiencia se encuentra representada, según Snell, en los vasos correspondientes a la época de la redacción de los poemas homéricos, que el historiador contrasta con los dibujos típicos de los niños en nuestra cultura contemporánea. Estos últimos trazan primeramente un "redondel", *Hauptstück* o figura central que representa la cabeza o el tronco y al que se le asignan los miembros como extensiones, típicamente en forma de líneas. En los vasos de la época homérica, en cambio, las figuras humanas carecen de *Hauptstück*, se observan conexiones de miembros, partes y partes de partes separadas y conectadas. Sólo el arte clásico del siglo V a.C. representa un cuerpo orgánico y unitario semejante al que conocemos. Eggers Lan concluye sumariamente que si los hombres homéricos tenían cuerpo "no lo conocían como cuerpo, sino como suma de miembros".[35]

Sí, en cambio, puede reconocerse en los poemas homéricos (puestos por escrito recién en el siglo VI a.C.) una "individualidad naciente", un sentimiento de sí mismo indisociable en su surgimiento del sentido de la propiedad y del poder. El hilo temático conductor de *La Odisea* sería, en la visión del mismo helenista, el de la "defensa de la propiedad privada", en tanto la odisea en cuestión es la del propietario (Ulises) que intenta

---

[31] *Ibid.*, p. 13.
[32] B. Snell, *Die Entdeckung des Geistes*, Hamburg, Claassen 1955. *Cf.* cita y comentario de Eggers Lan, *loc. cit.*, p. 39.
[33] *Ibid.*, p. 14.
[34] *Ibid.*, p. 15.
[35] *Idem.*

volver a su casa para impedir el pillaje de sus bienes. El desenlace en el que pugnan la justicia tribal (la guerra de clanes) y la justicia racional de la que es partidario el poeta de *La Odisea* y que asegura lo que es propio de cada uno, es sintomático de un momento de transición en que la *pólis* no es aún Estado y la propiedad no está aún asegurada por leyes pero están en camino de serlo.[36] Por otro lado, Agamenón en *La Ilíada* es *basileús* o *ánax*, es decir, "señor". Como señala Eggers Lan, un antepasado de Agamenón "en plena organización tribal de propiedad comunitaria y sin mayor división del trabajo (pensemos que aun los 'señores' homéricos, a pesar de la mencionada división del trabajo, saben construir balsas con sus manos, etc.)",[37] estaría identificado con el clan y su tótem, sin barreras tan delimitadas entre miembro y miembro del clan. Cuando el poeta homérico describe a Agamenón, la organización política da muestras de haber cambiado mucho y los "reyes con cetro" que aparecen en los dos primeros cantos de la Ilíada mantienen relaciones semejantes a las que describirá el centurión romano en el primer siglo de la era cristiana: "cumplo órdenes bajo el poder de otro, pero a la vez tengo soldados bajo el mío, y digo a uno 'vé' y va y a otro 'ven' y viene" (S. Mateo VIII:9). Esto implica un dualismo de amo y esclavo, jefe y subordinado que, en la interpretación de Eggers Lan, nos enfrenta quizá por primera vez con el principio de causalidad: yo, al mandar, digo "hagan esto" y se hace. En sus palabras: "En la *Ilíada* la palabra que corresponde al 'yo' –y me animo a decir que a un 'yo' bastante semejante al 'yo' individual moderno– no es tanto el pronombre *ego* como el sustantivo-verbal *ánax*, y [...] la principal connotación que tiene esta nueva categoría es la de 'causa', o si se prefiere hablar en términos menos metafísicos, 'mando', 'dominio'".[38] Si se acepta la reconstrucción aquí propuesta el primer concepto de un yo separado o el sentimiento de una individualidad naciente es inseparable de la propiedad y del poder, y la forma madre o el primer significado del dualismo en la historia de la filosofía y quizás más generalmente en la historia occidental es el del que manda y el mandado. Un breve esbozo de la historia del dualismo en la antigüedad, la edad media y la modernidad confirmarán esta intuición: cuando, cuanto menos desde Platón, lo más propio del ser humano sea considerado su "alma" o su "intelecto", esta definición nunca disimulará la jerarquización que supone.

---

[36] *Ibid.*, p. 28.
[37] *Ibid.*, p. 31.
[38] *Ibid.*, p. 32.

La gestación de un sentimiento de sí mismo como separado de los otros parece ser un lento proceso histórico paralelo al de la gestación del dualismo cuerpo-alma, y deudor de los cambios políticos y económicos que desembocarán en la justicia estatal de la *pólis* que asegurará la propiedad privada. Entrelazado con estos procesos se da el surgimiento de una verdadera visión del individuo como persona, con derechos y responsabilidades personales, aquello que Dodds refiere como el tránsito entre una "cultura de la vergüenza" hacia una "cultura de la culpa".[39] Para que se halle un "sentimiento moral" de culpa y responsabilidad personales e íntimas es necesario que se haya dado ya lo que se puede denominar la "interiorización" de la conciencia, fenómeno que aparece tardíamente en el mundo helénico y que no se generaliza hasta mucho después de que el derecho profano reconociera la importancia del motivo para juzgar la acción: "Sólo en los últimos años del siglo V encontramos afirmaciones explícitas de que no bastan las manos limpias, también el corazón tiene que estarlo".[40] La noción de "pureza" o "purificación ritual" (*kátharsis*) tenía antes de su significado moral un significado "mágico" derivado del temor a la contaminación (*míasma*), pero no era estrictamente espiritual ni tampoco personal sino que era compartido y heredado familiar o comunalmente.

La *psykhé*, el "último aliento", ya esbozaba en Homero una connotación individual, representando "todo el individuo que se pierde con la muerte". Y es precisamente este sentido del término inicialmente relativo a la noción de un yo propietario –"cada héroe tiene su *psykhé* en propiedad [y] es despojado de ella como de sus armas"–[41] el que ofició de nexo con el sentido que adoptó pocos siglos más tarde, designando ya la vida psíquica individual en su totalidad. Esto tuvo lugar cuando las creencias populares que subsistieron por debajo de la desatención homérica, aquellas que nunca aceptaron la muerte como final, volvieron a la escena pública griega en las voces de poetas y filósofos: "De ese modo se rescató la *psykhé*, que, de 'todo el individuo que se pierde con la muerte' pasó a significar 'todo el individuo que subsiste allende la muerte'".[42] Uno de los motivos concurrentes en esta gestación del concepto del alma como inmortal, distinta y separable del cuerpo fue el de las influencias chamanísticas procedentes de Tracia y Escitia

---

[39] E. R. Dodds, *Los griegos y lo irracional*, tr. M. Araujo, Madrid, Revista de Occidente, 1960, p. 43.
[40] *Ibid.*, p. 45.
[41] C. Eggers Lan, *loc. cit.*, p. 37.
[42] *Idem.*

difundidas en Asia Menor, Creta y Sicilia. Con ellas se expandieron las creencias relativas a que existe en cada hombre una realidad de origen divino existente antes del cuerpo y subsistente después de que el cuerpo perezca, es decir, de existencia independiente respecto suyo: "Estas creencias promovieron [...] un horror al cuerpo y una reacción contra la vida de los sentidos completamente nuevos en Grecia". Según Dodds, una cultura de culpa como la que Grecia estaba deviniendo suministraba un terreno propicio al desarrollo del puritanismo. Pero en Grecia "fue al parecer el impacto de las creencias chamanísticas lo que dió el impulso inicial a este proceso. Las mentes griegas reinterpretaron estas creencias en un sentido moral; y una vez hecho esto, el mundo de la experiencia corporal apareció inevitablemente como un lugar de oscuridad y de penitencia, y la carne se convirtió en una 'túnica ajena'".[43] En el orfismo, el pitagorismo, Empédocles y Parménides se reconoce la recepción de estas ideas, las cuales fueron recogidas y elaboradas por Platón y la tradición platónica, fundamento de la filosofía occidental. Platón divide la totalidad de lo existente en dos, un ámbito ontológico sensible y un ámbito ontológico inteligible, que por anacronismo denominamos corrientemente "dos mundos" aunque la separación del "*mundo* sensible e inteligible" sólo es expresada de este modo en el siglo I d.C. por el pensador judío platonizante Filón de Alejandría.[44] Ahora bien, la partición platónica del ser implicó efectivamente una jerarquización. El mundo sensible, aquello que percibimos por medio de los sentidos, no es más que una copia degradada de lo más propiamente real, las ideas, que en el uso platónico no refieren ya a lo que percibimos con nuestro cuerpo sino lo que pensamos con nuestro intelecto a pesar de que *idéa* deriva de una de las raíces del verbo griego para "ver" y significa corrientemente "aspecto". Esta división y jerarquización no es sólo ontológica y gnoseológica sino también política: así como la razón está por sobre lo sensible en la *pólis* ideal aquellos que piensan deben gobernar, como se afirma en la *Politeía* o *República*. Está en juego también una valoración ética, lo cual se hace especialmente patente al examinar la antropología platónica expuesta en el *Timeo*. La parte inteligente del alma, residente en la cabeza desde donde puede observar —pensar— las ideas, debe dominar a las partes "irascible" y "concupiscible" (o, según otras traducciones, "energética" y "apetitiva"), residentes respectivamente en el pecho y el estómago. El descenso hacia

---

[43] E. R. Dodds, *op. cit.*, p. 147.
[44] A. Poratti, "Estudio preliminar al *Fedón*", en Platón, *Fedón*, tr. L. Gil, Buenos Aires, Altamira, 2003, p. cii.

las partes más bajas y profundas del cuerpo, las más propiamente carnales y animales, es a la vez una degradación gnoseológica y ética: en el final del mito el Demiurgo adosa los sexos a los vivientes, según las palabras de Platón, como animales rebeldes atados a sus cuerpos.[45] Platón recogerá y hará popular para la historia, en suma, la sentencia pitagórica de que "el cuerpo (*sôma*) es la tumba (*sêma*) del alma". Es claro que el resumen anterior dibuja un neto dualismo platónico reconocible para nosotros, pero oculta las ambigüedades y las fluctuaciones que acompañaron el decurso de la reflexión platónica en que este dualismo estaba en gestación. Así, por ejemplo, comparando los textos de *República*, *Fedón* y *Timeo* se observa que las dos partes inferiores del alma descriptas en *República* y *Timeo*, el alma "apetitiva" y "energética", se reparten mucho de lo que en *Fedón* se adjudica al *sôma*.[46] La interpretación más coherente, sugerida además por Platón mismo en *Timeo*, es que el alma "propiamente dicha" es el alma "racional", residente en la cabeza, la única parte reconocidamente inmortal.

Algo similar ocurre con la problemática doctrina aristotélica del "intelecto agente o activo", el tipo "superior" de "alma" que a diferencia de otras especies espirituales de menor rango es inmortal y separable. Aristóteles concibe la naturaleza como una escala en que cada peldaño agrega una diferencia específica o "forma" a la materia que proveía el anterior, siendo la materia y la forma en cada caso inseparables. Por eso el alma de un ser humano es inseparable de su cuerpo particular, no puede sobrevivirlo separada ni transmigrar a otro cuerpo, lo que en principio parece oponer abiertamente la antropología aristotélica a la platónica. Afirma Aristóteles:

> Precisamente por esto están en lo cierto cuantos opinan que el alma ni se da sin un cuerpo ni es en sí misma un cuerpo. Cuerpo, desde luego, no es, pero sí, algo del cuerpo, y de ahí que se dé un cuerpo y, más precisamente, en un determinado tipo de cuerpo: no como nuestros

---

[45] "Todos los varones cobardes y que llevaron una vida injusta [...] cambiaron a mujeres en la segunda encarnación. En ese momento, los dioses crearon el amor a la copulación, haciendo un animal animado en nosotros y otro en las mujeres [...]. Por ello, las partes pudendas de los hombres, al ser desobedientes e independientes, como un animal que no escucha a la razón, intentan dominarlo todo a causa de sus deseos apasionados." (Platón, *Timeo*, 91c ss. (trad. F. Lisi, Madrid, Gredos, 1992).
[46] A. Poratti, loc. cit., p. lxix.

predecesores que la endosaban en un cuerpo sin preocuparse de matizar en absoluto en qué cuerpo y de qué cualidad.[47]

No es menor la distancia que separa a la gnoseología aristotélica de la platónica: si para Platón el cuerpo sólo percibe sombras e imágenes deformantes de lo realmente existente, lo cual es sólo pensado, para Aristóteles en cambio todo conocimiento comienza viendo y tocando: "nada hay en el intelecto que no haya estado antes en los sentidos".[48] A la luz de textos como estos no puede aparecer más que como problemática la doctrina que Aristóteles propondrá luego de que existe, sin embargo, una parte del alma que es "separada y sin mezcla", "inmortal y eterna" (*De Anima* III.5), lo que parece acercarse a los términos platónicos cuyas dificultades Aristóteles justamente se proponía superar. Como afirma Richard Rorty, los seguidores de Ryle y Dewey han alabado a Aristóteles "por haber hecho frente al dualismo al pensar que el 'alma' no era ontológicamente más distinta del cuerpo de lo que lo eran las capacidades de la rana para cazar moscas y huir de las serpientes y el cuerpo de la misma rana". Pero esta visión "no impidió a Aristóteles afirmar que, puesto que el intelecto tenía la capacidad de recibir la forma de la "raneidad" [...] y asumirla sin convertirse por ello en rana, el intelecto [...] tiene que ser algo inmaterial".[49] A fin de cuentas, entonces, el dualismo platónico, a pesar de la dirección alternativa que señalaba la investigación aristotélica saldrá fortalecido para la posteridad al servirse de la terminología misma –"materia" y "forma"– que había sido concebida para superarlo.

Resultaría una tarea inabordable el detenerse en la fortuna que estas ideas –en particular el dualismo platónico– tuvieron durante más de quince siglos, al mezclarse en el crisol de las doctrinas cristianas, conformando una amalgama para la que ambas –podría decirse a riesgo de pecar de anacronismo– parecían estar constitucionalmente preparadas. Seguramente los teólogos medievales no hallaron demasiadas dificultades para relacionar el dualismo platónico en el que el cuerpo, "tumba del alma", era devaluado como obstáculo gnoseológico y ético, con el discurso de San Pablo acerca del "cuerpo

---

[47] Aristóteles, *De Anima*, II.2.414a (tr. de T. Calvo Martínez, Madrid, Gredos, 1983).
[48] Aristóteles, *Anal. Post.* 81a38; también *De Anima*, III.8.432a: "De ahí que, careciendo de sensación, no sería posible ni aprender ni comprender".
[49] Richard Rorty, *La filosofía y el espejo de la naturaleza*, Madrid, Cátedra, 1989, p. 46.

de muerte" que lo arrastraba hacia el mal, tal como hacía aquel animal rebelde que según Platón llevábamos atado a nosotros mismos: "Veo otra ley en mis miembros que se rebela contra la ley de mi espíritu, y que me lleva cautivo a la ley del pecado que está en mis miembros. [...] Yo mismo con la mente sirvo a la ley de Dios, mas con la carne a la ley del pecado".[50] El crisol teológico-platónico medieval es resumido poéticamente del siguiente modo por Nadia Tazi:

> Lo que es recogido de la herencia platónica es el lado dualista del *Fedro* y el *Fedón* [...]. La máxima délfica, "conócete a tí mismo", se transforma en el reconocimiento del pecado [...]; el intelecto platónico se fusiona con el *Logos* del Evangelio de Juan, la caída del alma tal como aparece en las teologías astrales se entreteje con la historia bíblica. Los brazos del crucificado representan el pájaro de alas desplegadas (Gregorio de Nisa) y nos guían hacia arriba, hacia las cimas etéreas (Método de Olimpia). Es imposible seguir el rastro de todos los "alados" –el término que Platón aplicaba a *Eros*– ahora "alados por el Espíritu de Cristo", las palomas del Espíritu Santo. Así como es difícil dar cuenta de todas las referencias al retruécano pitagórico que condenaba al cuerpo, este cuerpo de vergüenza que "aguijonea" o "agría" el alma.[51]

Esta última referencia de la historiadora al "aguijón de la carne" es también de origen paulino. Nietzsche resumirá implacable y lapidariamente esta historia diciendo que el cristianismo y su desprecio de la carne no son más que "platonismo para el pueblo": cuando la idea platónica se hace "más sutil, más insidiosa, más inaprehensible, se hace femenina, se hace cristianismo".[52] En los términos menos provocadores y más precisos de A. Poratti puede afirmarse que textos platónicos como el *Fedón* construyen una concepción de la *psykhé* "a la que responderá la metafísica posterior; no tanto el pensamiento helenístico, que en algunos casos –señaladamente en Epicuro y los estoicos– prolonga líneas preplatónicas, cuanto el neoplatónico, cristiano y moderno", los cuales están enraizados directamente en la concepción platónica del alma.[53] Cuando alrededor del siglo V d.C. la estructura política y

---

[50] San Pablo, Carta a los Romanos 7:23-25; 8:5.
[51] Nadia Tazi, "Celestial Bodies: A Few Stops on the Way to Heaven", en M. Feher et al. (eds.), ibid., p. 526.
[52] F. Nietzsche, *El ocaso de los ídolos o cómo se filosofa con el martillo*, tr. F. Milá, Buenos Aires, Siglo XX, 1984, p. 28.
[53] A. Poratti, *loc. cit.*, p. xlii.

económica de las ciudades mediterráneas sufran profundos cambios que consagren las nociones cristianas, se podrá así reconocer lo que Jacques Le Goff ha denominado *la déroute du corporel*, la derrota definitiva del cuerpo que, según el historiador Peter Brown "señala el final del mundo antiguo y el comienzo de la Edad Media".[54] La desvalorización del cuerpo es, más que un síntoma único de la época, un síndrome de muchas facetas. Desde Agustín y en notable acuerdo con la tradición platónica el cuerpo como portador del deseo sexual expone la voluntad humana al peligro de la servidumbre y se torna signo de la vulnerabilidad humana. El cuerpo humano ya no ocupa meramente un sitio como eslabón de la gran cadena del ser sino que "en el pensamiento católico de comienzos de la Edad Media, la carne humana emergió como algo tembloroso. Su vulnerabilidad a la tentación, a la muerte, e incluso al placer, era una manifestación dolorosamente apropiada de la voluntad cojeante de Adán".[55] Y el cuerpo es a la vez un "recordatorio incesante del parentesco perdurable de los hombres con los animales",[56] por eso la depreciación del cuerpo es simultánea a la ruptura del vínculo ontológico del hombre con la naturaleza y la depreciación del animal:

> Nada es más patente que la severidad con que ahora los obispos del Occidente latino censuraban que el animal y el ser humano pudieran verse unidos. En los primeros años del siglo VI, Cesario de Arles se sintió genuinamente consternado de que los seres humanos bailaran por las calles de su ciudad, adornados con grandes cuernos de venado y remedando las voces de las bestias salvajes. Los paganos del siglo I no se habían sentido demasiado perturbados por la presencia de la naturaleza animal en el acto amoroso: los mismos dioses se habían unido con los humanos y con los animales silvestres en sus *amours*.[57]

Otro aspecto característico del lento cambio de la imaginación colectiva en la antigüedad tardía es la nueva sensibilidad a la desnudez. En la Roma tardía los emperadores ya no posaban desnudos como muestra de su poder, su heroísmo y su semejanza con los dioses. Las clases altas en general, si la diferencia de condición social era

---

[54] J. Le Goff, *L'imaginaire médiéval*; cit. por Peter Brown, *El cuerpo y la sociedad. Los hombres, las mujeres y la renuncia sexual en el cristianismo primitivo*, tr. A. J. Desmonts, Barcelona, Muchnik, 1993, p. 590.
[55] *Ibid.*, p. 581.
[56] *Ibid.*, p. 579.
[57] *Ibid.*, p. 578.

exacerbada en ese momento más que nunca antes, se distinguían ahora mediante códigos indumentarios y "un cuidadoso recubrimiento del cuerpo":

> La musculatura vigorosa del cuerpo y su pose refinada ya no eran signos del atleta y del guerrero en potencia, que se exhibían como señales del estatus de clase alta. [...] Lo que quedaba ahora debajo de las sedas crujientes y con brocados y del esplendor de los ropajes imperiales era el barro mortal, la frágil materia roída por las mismas conmociones del deseo y sometida a la misma vergüenza sexual que la carne que se estremecía debajo de los harapos de cualquier mendigo.[58]

Como ya se ha tornado evidente, desde la gestación del dualismo en la antigüedad tardía la separación de lo voluntario y racional o "espiritual" de lo corporal no se trata en ningún caso de una cuestión meramente filosófica, gnoseológica, ontológica ni, ahora, teológica: toda partición se hace en vistas de una jerarquización y se entrelaza con circunstancias políticas y económicas. Es claro que los seres humanos más "corporales", "desnudos" y "animales" son cada vez más, en la rígida y jerarquizada estructura socio-política medieval, los pobres que se ven por las ventanas desde el interior de la vivienda cristiana: "Cuerpos humanos en su condición más baja [que] hablaban en nombre de toda la humanidad de la humillada descendencia de Adán, igualada a ojos de Dios por la miseria común de su lejanía de Él, que se asociaba con la vergüenza común del deseo sexual y que estaba destinada a responder a la común llamada de la tumba".[59]

El dualismo del cuerpo y el espíritu es solidario además, desde su gestación, de otro dualismo y otra jerarquización: la de lo masculino y lo femenino. Ya Aristóteles en el primer libro de su *Política* afirmaba que la naturaleza indicaba quién debía tener el poder en la familia de acuerdo a su diversa participación en la razón. Los animales, los niños, los esclavos y las mujeres o bien carecían de razón o bien la ejercían en menor medida que el hombre, de modo que al hombre, por su mayor posesión o ejercicio de la facultad específicamente humana, correspondía naturalmente el poder: "El libre manda al esclavo, el macho a la hembra y el varón al niño [...]. El esclavo no tiene en absoluto la facultad deliberativa; la hembra la tiene, pero ineficaz, y el niño la tiene, pero imperfecta. De aquí que quien manda deba poseer en

---

[58] *Ibid.*, p. 586.
[59] *Ibid.*, p. 589.

grado de perfección la virtud intelectual".[60] Ahora bien, es sabido que algunas costumbres y categorías sexuales antiguas diferían de las que resultarán familiares a los modernos y los contemporáneos. Por ejemplo, Michel Foucault observa que "todos los textos muestran que ['el amor de los muchachos'] era todavía corriente [en los primeros siglos de nuestra era] y que seguía siendo considerado como una cosa natural", con la diferencia respecto de la Grecia clásica de que "en Roma el amor de los muchachos se practicaba sobre todo con los jóvenes esclavos" y no con los efebos libres.[61] Según el historiador P. Brown, la cristalización del dualismo y la depreciación del cuerpo que acompaña el triunfo de las nociones cristianas de humanidad van acompañados de un cambio de estas costumbres, como si la jerarquización dualista necesitara fijar la identidad de género y las funciones de los cuerpos limitando su ambigüedad para realizarse plenamente:

> Los cristianos estaban consternados [...] por la indeterminación del cuerpo. El cuerpo de los hombres jóvenes ya no podía seguir disfrutando del tiempo del *ludus*, ese período de libre juego abiertamente bisexual, antes de que la ciudad colocara al joven firmemente en su lugar como estadista casado. Los guías espirituales preguntaban ahora al joven si había perdido la virginidad, una pregunta que sólo habría recaído sobre la hermana tres siglos antes. Ahora se esperaba que los hombres dedujesen del mismo cuerpo las leyes que limitaban las relaciones sexuales. El cuerpo era un 'templo sacrosanto' que Dios había destinado a acoplarse, si acaso, exclusivamente con personas del sexo contrario y, por lo tanto, idealmente, únicamente para engendrar hijos. Cualquier clase de indeterminación resultaba perturbadora para las personas de la antigüedad tardía. En el siglo IV, los rizos revueltos y delicados y la hechizante ambivalencia divina de la cabeza de Antínoo, el amor auténtico del emperador Adriano, fue vuelta a tallar de tal modo que sus suaves mejillas y su tupido pelo representaran ahora a una dama imperial.[62]

Esta historia es, sin embargo, seguramente mucho más compleja que el apretado resumen aquí esbozado. Habría que preguntarse también, como hacen Le Breton, J. Delumeau y otros historiadores, si la

---

[60] Aristóteles, *Ética Nicomaquea. Política*, tr. A. Gómez Robledo, México, Porrúa, 1992, p. 170.
[61] M. Foucault, *Historia de la sexualidad III. El uso de los placeres*, México, Siglo XXI, 1984, pp. 174, 175.
[62] P. Brown, *op. cit.*, p. 586.

depreciación del cuerpo y de las tareas corporales asociada al dualismo no habrá sido más propia de la nobleza y la intelectualidad clerical mientras que la civilización medieval y aun renacentista popular vivía un "cristianismo folklorizado" de fuerte raigambre corporal y comunitaria.[63] En este contexto podría considerarse el oprobio que se asocia durante el Medioevo a las profesiones que transgreden los límites del cuerpo y hacen correr la sangre: el cirujano, el barbero, el carnicero y el verdugo.[64] Aun en el siglo XIII el papa Bonifacio VIII en su bula *De Sepulturis* condenaba la reducción del cadáver al estado de esqueleto en nombre del dogma de la resurrección: el cadáver no debe desmembrarse, arruinarse o dividirse sin que se comprometan las condiciones de salvación del hombre al que encarna, lo cual muestra que el cuerpo aún es el signo del hombre y cortarlo en pedazos es romper la misma integridad humana. El cuerpo pertenecería al "registro del ser" sin haber sido reducido aún al "registro del poseer (tener un cuerpo eventualmente distinto de uno mismo)".[65] Sólo desde el siglo XIV comenzaron a realizarse las primeras disecciones oficiales que practicarán luego Leonardo da Vinci (1452-1519) y Vesalio (1514-1564), autor del tratado de anatomía maravillosamente ilustrado *De corporis humani fabrica*. También René Descartes (1596-1650), un siglo después, fue un entusiasta de los primeros estudios anatómicos modernos basados en la disección de cadáveres. Se cuenta que cuando un visitante le preguntó cuáles eran sus lecturas Descartes le señaló un ternero desollado en su mesa: "Ahí está mi biblioteca".[66]

I.2. Cuerpos, máquinas y animales desde Descartes a Nietzsche

El *cogito ergo sum* cartesiano fundó cuanto menos de derecho la concepción filosófica moderna de la subjetividad como conciencia al par que la posibilidad de las ciencias empíricas en sentido moderno, esto es, la cientificidad comprendida bajo el modelo de la matematización de la naturaleza. En la visión de Descartes lo único apodíctico es la certeza del *cogito* y lo único verdadero del mundo percibido es lo que puede pensarse clara y distintamente, *i.e.*, en términos cuantitativos. En esta

---

[63] D. Le Breton, *op. cit.*, p. 29.
[64] *Cf. ibid.*, p. 38.
[65] *Ibid.*, p. 48.
[66] *Ibid.*, p. 60.

partición del ser el cuerpo humano quedó ubicado del lado del mundo, parte de la gran máquina universal: "como un reloj compuesto por ruedas y contrapesos [...] considero al cuerpo del hombre".[67] La subjetividad apodíctica excluye el cuerpo o, lo que es igual, el cuerpo se torna objeto entre objetos, aun si un objeto con características peculiares.

> Y aunque [...] tenga un cuerpo al que estoy estrechamente unido, sin embargo, como por un lado tengo una idea clara y distinta de mí mismo, en tanto sólo soy una cosa que piensa y no extensa, y por otro, tengo una idea distinta del cuerpo, en tanto es sólo una cosa extensa y que no piensa, es cierto que [...] mi alma, por la que soy lo que soy, es entera y verdaderamente distinta de mi cuerpo y puede ser o existir sin él. [...] No soy de ningún modo ese ajuste de miembros al que se denomina cuerpo humano.[68]

La conclusión cartesiana de que mi pensamiento es lo único que propiamente soy, y más aún, lo único que sé que existe con absoluta certeza, transforma en problema las evidencias ingenuas e inmediatas que la experiencia cotidiana da por sentadas: que hay mundo, que hay otros y que estoy inextricablemente unido a mi cuerpo. Sabemos que el recurso a la existencia de un Dios veraz le garantiza una salida de esta amenaza solipsista. Sin embargo, el mundo recuperado al término de la meditación cartesiana no es el mismo mundo que se perdió al comenzar mediante el ejercicio de la duda metódica. El mundo recobrado es un mundo de puras cantidades –tamaños, posiciones, movimientos, formas–, por sí mismo inodoro, insípido, impalpable, inaudible, sin color e invisible como tal. Resta para Descartes explicar por qué este mundo aséptico, el único real, no es el mundo sentido y percibido habitualmente, el mundo que habitamos y en el que nos movemos. Para ello Descartes debió desarrollar una fisiología y una psicología como la expuesta en el *Tratado del hombre*, la *Óptica*, los *Principios de la Filosofía* y *Las pasiones del alma*. Puesto que en el mundo real no hay colores tal como los que percibimos, por ejemplo, éstos serán sólo microvariaciones en las texturas de las superficies de los objetos que imparten velocidades diversas a partículas de luz, en un proceso totalmente mecánico que afecta a la retina y produce una imagen pineal. En este nivel mixto de la glándula, con su dudoso estatuto ontológico

---

[67] R. Descartes, *Méditations Métaphysiques*, Paris, PUF, 1970, Méd. VI.
[68] *Ibid.*, pp. 118, 119.

entre el cuerpo y el espíritu, el cerebro y la mente, aparece la sensación de color. Estas sensaciones se organizan en percepciones ya en un nivel propiamente mental al añadirse el tamaño, la forma y la distancia por medio de juicios tácitos e inmediatos. Los sentidos por sí mismos no nos engañan en tanto para que haya error debe haber un juicio y éste sólo entra en acción en el nivel mental, pero sí proveen el material para el error en cuanto ocultan que las sensaciones de color, sonido, etc. son en realidad disposiciones de tamaño, forma y movimiento de corpúsculos, error que debe ser corregido por los "juicios maduros del entendimiento". Este esbozo de la gnoseología cartesiana sirve para confirmar lo anteriormente afirmado: en un mismo movimiento Descartes separa al sujeto de su cuerpo y priva al mundo de sus marcas corporales. En realidad no basta con decir que Descartes separa la mente y el cuerpo del hombre otorgando sólo a la primera la esencia de la humanidad, porque esto significaría suponer que ambos términos preexistían en un compuesto. La "separación" es también una invención o una definición de los términos mismos: el cuerpo "separado" no es el cuerpo tal como es vivido sino sólo el resto de la conciencia, es decir, una máquina. Ya puede entreverse así que una subversión de la alternativa cartesiana no significaría solamente volver a unir lo que en esta ontología estaba separado sino más bien redefinir los términos mismos de la disyunción de tal modo que ya no quepa la posibilidad de concebirlos separados.

Paul Ricoeur se refiere en *Soi-même comme un autre* a esta alienación de la subjetividad cartesiana respecto de su cuerpo que hace que "el cuerpo propio [sea] arrastrado en el desastre de los cuerpos", e interpreta lúcidamente sus consecuencias: el sujeto de la duda arrancado de su cuerpo "carece de anclaje radical. [...] Este 'yo' que duda, así desligado de todas las referencias espacio-temporales solidarias del propio cuerpo, ¿quién es? [...] En verdad, no es nadie".[69] La sustracción de la dimensión inherentemente subjetiva de la corporalidad es paralela, como muestra Ricoeur, de la separación del sujeto respecto de la temporalidad ©de una biografía personal y una historia intersubjetiva–, como asimismo de un "vaciamiento" del sujeto que lo reduce a mero operador epistémico sin particularidades. Ciertamente esta "tendencia epistemologizadora" cartesiana es atemperada por una "tendencia fenomenologizadora": la cosa que piensa es también la cosa que quiere, imagina, siente. Pero la primera tendencia es sin duda la que dirige la meditación cartesiana y la segunda no sirve más que para afirmar la

---

[69] Paul Ricoeur, *Sí mismo como otro*, Madrid, Siglo XXI, 1990, p. xvi.

identidad de un yo aún puntual, ahistórico e instantáneo en la diversidad de sus operaciones.[70] La fuerza de la certeza o del orden de las razones es solidaria en Descartes de la debilidad o falta de contenido del *cogito*, y ésta es una de las causas por las que Ricoeur ha afirmado que "la crisis del *cogito* es contemporánea de la posición del *cogito*".[71]

Ciertos historiadores señalan que la concepción cartesiana del cuerpo-máquina fue históricamente solidaria del ensanchamiento de la escisión entre el saber culto acerca del cuerpo y el saber popular: "el divorcio respecto del cuerpo dentro del mundo occidental remite, históricamente, a la escisión entre la cultura erudita y lo que queda de las culturas populares, de tipo comunitario".[72] En la gestación de la medicina moderna sin duda tuvo algún peso esta posibilidad reservada a algunos pocos de diseccionar los cadáveres, haciendo primeramente un inventario de las partes de la máquina y describiendo luego la máquina en funcionamiento: anatomía y fisiología. De ese modo, el saber anátomo-fisiológico del médico moderno no es sólo un saber de un cuerpo ya "objetivado" que no describe la experiencia corporal tal como es vivida subjetivamente, sino también un saber enigmático y opaco para el hombre común, lo que confiere al médico una extraña autoridad sobre un cuerpo propio que sólo un extraño conocería. Por otra parte, la doctrina cartesiana va unida en un mismo movimiento epocal no solamente al nacimiento de la medicina moderna sino a novedosos procedimientos políticos de control social que se extendieron "microfísicamente", para usar los términos de M. Foucault, regulando los comportamientos corporales cotidianos y pautando las relaciones posibles entre los cuerpos. Esta regulación no se habría ejercido sólo mediante reglamentos explícitos sino mediante dispositivos arquitectónicos disciplinarios y, a la postre, mediante nuevos saberes científicos acerca del hombre cuyas funciones se solaparían hasta nuestros días con las de los sacerdotes, la policía y los jueces:

---

[70]   *Ibid.*, p. xviii.
[71]   *Ibid.*, p. xv.
[72]   D. Le Breton, *op. cit.*, p. 59. Para atemperar esta interpretación puede recordarse, sin embargo, que en 1637 Descartes publicó su *Discours de la méthode* en francés y no en latín, esperando, según sus palabras, que "los que se sirven pura y simplemente de su razón natural juzgarán mejor de mis opiniones que los que sólo creen en los libros antiguos". La misma obra comienza afirmando que "el buen sentido es la cosa mejor repartida del mundo" (R. Descartes, *Discurso del método*, Buenos Aires, Aguilar, 2010, pp. 37, 97).

> El gran libro del hombre-máquina fue escrito simultáneamente en dos registros, el anátomo-fisiológico cuyas primeras páginas fueron escritas por Descartes y continuadas por médicos y filósofos; el técnico-político, constituido por todo un conjunto de reglamentos militares, escolares, hospitalarios, y por procedimientos empíricos y reflexivos destinados a controlar o corregir las operaciones del cuerpo.[73]

El proceso moderno de industrialización ha podido ser considerado también solidario de un modo de pensar dualista que reduce la esencia humana a una persona espiritual o mental, separada de un cuerpo-objeto-máquina que ya no *es* el sujeto mismo sino que él sólo posee. Así ha afirmado Le Breton, comentando una célebre fórmula de Marx: "Taylor (y Ford) [...] cumplen de facto el juicio implícitamente pronunciado por Descartes. El *analogon* de la máquina, es decir, el cuerpo, se alinea con las otras máquinas de la producción [...]. El cuerpo es 'apéndice vivo de la máquina'".[74] Si, como se observó, la separación del hombre de su cuerpo es simultánea de su separación de la naturaleza y de los otros hombres, esto no sólo se muestra en la filosofía cartesiana donde la reducción del núcleo de lo real a un "yo pienso" convierte en problema la existencia del mundo y de los otros, sino también en el fenómeno más concreto del nacimiento del *individuo* y el individualismo modernos: el individuo económico del capitalismo, el individuo político como base de la sociedad en las teorías contractualistas, la conciencia individual e íntima como sujeto privilegiado de la relación con Dios en el protestantismo.[75]

Aun considerando sus muy variadas reformulaciones e incluso sus detracciones empiristas la concepción cartesiana de la conciencia puede considerarse posiblemente como el referente privilegiado de la discusión filosófica moderna. Nunca antes sufrió una crisis similar a la que se vio sometida en el siglo XIX y de la cual Nietzsche resulta ser el más llamativo emblema. Si se puede hablar de una tradición del "*cogito* quebrado", ésta encuentra en Nietzsche, "el oponente privilegiado de

---

[73] M. Foucault, *Surveiller et punir. Naissance de la prison*, París, Gallimard, 1975, p. 138.

[74] D. Le Breton, *op. cit.*, p. 79. La distinción entre ser y poseer un cuerpo fue tematizada por G. Marcel en textos como su *Journal Métaphysique* y *Être et Avoir*.

[75] *Cf.* a este respecto mi artículo: "La encarnación de la conciencia en la filosofía de M. Merleau-Ponty y sus consecuencias respecto de la concepción moderna del sujeto" en *Ágora. Papeles de Filosofía*, Universidad de Santiago de Compostela (España), vol. 24, 2, 2005, pp. 199-227.

Descartes", su punto culminante.[76] Nietzsche ataca las bases mismas del cartesianismo al afirmar, por un lado, que el que haya pensamiento no redunda en la certeza del *sum* y, en sentido inverso, que si el yo existe no es primera ni esencialmente pensamiento. Respecto de la primera parte de esta operación crítica: "Es un falseamiento de la realidad efectiva decir: el sujeto 'yo' es la condición del predicado 'pienso'. Ello piensa: pero que ese 'ello' sea precisamente aquel antiguo y famoso 'yo', eso es [...] una hipótesis [...] y acaso algún día se habituará la gente, también los lógicos, a pasarse sin aquel pequeño 'ello' (a que ha quedado reducido, al volatilizarse, el honesto y viejo yo)".[77] Ahora bien, si la conciencia pensante no es la primera certeza y la piedra angular de lo real, ¿cuál es en cambio su estatuto ontológico? El yo racional o el espíritu no es según Nietzsche más que un "instrumento" o inclusive un "juguete" del cuerpo: un segundo paso de la inversión nietzscheana del cartesianismo.[78] A la afirmación cartesiana de que "yo no soy de ningún modo ese ajuste de miembros al que se denomina cuerpo humano" se enfrenta la de Nietzsche: "cuerpo soy yo íntegramente, y ninguna otra cosa; y alma es sólo una palabra para designar algo en el cuerpo".[79] Lejos de la gnoseología cartesiana en la que la razón constituye la fuente y el modelo de todo conocimiento, para Nietzsche el pensamiento no es más que una creación del cuerpo: el cuerpo siente placer y dolor, valora y desprecia, y el pensamiento se origina como un instrumento que sirve accesoriamente a estas funciones.[80] Lejos también de la moral cartesiana de resonancias platónicas que exige someter las pasiones provenientes del cuerpo a la razón, Nietzsche considera que la virtud no es más que el nombre que da a su salud y a su goce el "cuerpo bello, victorioso, reconfortante, [...] el cuerpo flexible, persuasivo, el bailarín",[81] y a esta nueva virtud Nietzsche la denomina propiamente "nobleza". Zaratustra toma sus virtudes y su esplendor superhumanos de la animalidad presente en su cuerpo. No sólo lo acompañan sus animales heráldicos, su inteligencia de serpiente y su orgullo de águila, sino que lejos de conformarse él mismo con un cuerpo humano tiene pies de

---

[76] P. Ricoeur, *op. cit.*, p. xxiii.
[77] F. Nietzsche, *Más allá del bien y del mal*, tr. A. Sánchez Pascual, Madrid, Alianza, 1985, p. 38.
[78] F. Nietzsche, *Así habló Zaratustra*, tr. A. Sánchez Pascual, Madrid, Alianza, 1985, p. 60.
[79] *Idem.*
[80] *Ibid.*, p. 61.
[81] *Ibid.*, p. 266.

caballo, estómago de águila y una voz de toro furioso que no emite palabras sino bramidos, un canto rugiente.[82] Como observa el filósofo contemporáneo A. Lingis, el significado político feudal del término "noble" deriva de un significado más originario relativo a la cría de animales: en sentido propio hay leones, sementales y halcones nobles. Los nobles feudales, cuya actividad primaria consistía en las tareas no económicas sino simbólicas de la caza con caballos y halcones, transfirieron los valores de la cría animal a sí mismos identificándose como mejores en virtud de una mejor alimentación, sangre, fisonomía, sensibilidad y gusto. Esta transferencia de características identificatorias del animal noble al animal humano que se eleva por sobre el rebaño – "noble" se opone a "gregario"– es mucho más antigua que la sociedad feudal: "vemos al hombre-halcón, hombre-león, hombre-caballo, hombre-águila, hombre-toro y hombre-cobra en las necrópolis de Egipto, en los frisos asirios, en los hititas y en los grandes sellos de Mohenho-Daro y Harappa sobre el Indo de hace dos mil años".[83] A ellos cabría agregar la mitología, los rituales y los atuendos y tocados de los aborígenes americanos que describió Lévi-Strauss en *El pensamiento salvaje*: cortes de pelo de "cabeza y cola de ciervo, cabeza y cola de bisonte, cabeza de oso", etc.[84] La separación que Descartes estableció entre la conciencia y el cuerpo había creado paralelamente un hiato entre la animalidad y la humanidad. Los animales como cuerpos sin razón no son para Descartes más que autómatas que sólo difieren de las máquinas fabricadas por el hombre en la mayor complejidad de sus partes. Al proponer el cuerpo como núcleo ontológico Nietzsche vuelve a colocar lo humano en el seno de la animalidad, e incluso a cifrar en ésta última lo más valioso de la condición humana: "el hombre es [...] el animal peor logrado, el más enfermizo, el más peligrosamente desviado de sus instintos".[85]

Respecto de su desvalorización del cuerpo y de la animalidad Descartes es un digno heredero de la tradición platónica y cristiana, por lo que la crítica de Nietzsche se dirige en bloque a la tradición del pensamiento occidental. La metafísica occidental, al decir de Nietzsche,

---

[82] F. Nietzsche, *Así habló Zaratustra, ibid.*, pp. 268, 129, 279, 302, 307.
[83] Alphonso Lingis, "Black Stars: The Pedigree of the Evaluators", *Graduate Faculty Philosophy Journal*, XV, 2, 1991, pp. 67, 68.
[84] Cit. por R. Schérer-G. Hocqenghem, *Co-ire. Album sistemático de la infancia*, Barcelona, Anagrama, 1977, p. 101.
[85] F. Nietzsche, *El Anticristo. Ensayo de una crítica del cristianismo*, tr. F. Milá, Buenos Aires, Siglo Veinte, 1975, § 14.

es un pensamiento enfermo y contaminado por haber conservado dos cadáveres: el de Sócrates y el de Cristo. Y en la misma línea pueden inscribirse el idealismo platónico –la formulación más "inteligente, simple, convincente" de la Idea–, el cristiano –la Idea desplazada al supramundo prometido– y el moderno –la Idea sublimizada–.[86] Todos ellos suenan a los oídos de Nietzsche como los quejidos contagiosos de cuerpos débiles y enfermos que maldicen su suerte, cuerpos despreciadores del cuerpo y de sus poderes animales. Recuérdese que el mismo parenteso ontológico cartesiano entre cuerpo y animal, y su depreciación gnoseológica y ética frente a la razón, era sugerida por la antropología dualista platónica que separaba el alma inteligible, residente en la cabeza pero inmortal (preexistente y persistente respecto del cuerpo), del alma irascible y apetitiva (residentes en el tórax y el estómago, respectivamente). El alma apetitiva, sensible o concupiscible reside en el estómago "como una fiera salvaje" en un "pesebre", y es "necesario criarla atada". Allí la ubicaron los dioses "para que habite lo más lejos posible de la parte deliberativa, de modo que cause el menor ruido y permita reflexionar al elemento superior". Los órganos sexuales, por su parte, fueron creados como "animales animados en nosotros". Los animales propiamente dichos surgen en el mito platónico por transformación de "los varones cobardes y que llevaron una vida injusta", mostrando la asociación esencial de la animalidad con la degradación moral.[87] Para Platón como para Descartes, en suma, se trata de lograr que la razón como dimensión más propia y valiosa del ser humano, aquella que lo define como tal, se imponga sobre las percepciones sensibles y domine los impulsos de su cuerpo como a los de un animal al que estamos fatalmente atados. Es por ello que el problema de la animalidad y de la fuerza del instinto es esencialmente inherente a la cuestión de la definición del dualismo cuerpo-mente.

---

[86] F. Nietzsche, *Crepúsculo de los ídolos*, tr. A. Sánchez Pascual, Madrid, Alianza, 1997, pp. 51, 52.

[87] Platón, *Timeo*, 90e. Es necesario, para no subestimar su importancia, recordar que el mito de Timeo es para Platón un discurso tan cercano a la verdad como puede serlo un discurso sobre las cosas sensibles, cambiantes y perecederas –en este caso, el mundo mismo–. No se opone al *logos*, sino que es una de sus formas: se trata del relato más probable del origen del mundo y de los vivientes que puede construirse en armonía con la doctrina propiamente filosófica. La cosmología y antropología míticas son en este sentido la mejor imagen y el mejor relato posibles de la división ontológica o estructural de lo sensible y lo inteligible tal como es expuesta, por ejemplo, en el "paradigma de la línea" de la *Politeía*.

Nietzsche *invierte* en primer lugar la jerarquización característica del dualismo metafísico tradicional considerando al cuerpo como lo más valioso y fundamental. Ahora bien, al intentar precisar el sentido del cuerpo en la filosofía de Nietzsche la pretensión de haber determinado un fundamento de sentido, una realidad última y primordial se desvanece, y por ello hay que concebir la inversión nietzscheana sólo a modo de un primer paso necesario para empezar a pensar más allá del dualismo. No se trata meramente de situar como eje a ese cuerpo que era definido en contraste u oposición a la mente sino, más radicalmente, de redefinirlo. El cuerpo que vuelve obsesivamente y siempre metamorfoseado a la reflexión nietzscheana rechaza todas las categorías que asociamos tradicionalmente al concepto de nuestra corporalidad humana. El *Selbst* nietzscheano identificado con el cuerpo es el enigmático depositario de una nueva virtud superhumana, y para esbozar el sentido de esta virtud y esta corporalidad –esta virtud del cuerpo– Nietzsche apela al rodeo necesario de corporalidades no humanas: la de la cosa inerte y la del animal, o el cuerpo anárquico y metamorfoseante del niño.[88] Cuando Nietzsche se dispone a poner de nuevo en la balanza los valores hasta ahora despreciados (voluptuosidad, ambición de dominio, egoísmo) lo que hace es evaluar los cuerpos de los evaluadores, su mala digestión, sus piernas pesadas, su cansado sistema nervioso, caracteres que hacen a las masas metropolitanas semejantes a las moscas del mercado o a monos enfermos que vomitan su bilis en forma de periódico, a los poetas semejantes a pavos reales, a los predicadores religiosos y políticos de la igualdad semejantes a tarántulas venenosas y resentidas. Perros, gatos, sapos y pavos, animales domésticos, miserables y engreídos en lugar de espléndidos lobos, tigres, cocodrilos y toros.[89] Pero agrega que aun de los peores animales tiene mucho que aprender el mejor de los hombres – "¡ay! ¡qué pequeñas son incluso sus mejores cosas!"–, porque el hombre sigue siendo el más cobarde y "el más cruel de todos los animales": aquel que ha inventado la culpa y el resentimiento. Lejos de ser el coronamiento de la evolución el hombre es quizá "el animal peor logrado".[90] Nietzsche es sólo un participante de un movimiento epocal

---

[88] Nietzsche distingue el *Ich* ("yo" como conciencia y espíritu) del *Selbst* ("sí mismo" que corresponde al cuerpo y está detrás del primero como su oculto creador y soberano) en *Así habló Zaratustra*, p. 61.
[89] *Ibid.*, pp. 86, 84, 151, 191, 210.
[90] *Ibid.*, pp. 300, 301.

más amplio, un signo de los tiempos que prepara la crisis de la conciencia incorporal moderna.

Al proponerse desarrollar una filosofía del cuerpo Merleau-Ponty retoma este mismo impulso intelectual que une, en su visión, a Freud, Husserl y Marx, por ejemplo, en "la asociación novedosa del 'materialismo' y el 'espiritualismo' [...] o más bien, la superación de estas antítesis".[91] Y si bien, por una cuestión epocal, Merleau-Ponty no se refiere casi a Nietzsche (como lo harán profusamente en cambio apenas unas décadas más tarde Deleuze, Foucault, Klossowski, etc., cuando Nietzsche "cambie de signo" para los intelectuales franceses), es claro que toda su filosofía podría ser considerada deudora de la misma intuición nietzscheana de considerar el alma como "algo del cuerpo".[92] Antes de abordar esta propuesta merleaupontyana, sin embargo, resta realizar un último desvío por la fenomenología de Husserl para relevar el lugar que ella otorga al cuerpo, ya que la fenomenología constituye probablemente el mayor legado filosófico sobre el que construyó Merleau-Ponty su propia reflexión.

I.3. La fenomenología de Husserl en la crisis de la conciencia moderna.

Si bien se da usualmente por descontado que, por ejemplo, el psicoanálisis participa de la crisis de la conciencia moderna, la afirmación de que la fenomenología participa también de esta crisis y de esta crítica puede en principio ser discutida. ¿No es la fenomenología una filosofía de la conciencia? ¿No es el camino fenomenológico de la *epoché* que pone entre paréntesis la tesis del mundo y permite la reducción a la conciencia trascendental, paralelo de algún modo al camino cartesiano de la duda que devela la apodicticidad única del *cogito*? E inclusive, ¿no es el cuerpo en la fenomenología husserliana excluido del ámbito originario y trascendental de la conciencia quedando del lado de la empiria tal como sucedía en la meditación cartesiana? Si nos atenemos al Husserl de *Ideen I*, quizá podríamos

---

[91] *S*, p. 286.
[92] Una de las pocas referencias extensas a Nietzsche se halla en la temprana reseña (1935) de una obra de M. Scheller: "Christianisme et ressentiment", en M. Merleau-Ponty, *Parcours 1935-1951*, Lonrai, Verdier, 1997, pp. 9 ss.

responder afirmativamente a estas preguntas. Descartes replicaba a la objeción de que "no puede haber pensamiento sin cuerpo" diciendo: "yo niego que la cosa pensante necesite otro objeto distinto de sí misma para ejercitar su acción".[93] La siguiente afirmación de Husserl acerca de la conciencia trascendental en *Ideen I* parece ir en la misma dirección: "Con seguridad es concebible una conciencia sin cuerpo".[94] Y más aun si recordamos que esta afirmación es el corolario del ejercicio propuesto por Husserl de abstraerse del curso cotidiano de percepciones para arribar al único elemento indispensable de lo real: la conciencia. Así como Descartes proponía en su tercera meditación "cerrar los ojos, taparse las orejas, eliminar todos los sentidos, incluso borrar del pensamiento todas las imágenes de las cosas corporales" para conducirnos a la evidencia del *cogito,* Husserl propone en *Ideas*: "imaginemos [...] la naturaleza entera [...] aniquilada [...], ya no habría cuerpo alguno ni por ende hombre alguno [...]. Pero mi conciencia seguiría siendo una corriente de vivencias absoluta con su esencia propia".[95]

Sin embargo, ya en este texto pertenenciente a la luego denominada primera etapa "estática" de la fenomenología se hacen ver claramente algunas diferencias con la filosofía cartesiana del *cogito*, distancias que se ensancharán con la posterior reformulación "genética" de la fenomenología. Es verdad que Husserl cree estar "haciendo justicia" a "cierto núcleo de las *Meditaciones* cartesianas [...], núcleo que simplemente no había llegado a desarrollarse en toda su pureza".[96] Pero este aparente "desarrollo", como Husserl mismo reconoce, seguirá en realidad un camino divergente respecto del cartesiano tanto en su método como en sus resultados: la definición de la conciencia y del mundo. Desde el mismo comienzo de *Ideen* cuando Husserl propone la *epoché* como método se reconoce el parentesco con el método cartesiano de la duda pero se deslindan claramente las diferencias. La *epoché* consiste en "poner entre paréntesis", "fuera de juego" o

---

[93] Continúa diciendo: "nada he notado en ella [la naturaleza pensante] que pudiera pertenecer al cuerpo, y tampoco he notado nada en la naturaleza del cuerpo que pudiera pertenecer al pensamiento" (*Meditaciones Metafísicas. Objeciones y Respuestas*, tr. Vidal Peña, Alfaguara, Madrid, 1977, pp. 308, 338).
[94] E. Husserl, *Ideas relativas a una fenomenología pura y una filosofía fenomenológica*, tr. J. Gaos, México, FCE, 1992, p. 128.
[95] *Idem.*
[96] *Ibid.*, p. 107.

"desconectar" la tesis de la actitud natural que pone el mundo como algo existente independientemente de la conciencia, pero no supone un juicio presuntivo sobre su no existencia como según Husserl lo hace la duda cartesiana. El resultado de seguir uno u otro camino es claramente distinto. Husserl en seguida parece identificar la conciencia trascendental recién descubierta por la *epoché* con el *cogito* cartesiano: "Como punto de partida tomamos la conciencia en un sentido plenario [...] que designamos de la manera más sencilla por medio del *cogito* cartesiano, del 'yo pienso'." Agrega que éste fue "entendido por Descartes tan ampliamente, que abraza todo 'yo percibo, yo me acuerdo, yo fantaseo, yo juzgo, siento apetezco, quiero' y todas las demás vivencias semejantes del yo".[97] Pero el punto crucial es que en la enumeración de las operaciones de la conciencia el énfasis de Descartes estaba puesto en el *pensamiento* mientras que el de Husserl está puesto en "la *percepción sensible*, que entre los actos de la experiencia desempeña en cierto buen sentido el papel de una experiencia primaria de la que todos los demás actos de experiencia sacan una parte de su poder de fundamentar".[98] Correlativamente, si para Descartes el mundo realmente existente no es el percibido sino sólo el pensable clara y distintamente, i. e., en términos matemáticos, para Husserl "es un error de principio creer que la percepción no se acerca a la cosa misma".[99] Este "error de principio" se funda en la distinción cartesiana expuesta en el § 40 de *Ideen I* entre lo que la tradición moderna llamaría "cualidades primarias" (cuantitativas y reales) y "secundarias" (sensibles y aparentes), distinción que erróneamente hace de "la cosa dada en persona [es decir, percibida] una 'mera apariencia' de la 'verdad física'".

El haber marcado estas diferencias esenciales entre la conciencia trascendental y el *cogito* no impide a Husserl, sin embargo, afirmar rotundamente en este texto que "es concebible una conciencia sin cuerpo" y más aun, que debe por principio ser concebida sin cuerpo por cuanto "la conciencia, considerada en su 'pureza', debe tenerse por un orden de ser *absoluto* [...] que no tiene un exterior espacio-temporal ni puede estar dentro de ningún orden espacio-temporal".[100] Pero Husserl entenderá después del viraje genético de su filosofía, como se verá a continuación, que la conciencia no puede ser concebida como absoluta en este sentido atemporal e incorporal. Esto modifica el significado del

---

97	*Ibid.*, p. 78.
98	*Ibid.*, p. 89
99	*Ibid.*, p. 97.
100	*Ibid*, p. 114.

método mismo por el que se arribaba a este resto o reducto de la conciencia absoluta, la *epoché* que posibilitaba la reducción. Como observa Merleau-Ponty, a partir del giro genético de Husserl se puede concluir más allá de lo explícitamente reconocido por el filósofo que "la mayor enseñanza de la reducción es la imposibilidad de una reducción completa".[101] En efecto, en las *Meditaciones cartesianas* de Husserl la conciencia trascendental ya no conserva su presunta pureza sino que se contamina de mundanidad, de espacio-temporalidad y de empiria, estrechándose la distancia que por medio de la *epoché* separaba absolutamente la experiencia natural de la trascendental: "yo, el yo en actitud natural –dice ahora Husserl– soy *también* y siempre un yo trascendental".[102]

Dieciséis años después de publicadas sus *Ideen I*, en las conferencias dictadas en La Sorbonne en 1929 que dan pie a la redacción de las *Meditaciones cartesianas*, se hacen más evidentes las distancias de la fenomenología con el proyecto cartesiano. En cierto sentido, afirma allí Husserl, la fenomenología podría llamarse un "neocartesianismo". En primer lugar, en un momento histórico que Husserl juzga semejante al de Descartes, marcado por la descomposición de las ciencias y las filosofías, es necesario convertirse de nuevo en "principiante", abstraerse del bagaje de conocimientos adquiridos y buscar las evidencias más indudables que permitan dar un fundamento unitario al saber. En segundo lugar, tal como hizo Descartes, la reflexión debe "girar en sentido trascendental" hacia la conciencia como fundamento constitutivo del mundo. Sin embargo, la fenomenología "está obligada a rechazar casi todo el contenido doctrinal de la filosofía cartesiana"[103] porque, como reza el título de la sección décima, "Descartes falla al girar en sentido trascendental". Descartes falla porque su radicalismo no es tal: en vez de suspender todo supuesto el filósofo francés poseía por adelantado un ideal de ciencia, el de la geometría o el de la ciencia matemática de la naturaleza, y encontró en la certeza que el pensamiento tiene de sí mismo algo así como el axioma a partir del cual deducir el resto de lo real como correlato matemático del pensamiento puro.[104] Es sabido que aun para esta deducción recurrió a prejuicios escolásticos, pero el núcleo de la crítica de Husserl estriba

---

[101] *FP*, pp. 13, 14.
[102] E. Husserl, *Meditaciones cartesianas*, tr. J. Gaos y M. García-Baró, México, FCE, 1996, p. 84.
[103] *Ibid.*, p. 37.
[104] *Ibid.*, pp. 47, 48.

en que el punto de partida, la conciencia, no puede ser definida como un pensamiento transparente para sí mismo, una *substantia cogitans* que se piensa a sí misma y piensa el mundo.[105] Para comprender el alcance de la crítica de Husserl será necesario a continuación remitirnos a algunos de los temas básicos de la descripción alternativa que Husserl traza de la conciencia en *Meditaciones Cartesianas* y que contrastan netamente con el *ego* cartesiano: a) las habitualidades que definen al sujeto de la percepción; b) las síntesis pasivas; c) la "no adecuación" del conocimiento del *ego* y d) el entrelazo empírico-trascendental. Estos cuatro conceptos de Husserl tienen su base última, como hará evidente el análisis, en e) la inclusión del *Leib* en la esfera trascendental.

a) La percepción de cualquier objeto está acompañada de escorzos no percibidos actualmente pero retenidos o anticipados en la presentación actual. Nunca percibimos simultáneamente las seis caras de un cubo, pero las caras ocultas forman parte de nuestra percepción de ese objeto como cubo. Husserl comprende que anticipamos las caras no vistas "completando" el objeto en función de los hábitos de percepción adquiridos en experiencias pasadas. El *ego*, por tanto, lejos de ser atemporal, es un "sustrato de habitualidades": "el *ego* se constituye para sí mismo en la unidad de su 'historia'".[106]

b) Como consecuencia inmediata de lo anterior la conciencia no es autónoma, no es dueña de sí misma en su vivenciar, puesto que está condicionada por su experiencia pasada. Existe una actividad voluntaria de la conciencia –una "síntesis activa"– siempre que presto atención a un objeto o realizo una operación matemática, por ejemplo. Pero esta síntesis activa se realiza sobre un campo de posibilidades predelineado, dispone de ciertos escorzos y objetos asociados que están pre-dados, y lo están por la sedimentación de experiencias pretéritas. Esto significa que

> la estructura de la actividad presupone por necesidad [...] una pasividad que dé anticipadamente [...]. Mientras estas actividades [de la conciencia] llevan a cabo sus operaciones sintéticas, sigue sin interrupción su curso la síntesis pasiva que suministra la "materia" a todas ellas [...]. Esta síntesis tiene en cuanto síntesis de esta índole [pasiva], su historia [...]. Con buena razón se dice que hubimos de aprender a ver cosas, en general, en nuestra primera infancia.[107]

---

[105] Otras páginas claves en la crítica de Husserl a Descartes, las cuales no se oponen a lo que aquí concluimos a partir de las *Meditaciones cartesianas*, pueden leerse en la *Krisis*, §§ 16 a 21.
[106] E. Husserl, *Meditaciones cartesianas*, p. 131.

Existe, por tanto, una precedencia de derecho de la pasividad respecto de la actividad de la conciencia: esta última supone y se apoya en la primera. La conciencia no opera de modo transparente sino que más bien habría que decir, como lo hará Merleau-Ponty, que la conciencia perceptiva es "semiconciente". El acto voluntario de percibir o pensar cualquier objeto se apoya en el campo abierto por lo involuntario, el cual funciona con el automatismo del hábito. La intencionalidad "tética" –la que pone activamente su objeto– se funda en una intencionalidad "operante" (*fungierende Intentionalität*) que funciona por sí misma y "sigue sin interrupción su curso", como dice Husserl, mientras yo realizo mis actividades concientes y voluntarias.

c) Ya es notable hasta qué punto Husserl se separa de la conciencia autónoma y autotransparente característica del racionalismo moderno. El filósofo es conciente de las peligrosas consecuencias de sus definiciones y no retrocede ante ellas: si la conciencia es también pasiva y es un repertorio de habitualidades, si no está en sí misma por ser también su pasado y su historia, tampoco puede conocerse exhaustivamente a sí misma. A esto se refiere el filósofo cuando afirma que "la adecuación y la apodicticidad de una evidencia no tienen por fuerza que ir de la mano".[108] Tengo un conocimiento apodíctico de la existencia de la conciencia tal como lo tenía Descartes, pero no un conocimiento adecuado, completo o exacto de lo que ella es. Y la no adecuación de mi conciencia respecto de sí misma –la imposibilidad de llevar a término la autoconciencia– amenaza incluso su apodicticidad. ¿Qué es lo que propiamente sé con certeza apodíctica que existe, si cuando quiero dar un contenido a esta certeza no puedo, por principio, hacerlo adecuadamente? El texto de Husserl es aventurado y radical al referirse a estas paradójicas consecuencias:

> En esta experiencia [trascendental del yo] es el *ego* originariamente accesible a sí mismo. Pero esta experiencia sólo ofrece, en todo caso, un núcleo de realidad experimentada de un modo "propiamente adecuado" [...] mientras que más allá de esta actualidad sólo se extiende un indefinido horizonte universal y presuntivo [...] [al que pertenece] el pasado del yo, las mayoría de las veces completamente oscuro [...]. [En consecuencia] esta presunción implícita en la evidencia apodíctica está, pues, sujeta a la crítica de su alcance [...]. ¿Hasta dónde puede el yo trascendental engañarse acerca de sí mismo

---

[107] *Ibid.*, p. 135.
[108] *Ibid.*, p. 64.

y hasta dónde alcanzan los contenidos absolutamente indudables [...]? Con la institución del *ego* trascendental nos hallamos en general en un punto peligroso [...].[109]

En esta imposibilidad esencial de adecuación de la conciencia a sí misma que la abre constitutivamente a la posibilidad de "engañarse acerca de sí misma" en razón de estar determinada por su propio "pasado oscuro" algunos fenomenólogos posthusserlianos afines al freudismo hallarán una base para intentar acercar la fenomenología y el psicoanálisis. Sin embargo, es evidente que el "pasado oscuro" de la conciencia husserliana, al menos en esta etapa de la investigación del fenomenólogo, no es tan oscuro como el del inconciente freudiano: Husserl se está refiriendo aquí básicamente a la sedimentación pasada de habitualidades que hace que las operaciones de la conciencia no sean absolutamente transparentes a sí mismas sino que sucedan, como dirá Merleau-Ponty, en una "semiconciencia", una "conciencia ambigua" o un "*cogito* tácito", es decir, operante más allá de la conciencia explícita que tiene de sí mismo.

d) Podría inferirse ahora que si la conciencia trascendental se constituye en su historia y correlativamente así lo hace el mundo, éstos no tienen ya una esencia determinable puramente *a priori*. Ya no es posible como lo era para Descartes que el pensamiento determine sólo a partir de sí mismo –es decir, pensando– su esencia y la del mundo – extensión matematizable–. Sólo es posible conocer lo que soy investigándolo en ese extraño otro que fui, en mi pasado que se hunde en la oscuridad y que no puedo conocer *a priori* porque no es meramente el desarrollo coherente de una ley o la derivación tautológica de un axioma sino un curso particular expuesto a lo fortuito. Si hubiera nacido en otra época o cultura, o si hubiera tenido otra infancia, yo no sería el mismo ni lo sería mi mundo. Lo trascendental, en suma, se torna a la vez empírico, y lo empírico trascendental: la esencia y el hecho, la reflexión y la constatación deben en definitiva coincidir. Esta es la razón por la que en Husserl la reivindicación de la prioridad de la filosofía trascendental por sobre la psicología empírica da paso a una relación simétrica de reciprocidad o entrelazamiento entre ambos. En sus *Meditaciones cartesianas* Husserl afirma que "por razones de principio la Psicología es, a lo largo de todo su desarrollo, paralela a la Fenomenología. Del mismo modo, podría decirse que la Fenomenología es siempre paralela a la Psicología y que toda proposición válida de

---

[109] *Ibid.*, pp. 64, 65.

psicología empírica anticipa una verdad fenomenológica".[110] Es verdad que Husserl intenta limitar esta consecuencia postulando sobre el final de sus *Meditaciones* la existencia de un *a priori* universal de la conciencia y el mundo de la vida cuyo contenido deja, en este trabajo, en gran medida indeterminado.[111] Pero la orientación de su reflexión bastó para que la fenomenología posthusserliana de Merleau-Ponty, por ejemplo, no dudara en afirmar que "la esencia debe ser finalmente tan contingente como un hecho. Asimismo en la dirección opuesta, el hecho y el conocimiento de hechos debe contener un conocimiento de esencia, un conocimiento a priori".[112]

e) Las *Meditaciones cartesianas*, finalmente, han apuntado en sentido contrario a la meditación dualista de Descartes, ya que la separación misma de las dos sustancias es lo que ha sido relativizado: ya no es posible separar una conciencia pura de la facticidad del mundo y de la historia. La clave de este giro puede ser descubierta en la quinta meditación: mientras que la conciencia cartesiana había guardado su pureza alienando al cuerpo de su esencia, la conciencia husserliana es una conciencia encarnada y, de ese modo, contaminada por el mundo. La quinta meditación husserliana tiene como objetivo determinar de qué modo el mundo se me aparece como trascendente u "otro" de mí, y para ello Husserl propone realizar una segunda reducción de la conciencia trascendental a lo que en ella tiene el sentido de más "propio", aislando de ese modo el aparecer de la alteridad. Tras esta reducción a lo propio Husserl "registra algo importante": "nos queda en la abstracción [de todo lo ajeno a la conciencia] un estrato unitariamente conexo del fenómeno mundo", o dicho de otro modo, "algo de mundo" que no puedo despegar de mí y que "es por esencia el [estrato] fundamental". Este estrato inferior es "una naturaleza mía propia" y en ella encuentro, "señalado de modo único, mi cuerpo vivo [*Leib*]",[113] no en el sentido de ese objeto ajeno descripto por la anatomía y la fisiología sino simplemente como mi propia posibilidad de sentir y moverme. Merleau-Ponty no se equivoca al identificar la clave de las doctrinas anteriormente expuestas –la mundanización y la temporalización de la

---

[110] *Ibid.*, p. 126.
[111] Mayores precisiones acerca de este "apriori del mundo de la vida" y sus "estructuras máximamente formales-generales" se hallan en la *Krisis*, §§ 36, 37.
[112] M. Merleau-Ponty, *La fenomenología y las ciencias del hombre*, tr. I. González y R. Piérola, Buenos Aires, Nova, 1977, pp. 65, 66.
[113] E. Husserl, *Meditaciones cartesianas*, pp. 156-158.

conciencia, la pérdida de la autotransparencia y de la autonomía del *ego*– en la ontología ambigua de la corporalidad. El mundo no es ya un objeto frente a mí ni yo soy pura conciencia, ya que por ser esencialmente cuerpo estoy mezclado con el mundo. De modo paradójico mi cuerpo es lo otro de mí –algo del mundo– que sin embargo soy yo: en él se resume la no adecuación de la conciencia a sí misma de la que hablaba Husserl al principio de sus *Meditaciones*. Asimismo puede entenderse, como lo hará Merleau-Ponty, que la "intencionalidad operante" que sintetiza pasivamente el sentido de lo percibido por debajo de los actos voluntarios de mi conciencia explícita no es otra que la de mis hábitos motrices adquiridos.

No es necesario aceptar los pormenores de la interpretación merleaupontyana que refiere el sentido último de los conceptos básicos de Husserl al *Leib* para observar en Husserl mismo de qué modo el carácter trascendental de la corporalidad venía exigido por las doctrinas básicas de su pensamiento. La necesidad de considerar a la conciencia como esencialmente encarnada podría demostrarse, según propuso recientemente Charles Taylor, mediante una especie de "argumento trascendental" en el sentido de Kant.[114] La forma de este tipo de argumentación se caracteriza por partir de una afirmación que se pretenda absolutamente autoevidente y considerar cuáles son las premisas que supone necesariamente, es decir, las condiciones de posibilidad de tal afirmación, las cuales quedarían demostradas retroactivamente. Todos los elementos para un argumento de este tipo podían hallarse ya en el pensamiento de Husserl. El primer paso de este argumento sería observar que la experiencia consiste básicamente en percibir. Aun cuando pensamos no dejamos de percibir; aun si imaginamos o si soñamos las imágenes son análogas a las percibidas y toman su materia de la percepción: la percepción es la "experiencia primaria", como dice Husserl en el § 39 de *Ideas I*. El segundo paso consiste en determinar algunas características esenciales de esta experiencia primaria tales como el "perspectivismo": "A la percepción de cosas es inherente además, y también esto es una necesidad esencial, una cierta inadecuación. Una cosa sólo puede en principio darse 'por un lado'".[115] El tercer paso consiste en notar que estas características

---

[114] Charles Taylor, *Argumentos filosóficos. Ensayos sobre el conocimiento, el lenguaje y la modernidad*, Barcelona, Paidós, 1997.
[115] E. Husserl, *Ideas...*, p. 99. Igualmente podrían considerarse otros rasgos esenciales a la percepción, como la *orientación* del espacio percibido y de los objetos percibidos en él.

esenciales de esta experiencia primaria sólo son propias de una conciencia "encarnada", es decir que se deben a la corporalidad inherente a la conciencia perceptiva. De este modo queda demostrado que el rol del cuerpo es esencial o trascendental y no accesorio en toda experiencia. Hallamos una afirmación que liga la corporalidad al perspectivismo esencial a la experiencia, por ejemplo, en el § 28 de la *Krisis* de Husserl:

> Las presentaciones-aspecto del cuerpo que en cada caso aparecen en la percepción y las cinestesis [movimientos del cuerpo] no son dos procesos uno al lado del otro, sino que más bien ambos discurren tan conjuntamente que los aspectos [...] sólo tienen validez en tanto que aspectos del cuerpo en virtud de que son exigidos continuamente por las cinestesis [...]. A la multiplicidad de apariciones en las que un cuerpo es perceptible como uno y el mismo cuerpo les corresponden de una forma propia las cinestesis pertenecientes a tal cuerpo.[116]

Ahora bien, la interpretación de Merleau-Ponty de las habitualidades como propiamente corporales tampoco se aparta necesariamente del texto de Husserl. Por un lado, ya se observó que en la evolución del pensamiento de Husserl las definiciones del *ego* trascendental como sustrato de habitualidades y como ligado esencialmente a un *Leib* surgen simultáneamente y pasan al mismo tiempo a tener un lugar central en la reflexión del filósofo. Por otro lado, en el texto recién citado se confirmó cuán esencialmente entiende Husserl que las cinestesias o movimientos corporales se ligan a la percepción del objeto. No es extraño concluir entonces que los tipos empíricos –los objetos posibles de mi mundo perceptual– sean correlatos de mis hábitos de movimiento corporal sedimentados. Husserl parece entenderlo así en el texto de la *Krisis* arriba citado, que continúa afirmando que "el soma [es] aquello donde yo impero cinestésicamente de una forma completamente inmediata [...] y en este imperar, [...] el sistema global de las cinestesias, sistema digno de confianza y disponible conscienciálmente, es actualizado en la correspondiente situación cinestésica, y está constantemente ligado con una situación de aparición de cuerpos, a saber: la del campo perceptivo".[117] Se hace evidente en este texto la estrecha relación que Husserl observa entre la percepción y los hábitos de movimiento corporal: el "sistema de las cinestesias"

---

[116] E. Husserl, *La crisis de las ciencias europeas y la fenomenología trascendental*, Barcelona, Crítica, 1991, pp. 111-112.
[117] *Ibid.*, p. 111.

habituales que está latente o disponible y se actualiza en los actos presentes.

La esencial encarnación de la conciencia no es sólo la clave de la apertura del *ego* al mundo y a su propio pasado –de la *mezcla* de conciencia y mundo, conciencia e historia–, sino que señala también otras "contaminaciones" aun más oscuras para esta conciencia ya impura. En primer lugar, aquella en la cual reconocemos el motivo central de la quinta Meditación: la implicación intersubjetiva, la mezcla o imbricación (*Ineinander*) de los otros en la subjetividad trascendental, que Husserl fundamenta explícitamente en la corporalidad. Si para el yo incorporal de Descartes la existencia del mundo y de otras conciencias se había convertido en un problema, éste se disuelve en la perspectiva de la conciencia encarnada. La ontología del cuerpo no es autónoma como la de la conciencia pura. Siempre y esencialmente se es un cuerpo entre otros, por cuanto un cuerpo es necesariamente nacido de otro cuerpo y se alimenta de otros cuerpos: el cuerpo está "ontológicamente en circuito" con los otros cuerpos, dirá Merleau-Ponty.[118] En la quinta Meditación, sin embargo, Husserl se refiere más bien a esta "intercorporalidad" desde el punto de vista de lo que luego se llamará la "transposición del esquema corporal", es decir, el modo en que vivo las conductas corporales del otro en mi cuerpo. De cualquier modo, queda claro que el yo trascendental está, en virtud de ser cuerpo, contaminado ontológicamente por los otros –Husserl dice "contagiado", "solapado" o "entretejido" con los otros–[119] y es desde siempre *miembro* de una comunidad trascendental que tiene como correlato un mundo inter-constituido. La distancia de esta inter-conciencia respecto del *ego* cartesiano se hace extremadamente evidente en la afirmación husserliana tardía de que sólo de un modo equívoco puede seguir llamándose "yo" a la conciencia trascendental: "*El yo que alcanzo en la epojé*, el mismo que sería el '*ego*' en la reinterpretación crítica y mejoramiento de la concepción cartesiana, *se llama en realidad 'yo' sólo por equivocación* [...]. [Es necesario hablar de] una intersubjetividad trascendental que constituye el mundo [...] en el cual yo de nuevo aparezco, pero ahora como 'un' yo trascendental entre los otros".[120]

---

[118] *N*, p. 288.

[119] E. Husserl, *Meditaciones cartesianas*, pp. 176, 177.

[120] Hua. XV, p. 188; el subrayado es nuestro. Esta sigla corresponde, con indicación de tomo y página, a E. Husserl, *Gesammelte Werke – Husserliana*, vols. I-XXX, Dordrecht/Boston/London, Kluwer Academic Publishers (con anterioridad: Den Haag, Martinus Nijhoff), 1950-1996.

Hablar todavía de "yo" es una "equivocación necesaria" por la que pasa la investigación fenomenológica, dirá Husserl en otro texto, hasta que más tarde esta investigación devela "que el yo del curso primigenio es el yo absoluto *que en sí lleva* [...] *a los otros yoes*" y a su propio pasado.[121]

Sólo paulatinamente Husserl va descubriendo cuán "equívoco" se tornó este "yo" una vez reconocido su carácter corporal. Este develamiento y los estratos que emergen son propios "de una esfera de la reconstrucción, esto es, se retrocede desde lo patente hacia lo latente".[122] El "retroceso" cada vez más hacia atrás, hacia momentos anteriores de la génesis de la conciencia trascendental, es a la vez una "arqueología" que descubre capas estructurales de la conciencia operantes en el presente: todo esto no es más que la continuación del proyecto de la fenomenología genética que descubría, por ejemplo, el pasado de los hábitos adquiridos aún operante en los actos perceptivos presentes. Pero en los textos que consideraremos a continuación y que los exégetas han agrupado bajo el título de una fenomenología "generativa" –la cual constituiría una tercera etapa de la fenomenología, tras las denominadas "estática" y "genética"– el retroceso llega a momentos antes insospechados. El presente de mi conciencia está atravesado por un pasado relativamente oscuro, el de mis hábitos, pero también puedo retroceder más en la génesis y "me percibo ahí como dotado de un horizonte más amplio del pasado, que no está a la medida del recuerdo [...] en tanto generado por padres, nacido en el mundo".[123] Se trata de un pasado más lejano que el habitual: podría decirse, utilizando los términos de Merleau-Ponty, que entramos en el ámbito de la "naturaleza" como "pasado de todos los pasados", "pasado originario" o "pasado que nunca fue presente", en el sentido de que nunca lo viví concientemente como presente (no puedo, por ejemplo, recordar mi nacimiento).[124] Como afirmará el fenomenólogo francés, la conciencia podía pretenderse autónoma y autotransparente solamente "pasando en silencio el acontecimiento que constituye su infraestructura y que es su nacimiento".[125] Pero la investigación arqueológica y retrospectiva ni

---

[121] Hua. XV, p. 586. El subrayado es nuestro.
[122] Hua. XV, p. 608 ("Monadología", 1931).
[123] Hua. XV, p. 580 (1933).
[124] Son definiciones que Merleau-Ponty toma de la filosofía de la naturaleza de Schelling, y aparecen por ejemplo en su *Fenomenología de la percepción*, Parte I, Cap. I ("El cuerpo y la fisiología mecanicista").
[125] *FP*, p. 460. Sin embargo, la finitud que deriva de este nacimiento y muerte de la conciencia es relativizada por Husserl por cuanto en el nexo de las

siquiera se detiene allí sino que, sorprendentemente, Husserl ahora se pregunta:

> ¿Pero hasta dónde se extiende tal reconstrucción respecto del nacimiento (o sea, eventualmente antes del nacimiento) [...]? ¿Se trata de reconstrucciones que deben seguir la analogía con el ser sedimentado (el "inconciente" en nuestra esfera de la conciencia) y no somos entonces impulsados hacia atrás desde los hombres hacia los animales, a la plantas, [...] hacia una consideración trascendental-subjetiva, que, reconstruyendo, avanza retrospectivamente hacia seres-sujeto de diferentes niveles de ordenamiento con una conciencia instintiva y una comunicación instintiva [...]? [126]

Un rasgo notable del escrito citado es la aparición de un estrato instintivo de la conciencia anterior o más primigenio que el de los hábitos sedimentados. Como consecuencia de este descubrimiento nuevas cuestiones se hacen tema de la fenomenología trascendental, como dejan ver los siguientes fragmentos: "El comer es 'yo hago', corporalidad vivida conciente y por medio de ello y a una con la comida, es un hacer tal y tal cosa; el comer es un procedimiento oral y manual en el mundo";[127] "Este apetito sexual determinado tiene la forma de la satisfacción en el modo de la copulación".[128] Lo llamativo de estos textos no es solamente la simpleza de las definiciones –la fenomenología trascendental hacía sus primeros pasos en terrenos hasta entonces desconocidos por ella y es reconocible su cautela–. Lo más sorprendente es que ahora el sujeto trascendental ya no se dedique esencialmente a pensar, como el cartesiano, ni tampoco sólo a percibir, sino también a comer y a copular, actividades que ni siquiera Heidegger habría considerado incluir como "existenciarios" de su *Dasein*. En segundo lugar, llama la atención en el texto transcripto más arriba la referencia de Husserl a la incidencia de lo "inconciente" (*Unbewustein*) "en la esfera de la conciencia", con lo cual se refiere específicamente tanto a lo "sedimentado" por los hábitos y que opera las síntesis pasivas como ahora también a estos "instintos" que proceden de un pasado

---

generaciones la conciencia trascendental intermonádica alcanza una suerte de inmortalidad (Hua. XV, p. 608, Ap. XLVI).
[126] Hua. XV, p. 608; Apéndice XLVI (Monadología, 1931).
[127] Ms. E III 9, 24. Cit. por J. Iribarne, "Intencionalidad instintiva y fenomenología trascendental", en *Escritos de Filosofía*, Buenos Aires, 1995, n. 27-28, pp. 299-310.
[128] Hua. XV, p. 593.

anterior no sólo ontogenético –propio del desarrollo individual– sino ya filogenético –propio de la evolución de la especie–.

En tercer lugar, es interesante preguntarse por el lugar que en este texto y otros de la fenomenología generativa queda asignado a la animalidad en su relación con la humanidad. En la investigación retrospectiva y "arqueológica" de la conciencia nos encontramos con un estrato "instintivo" compartido con los sujetos animales, afirma Husserl. La relación de animalidad y humanidad dependerá entonces de cómo comprende el filósofo la relación entre estos estratos y momentos. Es verdad que Husserl está en estas investigaciones develando la génesis de la conciencia, es decir que se está refiriendo a lo que denomina un "pre-yo" o "proto-yo" y no al yo constituido. Pero, una vez más, es posible interrogarse por el modo en que concibe la relación entre este pasado del yo y su presente. Podrá observarse a continuación que el pasado impulsivo o instintivo no es un pasado superado y dejado atrás por la conciencia sino que para Husserl subyace y motiva tanto la formación de las habitualidades como los actos presentes. Lo "inconciente" de los instintos, tal como lo "semiconciente" de los hábitos, subyace y determina los actos presentes de la conciencia. Esto implica que la animalidad, en suma, no es lo otro de la humanidad ni tan sólo su pasado filogenético definitivamente superado y dejado atrás, sino el fundamento donde se apoya y que impulsa constantemente su vida conciente. Ya en la fenomenología genética, a partir de la consideración del sujeto como sustrato corporal de habitualidades, el problema del animal es considerado como similar al de personas humanas "que se salen de la regla" o "anómalas": "los animales [...] están constituidos por mí como 'variaciones' anómalas de mi humanidad".[129] Esto significa que la empatía no se realiza con ellos de forma tan completa como con otros seres y que ellos, al igual que los sujetos "anómalos" o los pertenecientes a culturas distantes epocal y geográficamente, habitan sistemas fenoménicos parcialmente distintos del mío. Pero como el núcleo de la empatía tal como es descripta en la quinta Meditación es la vivencia corporal, estamos "parificados" tanto con sujetos animales como humanos y habitamos correlativamente un mundo natural común que cuenta por sobre o por debajo de las diferencias entre sistemas fenoménicos. La intersubjetividad trascendental que tiene como correlato noético al mundo por ella constituido, en suma, incluye a los animales: "La naturaleza abierta [...] se hace entonces tal, que comprende en sí [...] a un número desconocido de hombres (más en

---

[129] E. Husserl, *Meditaciones cartesianas*, p. 192.

general, de *animalia*) que se reparten por el espacio infinito como sujetos de una posible comunidad mutua. Naturalmente, a esta comunidad le corresponde [...] una comunidad correlativa de mónadas, a la que damos el nombre de intersubjetividad trascendental".[130] En textos posteriores Husserl vuelve a abordar la cuestión de los animales en el mismo contexto en que se ocupa de los casos de personas con patologías psíquicas, los niños y las personas "anómalas": todos ellos "no son cooperantes [...] para el mundo que tiene verdad a partir de la razón" pero tienen sin embargo "su modo de trascendentalidad", son conciencias constituyentes de sentido y tienen "vida de la comunidad en sentido espiritual".[131] Así se refiere también Husserl explícitamente a "los sujetos animales trascendentales" que pertenecen al "horizonte de historia desconocida" propio de "la historia trascendental de los hombres".[132]

Es posible ahora precisar de qué modo concibe Husserl la relación entre los instintos "inconcientes" o "pre-yoicos" cuya sede es el *Leib* y la conciencia ya constituida. Desde el punto de vista genético el yo maduro se constituye por el movimiento mismo de estos instintos del pre-yo, que son ya formas arcaicas de conciencia, mientras que desde un punto de vista estructural los instintos constituyen permanentemente un estrato operante por debajo de todo acto de conciencia. Husserl distingue fundamentalmente dos dimensiones en relación con los instintos: la propia del "instinto originario de objetivación" o "intencionalidad impulsiva" y, por debajo de ésta, la del "instinto originario innato".[133] Esta última área, la más primaria, se refiere a un impulso orientado a la realización de una meta que no conoce, hacia un horizonte vacío y completamente amorfo. Correlativamente a la ausencia de un yo determinado con habitualidades o estilos –puesto que aún hay sólo un "proto-yo"– habría entonces una ausencia de objeto determinado. Se trata de una intencionalidad que no apunta hacia nada definido: "el impulso puede encontrarse en el estadio del apetito indeterminado que aún no lleva en sí su objeto como su en-vista-de-qué".[134] Al nacer se cuenta tan sólo con la herencia de este instinto

---

[130] *Ibid.*, pp. 196, 197.
[131] Hua. VI, pp. 191, 192; *Krisis*, § 55.
[132] Hua. XXIX, p. 87.
[133] Seguimos en este punto la reconstrucción de Julia Iribarne en loc. cit. Tal exposición se basa en manuscritos de Husserl, en textos de Hua. XIV y XV, y en la obra de Nam-In Lee *Edmund Husserls Phänomenologie der Instinkte*, Boston-Londres, Kluwer Academic Publishers, 1993.

indeterminado: "el horizonte originario –dice Husserl–, la masa de lo heredado es, en su sentido originario, horizonte vacío".[135] El filósofo caracteriza a este instinto originario indeterminado –la "forma" del instinto cuyo contenido concreto serían instintos particulares– como "instinto de conservación" y a la vez, correlativamente, "instinto de mundanidad", ya que autoconservarse exige relacionarse con el mundo. Ahora bien, este instinto vago o ciego que es una apertura hacia un afuera aún sin forma provee la base para lo que Husserl denomina un "instinto de objetivación" que, sobre la *hyle* que le proveen los actos dispersos y sin dirección impulsados por el instinto originario, configura "algo", objetos.

La plenificación de la intencionalidad de los instintos no los hace desaparecer sino que son fuerzas que permanecen fluyendo y por tanto tras plenificarse se ponen nuevamente en marcha: la esencia del instinto es la repetición. Si por medio de actos repetidos he llegado a constituir un determinado objeto o campo visual, al volver a reconocer algunos de sus aspectos la síntesis pasiva fundada en las adquisiciones habituales reconstruirá el resto –el objeto o campo total– sin esfuerzo. Pero el instinto objetivante una vez plenificado sigue en movimiento buscando otros horizontes y haciendo que continúe el proceso de formación de nuevos y más amplios sistemas de apercepción. Se concluye de aquí que lo que hace que se formen habitualidades y objetos correlativos, y que este proceso esté constantemente en curso es la fuerza del instinto objetivante fundado a su vez en el instinto originario indeterminado: "La alegría instintiva de ver es un proceso de intenciones instintivas y plenificaciones, y las plenificaciones siempre dejan algo abierto. El horizonte del instinto sigue abierto. Mientras se constituyen unidades mundanas como unidades habituales de acceso de lo mismo [...] los horizontes instintivos de aspiración reciben siempre nuevas indicaciones".[136] Acerca de textos inéditos de Husserl como éstos y de la distancia que los separa de anteriores formulaciones, Merleau-Ponty comentará en sus últimas notas de trabajo:

> Husserl admitía (L.U.) [*Logische Untersuchungen*] que los actos representativos son siempre fundantes con relación a los otros -y que los otros no se reducen a ellos, la conciencia era definida primordialmente como conocimiento- [...]. Es la única posición

---

[134] Hua. XV, p. 593.
[135] Hua. XV, p. 604.
[136] Ms. A VI 34, 34-36. Cit. por Iribarne, *loc. cit.*

> posible en una Filosofía de la conciencia. ¿Sigue manteniéndose en los Inéditos, donde, por ejemplo, se considera el instinto sexual "desde el punto de vista trascendental"? ¿No significará eso que los actos (¿?) no representativos tienen función ontológica [...] con los mismos derechos que el conocimiento, ellos que no dan "objetos" [...]? [...] Esta reforma de la "conciencia" trae inmediatamente consigo el que las intencionalidades no objetivantes ya no estén en la alternativa de ser subordinadas o dominantes, el que las estructuras de la afectividad sean constituyentes ni más ni menos como las otras.[137]

Es notable cuánto se ha reducido el rol de las operaciones concientes y voluntarias de la conciencia trascendental, y cuánto se ha alejado esta conciencia del pensamiento cartesiano que se posee a sí mismo. Toda percepción así como todo pensamiento actual y voluntario están determinados por el horizonte abierto por las habitualidades que operan constantemente por debajo suyo. Y aun si estas habitualidades se fundan en actos pretéritos, estos actos estaban ya determinados e impulsados por la fuerza de instintos originariamente ciegos, inconcientes, sin dirección a un objeto ni propios de un yo. El pasado habitual tanto como el pasado instintivo son el enorme suelo en que se apoyan y del que se nutren los actos presentes de la conciencia. El yo no es más que un pequeño brote de la enorme raíz subterránea pre-yoica: no sólo la conciencia está íntegramente permeada de zonas opacas e inconcientes (habituales e instintivas) y funda en ellas sus actos, sino que genéticamente no es más que un producto derivado de ellas –así como el *Ich* era para Nietzsche un mero producto de las fuerzas del cuerpo–.[138]

Si bien hasta este punto la exposición tendió a mostrar de qué modo para la fenomenología las operaciones de la conciencia se fundan en última instancia en su carnalidad, en sus fuerzas y habitualidades somáticas, hay que notar que este movimiento de "encarnación" de la conciencia es paralelo al de una "espiritualización" del cuerpo. Al

---

[137] *VyI*, pp. 287, 288.

[138] Enunciadas las conclusiones de la investigación husserliana de este modo general, no parecen lejanas a los descubrimientos de Freud, quien convirtió estas zonas opacas a la conciencia en objeto de su investigación. Sin embargo, la cercanía o los contrastes entre ambas doctrinas instintivas y pulsionales resta aun por ser investigada, ya que los fenomenólogos posthusserlianos que intentaron aproximarse al psicoanálisis desde la fenomenología -de diversos modos lo hicieron Sartre, A. de Waelhens, P. Ricoeur, etc.- en gran medida no consideraron estos textos propios de la etapa "generativa", con la importante excepción de Merleau-Ponty.

mismo tiempo que la conciencia se redefine como corporal, el cuerpo se torna de algún modo conciente. El *Leib* es distinguido por Husserl del cuerpo que las ciencias físicas, biológicas o anátomo-fisiológicas pueden describir como un objeto del mundo, por cuanto ha pasado a tener un sentido trascendental y constituyente de mundo. En sus *Meditaciones cartesianas* escribe Husserl que en la naturaleza "encuentro [...] señalado de un modo único mi cuerpo vivo, a saber: como el único que no es mero cuerpo físico".[139] Y en seguida se refiere al modo en que el cuerpo no es objeto de mi percepción sino siempre a la vez sujeto, aun cuando sólo se perciba parcialmente a sí mismo. Y el cuerpo no participa solamente de la conciencia del mundo sino que es, de algún modo, autoconciente. La corporalidad vivida tiene la particularidad de estar "referida retroactivamente a sí misma": una mano toca a la otra y a su vez es tocada por la que toca.[140] Este entrelazamiento único del objeto y el sujeto de la percepción en el cuerpo propio será enfatizado por Merleau-Ponty para afirmar que la subjetividad autoconciente en el sentido cartesiano –el pensamiento que puede pensarse a sí mismo– es anticipada por esta más originaria autoconciencia corporal, este "esbozo de reflexión": hay un "yo tácito" del cuerpo, dirá Merleau-Ponty, en el que funda sus operaciones el yo conciente.

Este mismo movimiento que retira al cuerpo del mundo objetivo para tornarlo sujeto, corporalidad conciente, se observa en los desarrollos de la fenomenología generativa ya reseñados. Tanto el instinto originario como el objetivante, si bien propios del *Leib* y anteriores genéticamente al desarrollo del lenguaje y el pensamiento, son considerados por Husserl como formas arcaicas de conciencia en tanto se los define utilizando la característica distintiva de los fenómenos concientes: la intencionalidad. En el primero hay una intencionalidad que se mueve entre dos polos aún indeterminados. En el segundo –objetivante– los dos polos noético y noemático empiezan a determinarse, y es notable que Husserl lo ilustre con una forma de conciencia o intencionalidad no cognoscitiva ni perceptiva sino "nutritiva". En el acto de comer fundado en este instinto objetivante el polo noético es definido literalmente por Husserl como "corporalidad vivida conciente" y el polo noemático es "una cosa de mi esfera externa respecto del cuerpo vivido, orientado como existiendo allá, apercibido como 'comida'".[141]

---

[139] E. Husserl, *Meditaciones cartesianas*, p. 158.
[140] *Ibid.*, p. 159.

Puede concluirse que Husserl, si bien se reconoce heredero del proyecto fundacionista de Descartes y llega a referirse a su doctrina como a un "neocartesianismo", conduce una investigación que lo aparta cada vez más de la definición cartesiana de la conciencia. Ya en *Ideen I* se observa de qué modo la conciencia trascendental no coincide con el *cogito* en cuanto a la primera corresponde como operación originaria el percibir –el cual, a diferencia de lo que afirmaba Descartes, *nos da la cosa misma*– mientras que al segundo el pensar, y más propiamente el pensar clara y distintamente, es decir, cuantitativamente. Del énfasis de la investigación husserliana en la conciencia perceptiva se desprenderán nuevos puntos de divergencia con el cartesianismo que se harán más explícitos en la etapa "genética" de la fenomenología. La conciencia perceptiva debe según Husserl ser definida como esencialmente temporal: el yo que percibe es un repertorio de habitualidades sedimentadas en la experiencia pasada. La temporalización de la conciencia acarrea la grave consecuencia de transformar en problema la obtención de un conocimiento adecuado de su contenido. La transparencia de la autoconciencia se empaña si el *ego* no es instantáneo, al modo cartesiano, sino que es una historia que se pierde en la oscuridad de lo inmemorial. En la investigación de Husserl, el énfasis en la temporalización del *ego* trascendental así como la pérdida de la posibilidad de un autoconocimiento acabado son contemporáneos de la tematización de otro motivo anticartesiano: la inclusión del *Leib* en la esfera trascendental. Esta inclusión, en la que ciframos con Merleau-Ponty la clave del giro anticartesiano de Husserl, no significó un mero desplazamiento del cuerpo objetivado al ámbito de la subjetividad sino el comienzo de una investigación inédita –alternativa a la científica- del sentido de la corporalidad vivida como "corporalidad conciente", profundizada por la fenomenología posthusserliana y particularmente por Merleau-Ponty. Por último, en los escritos de Husserl que se reúnen bajo el título de una "fenomenología generativa" hallamos extremadas las notas que separan a la conciencia trascendental del cartesianismo. En efecto, esta última etapa del pensador ya no privilegia la tematización de la autotemporalización sino de la temporalidad intersubjetiva, esto es, la historia. El yo trascendental debe ser considerado esencialmente como instancia de una comunidad histórica por lo que incluso las anteriores investigaciones genéticas que sólo consideraban la "biografía habitual" se le aparecen ahora al filósofo como "abstractas". Por otro lado, el retroceso en la investigación de la génesis de la conciencia perceptiva

---

[141] Ms. E III 9, 24. Cit. por J. Iribarne, loc. cit.

debe ir incluso más allá del pasado habitual, ese paso que ya otorgaba ciertos privilegios a la pasividad por sobre la actividad de la conciencia y la hacía semejante a una semiconciencia no transparente para sí misma. La inclusión de una intencionalidad instintiva por debajo de la habitual limita el rol de la conciencia autónoma y autotransparente al de un mero término de las determinaciones pasadas, intersubjetivas e inconcientes de modo tal que Husserl, ya bastante alejado de su vocación cartesiana, restituye al cuerpo sus caracteres subjetivos y concientes y a los animales su lugar en la comunidad trascendental.

I.4. La filosofía del cuerpo de Merleau-Ponty frente al dualismo occidental.

El breve recorrido previo por algunos hitos de la historia del dualismo característico de la metafísica occidental tuvo el propósito de que, al abordar el estudio de la filosofía merleaupontyana, pueda revelársenos el alcance y las implicancias de una filosofía que pretende centrarse en el cuerpo. El dualismo filosófico del cuerpo y el alma, lejos de ser obvio, necesario o natural, es el producto de las vicisitudes de la historia de una cultura particular, indisociables a su vez de la historia política y económica que marcó y marca la vida de los cuerpos. Cuando en circunstancias muy diversas un Platón, un teólogo cristiano o un Descartes enunciaron que lo más propiamente humano era la razón y no el cuerpo, tal afirmación filosófica estuvo siempre ligada a prácticas concretas de separación y dominación de ciertos seres humanos respecto de otros y de la naturaleza. Concretamente, por ejemplo, respecto de los "cuerpos puros" o "sin alma", *i.e.*, los animales, la ontología moderna no disfrazó su connotación de dominación: "mi opinión (acerca de los animales) –dice Descartes– absuelve a los hombres de la sospecha de crimen siempre que coman o maten animales".[142] Para comprender más cabalmente el sentido del dualismo sería necesario sumar aún otra dimensión entrelazada con las anteriores: una consideración *ética* del cuerpo y del animal. Basta recordar aquí que Nietzsche en su definición

---

[142] Descartes, *Carta a Morus* cit. por Georges Canguilhem, "Machine and Organism", en J. Crary- S. Kwinter (eds.), *Incorporations*, New York, Zone, 1992, p. 55. Compárese con Leibniz: "si debemos ver al animal como siendo más que una máquina deberíamos tornarnos pitagóricos y renunciar a nuestra dominación sobre los animales" (cit. en *ibid.*, p. 53).

del cristianismo como popularización del platonismo no erraba en trazar una línea de sentido que une en la historia de la cultura occidental la concepción del momento primero en que el Demiurgo del mito platónico adosa el sexo al viviente lo más lejos posible del alma racional, "como un animal atado a su cuerpo" (*Timeo*) con la otra concepción del fin de los tiempos en que impera "la debilidad de la carne" y para la cual el número de la Bestia son los tres seis.[143] La separación y dominación de unos hombres respecto de otros y de la naturaleza, al parecer, comienza por una "técnica de sí" de carácter moral como la que admirablemente describen los textos platónicos, por medio de la cual se construye en uno mismo lo propiamente humano, la razón, separándose de lo bajo y corporal, y haciendo que el primer término domine al segundo.

Ahora bien, ¿en qué consiste la crítica de Merleau-Ponty a esta ontología dualista recién esbozada, la cual parece extenderse en sus múltiples variantes poco menos que a la totalidad de la metafísica occidental? Contrariamente a lo que apresuradamente se afirma, Merleau-Ponty no sostiene que la ontología dualista sea falsa o que el cuerpo no se preste a una descripción mecánica u objetiva: hay una "verdad del dualismo [...]. Esta dualidad no es un simple hecho; está en principio fundada".[144] El dualismo hace posible describir ciertas posibilidades de la experiencia y ciertas dimensiones de nuestra corporalidad; el problema radica sólo en proponerlo como *la* descripción de la experiencia mientras que sólo describe algunas de sus modalidades, obturando así la posibilidad de otro tipo de indagaciones y saberes. La filosofía de Merleau-Ponty tampoco se propone simplemente transformar el significado o el uso de la palabra "cuerpo" para recuperar sentidos enterrados y latentes o inventar otros nuevos. Su propuesta es más radicalmente la de volver la atención a la experiencia vivida corporalmente en la que en última y primera instancia se apoya el sentido de nuestras palabras y pensamientos. Y el resultado de este giro de atención es descubrir que esta experiencia es potencialmente más rica y compleja que la experiencia, la terminología y el pensamiento dualistas que caracterizan a nuestra cultura. Toda cultura es, como decía Nietzsche, "un modo particular de criar cuerpos" y una cultura dualista es un dispositivo disciplinario que cría cuerpos-máquina instrumentales al servicio del "espíritu" individual, de las "cabezas" que administran la vida social y de una moral que nos separa de la naturaleza, de los otros y

---

[143] S. Marcos XIV: 38; S. Mateo XXVI:41; S. Juan, Apocalipsis XIII.
[144] *EC*, pp. 290, 291.

de dimensiones o posibilidades devaluadas y aun desconocidas de nuestra propia experiencia sensorial, sentimental y sensual. Redescubrir con Merleau-Ponty que "nadie sabe aún lo que puede un cuerpo" (Spinoza) significa recordar no sólo, por la negativa, que el cuerpo es misterioso y opaco a nuestra conciencia sino también, de modo positivo, la posibilidad de ver hasta qué punto son contingentes y restringidos los modos de vida que tomamos por naturales, abriendo así el espectro de nuestras posibilidades de percepción y acción.

Para insistir en lo ya dicho: el dualismo no es simplemente "falso". Es en cierto sentido verdadero que mi cuerpo funciona como una máquina ajena a mi conciencia y mi voluntad, como una parte del mundo objetivo, y que yo soy una fuente de pensamientos y decisiones independiente de la máquina. Pero esa no es la única ni la más primaria experiencia que tengo y puedo tener sino sólo un tipo de experiencia que se ha tornado hegemónica en nuestros saberes y discursos. Ahora bien, ¿cómo podría describirse la experiencia o más generalmente el ser más allá del dualismo? En otros términos: ¿cómo avizorar la superfice más amplia sobre la cual se inscribió el pliegue, aquella de la cual el dualismo sería sólo uno de los pliegues posibles?[145] Para desplegar la superficie sería necesario encontrar el lugar preciso donde ha sido plegada, y ese lugar es el del cuerpo, porque el cuerpo tal como es vivido en la experiencia cotidiana sigue siendo la "anomalía recalcitrante" del paradigma dualista de nuestra cultura: es aquello de mí que es también mundo, es mi conciencia y mi voluntad misma cuando percibo y me muevo normalmente, y es a la vez o alternativamente una parte del mundo pegada a mí, una cosa en nosotros "que interpone entre nosotros y las cosas sus mecanismos, sus poderes desconocidos" como sucede en la enfermedad.[146] Por eso el cuerpo como lugar del pliegue es el índice de esa mucho más vasta superficie del ser en la que se inscribe el dualismo, que puede figurarse al modo de una estructura dinámica en la que son reconocibles como dimensiones, subestructuras o figuras parciales y precarias tanto la naturaleza objetiva y el cuerpo-máquina como el pensamiento. Por esa razón es necesario para Merleau-Ponty emprender una investigación inédita de esas figuras surgidas del pliegue dualista *a partir del pliegue mismo*, lo que equivale a redefinir *a partir*

---

[145] Hablar del pliegue más que de la escisión sirve para sugerir que el ser es originariamente uno y multidimensional y que los postulados dualistas no son meramente falsos, sino parciales y derivados respecto de esta unidad polimorfa.
[146] *EC*, p. 264.

del cuerpo vivido y percipiente el sentido de la máquina y del animal-máquina, del organismo, de lo psíquico, del lenguaje y del pensamiento como dimensiones entrelazadas de un mismo ser: ya no se trata de trazar divisiones y órdenes sino más bien de ver de qué modo todas estas subestructuras "pueden sostenerse conjuntamente del lado de lo que no es nada".[147] Redefinir estas dimensiones en términos corporales o como modalidades de la experiencia corporal significará afirmar, por ejemplo, que si es cierto que el cuerpo puede funcionar como una especie de máquina, antes lo cierto es que el instrumento funciona como una parte o extensión del cuerpo –una prótesis– y la máquina como un tipo de organismo –apéndice a su vez de otro–, replicando un tipo de comportamiento corporal posible.[148] Significará decir también, por ejemplo, que es verdad que el lenguaje y el pensamiento señalan dimensiones originales en la naturaleza o resaltan como regiones peculiares en el mapa del mundo natural, pero a condición de ser primero y originariamente modos de la experiencia y la conducta corporales: el lenguaje humano no es más que un modo en que los cuerpos suenan,[149] una rearticulación del cuerpo como expresión primordial, un "segundo cuerpo o cuerpo abierto", dirá Merleau-Ponty,[150] y el alma, como adelantaba Nietzsche, es "una palabra para designar algo del cuerpo" o, en términos más propiamente merleaupontyanos, una sutilización o sublimación del *logos* tácito propio del mundo percibido tal como es vivido corporalmente. Ahora bien, ¿cómo se relacionarían más concretamente según Merleau-Ponty la dimensión perceptivo-conductual corporal con las relativas al lenguaje y al pensamiento? No se trataría de funciones que permitan una definición independiente o autónoma ni de niveles yuxtapuestos que simplemente se apoyen uno en el otro sino de reestructuraciones producidas en el movimiento de una misma estructura en perpetuo dinamismo. Este dinamismo deja su estela o sus huellas en forma de nervaduras o ejes, y Merleau-Ponty situó el eje central de la estructura en la corporalidad

---

[147] *N*, p. 275.
[148] La máquina replica sólo un aspecto del cuerpo o un modo de *comportarse* del cuerpo, por lo que este último incluso en la investigación empírica del organismo desborda su definición como máquina, lo que explica el interés de Merleau-Ponty en algunos desarrollos de la biología contemporánea (la embriología de Coghill y Gesell, los estudios de Russell acerca de la regeneración de los tejidos, etc.). Cf. *N*, pp. 188 ss.
[149] *VyI*, p. 179.
[150] *N*, p. 273.

actuante, percipiente y expresiva, en medio de la cual emerge el fenómeno del lenguaje articulado y luego el pensamiento. Es verdad que en el ser humano adulto la serie recién esbozada pierde algo de sentido, en tanto la estructura actual incorpora y resignifica sus momentos previos integrándolos y ocultándolos en una figura más compleja, trastocando así su sentido. Existe, en los términos de Merleau-Ponty, *reversibilidad* entre las dimensiones de la estructura actual (percepción-lenguaje-pensamiento), lo cual permite incluso que la serie de hecho pueda invertirse de tal modo que, por ejemplo, el sentido lingüístico y el simbolismo cultural también sedimenta y transmuta el sentido mudo de lo percibido. Así es que "el vestido rojo percibido [...] [es una] puntuación en el campo de las cosas rojas, que comprende las tejas de los tejados, la bandera de los guardabarreras y la de la Revolución de 1917".[151] Pero las nervaduras de la estructura permanecen como huellas de su dinamismo y de su génesis, lo que permite a Merleau-Ponty afirmar aun en 1960 la serie tal como originalmente la formulamos: "Hay un logos del mundo sensible [...], una arquitectónica que *surge* [*fuse*] en el cuerpo como espíritu salvaje *antes* de sedimentarse en objetos de cultura positivos [...] [arquitectónica del cuerpo] que anima el lenguaje (e *indirectamente* el algoritmo, la lógica)".[152] Son las bases de esta filosofía corporal de la percepción, del lenguaje y del pensamiento las que intentan desarrollar los capítulos siguientes de este trabajo. Antes de hacerlo sólo agregaremos algunas observaciones acerca de la cuestión de la animalidad en la filosofía de Merleau-Ponty, siendo ésta, como ya se observó, una cuestión paralela y estrechamente atada a la del cuerpo en la metafísica dualista occidental.

Se piensa en Merleau-Ponty por lo general como el filósofo del cuerpo, olvidando frecuentemente que su problema es a la vez y casi con igual derecho el del animal. Merleau-Ponty, sin embargo, no lo olvida cuando en su *Fenomenología de la percepción*, en el momento mismo de presentar al lector su concepción de la corporalidad vivida y percipiente como excediendo la definición mecanicista, escribe que "*el animal* es en el mundo" ("*l'animal est à un monde*").[153] El desafío de aquellas primeras páginas de la *Fenomenología* no es solamente el enunciar que el *in der Welt Sein* (*être au monde*) heideggeriano sólo se comprende a partir de la corporalidad, sino el introducir el ser-del-mundo hablando, no del *Dasein*, ni siquiera del cuerpo humano, sino del

---

[151] *VyI*, p. 165.
[152] *N*, p. 290.
[153] *FP*, p. 97.

animal. Ahora bien, ¿qué significa la revisión a la que Merleau-Ponty somete el dualismo respecto de nuestra relación con aquellos que tradicionalmente no hablan ni piensan, *i.e.*, los animales? Como modos del cuerpo, lenguaje y pensamiento dejan de ser diferencias específicas que se agreguen como estratos jerárquicos en algunos vertebrados superiores y de los que otros animales carezcan o no. Dice Merleau-Ponty: "El hombre ha de ser considerado en su *Ineinander* con la animalidad y la naturaleza. [...] El hombre no es animalidad más razón [...], el hombre es otra corporalidad [...]. Se trata de comprender la humanidad como otra manera de ser cuerpo".[154] Agrega igualmente: "La relación animal-hombre no es una jerarquía fundada en una adición [...]. Hay [solamente] otra manera de ser cuerpo en el hombre".[155] Diversas maneras de ser cuerpo son diversas dimensiones o reestructuraciones no jerárquicas sino más bien rizomáticas que participan de una misma "arquitectónica"[156] entre cuyas figuras hay imbricación y adherencia. Es así que encontramos al recorrerlas "todo tipo de anticipaciones y reminiscencias": "por la naturaleza en nosotros podemos conocer la naturaleza, y recíprocamente, es de nosotros que nos hablan los vivientes".[157] ¿Podrán ser estas anticipaciones y reminiscencias, por ejemplo, las descubiertas por el estudio científico de la conducta animal? Antes de responder a esta pregunta es útil recordar suscintamente algunos datos desordenados que podrían encuadrarse en este marco.

Bajo la hegemonía del paradigma chomskiano en lingüística la sintaxis pudo ser esgrimida por algunos como piedra de toque de la

---

[154] *N*, p. 269.
[155] *N*, p. 277.
[156] *Idem*.
[157] *N*, p. 267. Es, por ejemplo, en el mito y en las máscaras esquimales donde Merleau-Ponty encuentra una "extraordinaria representación" de este *Ineinander*, "del hombre como variante de la animalidad y el animal como variante del hombre, [...] la [necesaria] fundación vital del hombre y el espíritu [en tanto] *hay un cuerpo humano*" (*Idem.*) La danza del chamán revive los episodios de una historia mítica en cuyo principio hombre y animal eran lo mismo, mediante una máscara móvil que metamorfosea su rostro de animal a humano y viceversa. Los episodios de la historia danzada muestran la posterior división de ambos, tras la cual subsiste un *inua* humano en cada animal y un doble animal de cada humano, siendo en la actualidad el espíritu humano de la bestia invisible para todos excepto para el chamán, quien puede por ello hacer las máscaras y conserva también el poder de transformarse en su doble animal.

diferencia específica. En efecto, los chimpancés que mostraban incluso sorprendente innovación creativa en el uso del lenguaje de los sordomudos que habían aprendido carecían sin embargo del uso de sintaxis o de cualquier orden funcional en sus construcciones. La piedra de toque sin embargo se escapó de las manos cuando se comprobó que la comunicación de los cetáceos (particularmente los delfines) y de algunas aves fundaba sus construcciones en procedimientos sintácticos, y que la diferencia esencial se tornaba diferencia de grado (grado de complejidad). Algo similar ha sucedido con las investigaciones etológicas contemporáneas, tanto de observación en el medio natural como en laboratorio, respecto de otras pretendidas piedras de toque de la diferencia específica propia del animal humano. Progresivamente se ha comprobado, por ejemplo, que:

- la arbitrariedad del signo tampoco es específica del lenguaje humano sino que está presente aun en los "esquemas disparadores innatos sociales" surgidos filogenéticamente por un proceso de "ritualización" (Konrad Lorenz).

- el engaño (conductas y expresiones para las que se requiere cierta complejidad de la capacidad de representar, en el sentido lato de usar una cosa para significar otra, una en lugar de otra o una como otra, y servirse de la diferencia entre lo significante y lo significado) no es específicamente humano, sino que se observa en los chimpancés tanto en su medio natural como, de modo perfeccionado, luego de aprender lenguajes de signos.

- la capacidad de referirse a lo lejano temporal y espacialmente no es específica del lenguaje humano, sino que por ejemplo, la danza de las abejas melíferas estudiada por von Frisch (investigación confirmada y continuada por Gould y muchos otros), lejos de estar condicionada por estímulos actuales, puede por ejemplo referirse mediante una compleja simbolización a qué es lo que había en una fuente alimenticia particular una hora, un día o incluso una semana antes.[158]

- la capacidad de referirse a sí mismo (el emisor) y de tener un "nombre propio" no es específica del lenguaje humano. Cada delfín, por ejemplo, tiene un *signature whistle* único en su colonia con el que "se presenta" a sí mismo y es conocido en su comunidad.[159]

---

[158] *Cf.* W. H. Thorpe, *Breve historia de la etología,* Buenos Aires, Alianza, 1982.

[159] *Cf.* D. De Grazia, *Taking Animals Seriously,* Cambridge, CUP, 1996, pp. 177 ss.

- las conductas autodestructivas y suicidas (que Merleau-Ponty mismo consideraba, junto con la revolución, como índices de lo propiamente humano en *La estructura del comportamiento*, en tanto supondrían una no adherencia al medio, al dictado de la especie y al mandato biológico de la supervivencia) no son específicamente humanas, sino que se observan por ejemplo en ratas sometidas experimentalmente a situaciones de *stress*.[160]

- la herencia no genética de comportamientos inteligentes y originales que son a la vez perfeccionados por otras generaciones de modo idiosincrático –lo que Lorenz no duda en llamar "tradición" – no es específicamente humana. Ya Merleau-Ponty, conociendo bien las investigaciones de Lorenz y Tinbergen, afirmaba que "es posible hablar válidamente de una cultura animal" y de tradiciones animales.[161]

- la capacidad de reconocerse en un espejo no es específicamente humana. La tesis ya demostrada falsa de que *sólo* el niño desarrollaba esta capacidad (entre los 6 y 18 meses) sirvió de base a teorías psicológicas muy populares: el dato indicaba el acceso a la representación del espacio objetivo para Wallon, el surgimiento de la dimensión de "lo imaginario" para Lacan e incluso para Merleau-Ponty en 1950, una aplicación empírica de la dialéctica hegeliana del reconocimiento que funda el orden propiamente humano.[162] Posteriormente se descubrieron los defectos en los diseños de los experimentos anteriores y se comprobó que en realidad chimpancés y orangutanes no sólo se reconocen y se examinan en espejos, sino que una vez que conocen los espejos pueden incluso ir a buscarlos para acceder a ver algo adherido a la parte posterior de su cabeza, usarlos para examinarse la garganta e incluso alcanzar un objeto accediendo sólo a la imagen de su mano en un monitor de televisión.[163]

En estos casos como en muchos otros la diferencia específica humano-animal parece haberse disuelto en una diferencia de grado y la piedra de toque parece reducirse a la imposibilidad de encontrar todos los rasgos que creíamos específicos de lo humano y que no lo son en una sola especie distinta de la humana.[164] Con todo, para Merleau-Ponty

---

[160] *Cf. EC*, pp. 245, 246.
[161] *N*, p. 258.
[162] *Cf.* "Les relations avec autrui chez l'enfant", en *MPS*, pp. 314 ss.
[163] Investigaciones de Gallup, Patterson-Gordon, Menzel, Savage-Rumbaugh, etc. referidas por De Grazia en *op. cit*.
[164] Esto último no deja de marcar una diferencia global considerable si consideramos con Merleau-Ponty que la incorporación de cada elemento en una

la pregunta por la inteligencia o el lenguaje animales –como investigación de reconocidas cualidades humanas que puedan extenderse o no a las demás especies– está en principio mal formulada, aun cuando los resultados de tal indagación puedan aportar datos indispensables al pensar filosófico.[165] La ontología de Merleau-Ponty no intenta hallar el fantasma en la máquina como en ocasiones parecen estar haciendo estos estudios sino abordar al fantasma y a la máquina como dimensiones de un ser único.[166] La investigación de la inteligencia y el lenguaje animal supone siempre, además, una definición del pensamiento y del lenguaje que está aun por determinar. En este sentido, por ejemplo, Merleau-Ponty muestra los límites de los modelos cibernéticos de la conducta y la comunicación animal en cuanto se construyen en el olvido de la pregunta: ¿"Es la lengua solamente un código", y comunicarse solamente codificar y decodificar?[167] Podríamos ir un paso más allá y preguntarnos si no será necesial el que la investigación empírica sólo progrese a partir del olvido de las preguntas mismas que señalan el Ser único de cuya escisión surgieron y cuya cicatriz reprimen: si así fuera, la filosofía merleaupontyana del *Ineinander* ("uno-en-otro" o entrelazamiento ontológico) seguiría un camino divergente respecto del de la investigación científica. Muy por el contrario, sabemos que en sus últimos cursos sobre la naturaleza – como, por otra parte, ya desde su primera obra– Merleau-Ponty se ocupó de leer lo trascendental *en* lo empírico, otorgando gran importancia a los estudios físicos, biológicos y etológicos. Desde este punto de vista la reflexología pavloviana, el conductismo de Watson y

---

estructura no es una simple adición sino que supone una reestructuración y un cambio de sentido de cada uno de los demás elementos.

[165] *N*, p. 276.

[166] En este sentido las investigaciones etológicas contemporáneas serían quizá consideradas por Merleau-Ponty como un retroceso respecto de las propias de la etología clásica (von Uexküll, Lorenz, Tinbergen, etc.). K. Lorenz, quien mostró hasta qué punto en la conducta animal puede observarse arbitrariedad, simbolización, tradición, no fijación al medio actual, etc., a la hora de formularse explícitamente la pregunta acerca de la conciencia animal no responde afirmativamente sino que sugiere que sus investigaciones muestran la necesidad de redefinir la animalidad y la conciencia, trastocando los términos mismos de la pregunta. Esta parece ser una opción más cercana a la merleaupontyana. *Cf.* por ejemplo K. Lorenz, "¿Tienen vida subjetiva los animales?", en *Consideraciones sobre las conductas animal y humana*, Barcelona, Plaza & Janes, 1974, pp. 395 ss.

[167] *N*, p. 216.

Skinner, el correctivo gestáltico de que la conducta animal no responde a estímulos puntuales sino a configuraciones, la etología clásica de von Uexküll y Lorenz, los desarrollos contemporáneos de la etología neurocientífica (como correctivo del conductismo) y el correctivo funcionalista de ésta última, todos ellos encontrarían un lugar: la ontología del *Ineinander* no se aplicaría a negar sus resultados sino a distribuirlos en un campo único de múltiples dimensiones. Descubrir sus lagunas es descubrir a la vez los lugares de sus necesarios entrelazos. Las páginas que siguen pretenden exponer las líneas básicas de la filosofía del cuerpo de Merleau-Ponty, abordándola como el proyecto de dar cuenta de la integridad de la experiencia humana desde el dato primero de la experiencia corporal tal como es vivida. El punto de partida indispensable para esta empresa es el desarrollo de una teoría corporal de la percepción. Solamente desde esta base y remitiendo siempre a ella es que la última filosofía de Merleau-Ponty, tras hacer una larga escala en el desarrollo de una teoría corporal del lenguaje, podrá esbozar los lineamientos del proyecto más ambicioso de "comprender de qué modo el ser percibido deviene espíritu o suscita un espíritu".[168] Esto significa elucidar el sentido de aquella definición nietzscheana del alma como "algo del cuerpo" y llegar a comprender así la humanidad y la animalidad, en los términos mismos de Merleau-Ponty, como "distintos modos de ser cuerpo".

---

[168] *N*, p. 272.

Capítulo II
La teoría merleaupontyana de la percepción

II.1. El problema de la percepción, el método fenomenológico y el proyecto merleaupontyano.

El propósito aparentemente simple de esta sección es dar cuenta de la teoría merleaupontyana de la percepción, pero no sólo el incierto cumplimiento sino la sola afirmación de este propósito es ya problemática. Incluso un reconocido exégeta de la obra de Merleau-Ponty como G. B. Madison puede preguntarse si el filósofo de hecho desarrolló alguna teoría de la percepción y responder negativamente: "la noción moderna de 'percepción' no juega rol alguno en la temprana obra de Merleau-Ponty *Fenomenología de la percepción*".[169] La afirmación de Madison contiene algo de verdad: el proyecto merleaupontyano que guía su *Fenomenología* no es meramente el de proponer una nueva explicación de las razones o los mecanismos por los que percibimos los objetos y el mundo, sino poner en cuestión las nociones mismas que tenemos acerca de qué es aquello que percibimos y del sujeto que percibe, lo que significa en última instancia redefinir lo que comprendemos por percepción. Pero si aun así es posible exponer una teoría merleaupontyana de la percepción es porque la estrategia y el gesto filosófico de Merleau-Ponty siempre consistieron más bien en torcer y redescubrir el significado de un número de nociones tradicionales –entre las que se cuentan, junto con la de "percepción", las de "cuerpo", "sensación", "sujeto" y "naturaleza"–, antes que abandonarlas y acuñar un léxico filosófico propio. En realidad no se trata de una operación meramente lingüística y conceptual de resignificación o redefinición sino de una operación fenomenológica y, en última instancia, práctica: volver a vivir la experiencia en la riqueza de sus múltiples dimensiones e intentar describirla. Se trata, en suma,

---

[169] G. B. Madison, "Did Merleau-Ponty Have a Theory of Perception?", en T. Busch-S. Gallaher (eds.), *Merleau-Ponty, Hermeneutics and Postmodernism*, Albany, SUNY Press, 1992.

del núcleo mismo que anima el entero proyecto fenomenológico: revivir nuestro contacto originario con el mundo y dar cuenta de él, o en la expresión sumaria de Husserl, "volver a las cosas mismas".[170] El hablar de un "regreso" a la experiencia "originaria" o primordial invita a preguntarse dónde estaríamos extraviados y en qué dirección, entonces, sería necesario emprender tal regreso, además de cuál sería el "camino" en el sentido del "método" para hacerlo. Las respuestas a esta red de preguntas conexas apuntan, a pesar del cariz fenomenológico de la empresa merleaupontyana, en una dirección un poco distinta de la propia del análisis fenomenológico en su sentido husserliano tradicional. Para Merleau-Ponty se trata de retomar el espíritu del proyecto fenomenológico pero salvándolo de "todo el malentendido de Husserl con sus intérpretes [...] y finalmente, consigo mismo".[171]

La propuesta merleaupontyana basal de su *Fenomenología* y aun de su entera filosofía puede resumirse en estas palabras del Prólogo de aquella obra: "Será preciso despertar la experiencia del mundo tal como se nos aparece en cuanto somos-del-mundo por nuestro cuerpo, [...] tomar así nuevo contacto con el cuerpo y con el mundo".[172] También se refiere el filósofo a "aprender de nuevo a sentir nuestro cuerpo, reencontrar bajo el saber objetivo y distante del cuerpo ese otro saber que del mismo tenemos, porque está siempre con nosotros y porque somos cuerpo".[173] Las sombras deformantes en las que estaríamos perdidos y desde las que deberíamos retornar a la experiencia prístina serían entonces, según estas expresiones del filósofo, las del "saber objetivo". Este saber particular es para Merleau-Ponty, en primer lugar, la "visión científica",[174] por ejemplo, los conocimientos biológicos y físicos adquiridos acerca de cómo funciona nuestro cuerpo como parte del mundo y acerca del mundo mismo. Pero no es sólo esto: también se trata de los conceptos y categorías filosóficas cuyo significado damos por sentado y más aún, se trata del conjunto de constelaciones lingüísticas y conceptuales adquiridas pre-filosóficamente y que están entretejidas en la tela de nuestra experiencia. Es también finalmente, como para Husserl, la experiencia ingenua de la "actitud natural" según la cual nos movemos familiarmente en un mundo de cosas hechas y con límites precisos que están ahí independientemente de nosotros. Esta

---

[170] *FP*, p. 8.
[171] *FP*, p. 13.
[172] *FP*, p. 222.
[173] *Idem*.
[174] *FP*, p. 9.

experiencia no es tan ingenua como se pretende sino que ya contiene algún tipo de idealización, neutralización o sublimación del contacto primero que tenemos con el mundo. Hay entonces en la empresa merleaupontyana una radical *epoché* en operación: una puesta entre paréntesis del saber objetivo y de la actitud natural, pero, en el caso de esta última, sólo para descubrirla como no siendo tan natural ni ingenua. La *epoché* que posibilita la reducción no nos conduce en este caso más allá de la actitud natural hacia una subjetividad constituyente ni a la dimensión de las esencias, sino al núcleo vivo de la misma experiencia. Se trata de "romper la familiaridad con el mundo" para poder volver a vivirlo más profundamente en el "asombro", término que según Merleau-Ponty, compone la mejor fórmula que alguien (E. Fink) ha otorgado de la reducción.[175] Y en el asombro lo que se revela no es un mundo de cosas ya hechas frente a mí pero tampoco una conciencia que es condición de posibilidad de todo aparecer o que constituye activamente el mundo dando sentido a un flujo informe y disperso de impresiones sensibles, sino el resurgimiento de mí mismo, los otros y el mundo entrelazados: el *être-au-monde* ("ser-en-el-mundo" o "ser-del-mundo") en el sentido merleaupontyano. Por un lado, una conciencia que no es sino conciencia-de-mundo, que no se tiene a sí misma antes de tener un mundo, y por otro, un mundo que no está ahí más que como el ámbito que cohabito y al cual pertenezco en tanto he nacido del mundo, ambos como dimensiones imbricadas de un único aparecer originario.

Esta experiencia que se trata de revivir sólo puede decirse "originaria" en tanto la mirada filosófica en la concepción merleaupontyana pretende alcanzar "una experiencia renovada de su propio comienzo",[176] el cual reside en un ámbito pre-reflexivo, pero no es "originaria" en el sentido de una experiencia del origen único de la experiencia. El intento de retrotraernos al surgir de la experiencia tiene la consecuencia de mostrar que ese surgir no es un origen tal como podría serlo de haber un punto de partida sólido o una conciencia constituyente que se poseyera a sí misma antes de dedicarse a construir o desplegar un mundo. En ese sentido afirma Merleau-Ponty que "la mayor enseñanza de la reducción es la imposibilidad de una reducción completa".[177] Yo estaba ya ahí, respirando y moviéndome en el mundo antes de describirlo y pensarlo, y el mundo "está ahí antes cualquier

---

[175] *FP*, p. 13.
[176] *FP*, p. 14.
[177] *Idem*.

análisis que yo pueda hacer del mismo".[178] La reflexión debe reconocer que "el mundo está dado al sujeto" y el "sujeto está dado a sí mismo"[179] en su estar dado al mundo (en su "ser-del-mundo"). Ambos ya están ahí en relación antes del movimiento que inicia la reflexión: el mundo como "trasfondo sobre el que se destacan todos los actos y que todos los actos presuponen" y también el sujeto, pero no como "hombre interior" puesto que "no hay hombre interior" sino que "el hombre está en el mundo, es en el mundo que se conoce".[180] Este sujeto exterior sin interior, este yo que está siempre ya en el mundo o que "es-del-mundo" es un sujeto esencialmente corporal.

Tales son algunas de las observaciones metodológicas y las líneas generales del proyecto que Merleau-Ponty formula en el Prólogo a su *Fenomenología de la percepción*. Podemos pensar con razón, como lo hace Madison, que tal proyecto desde su comienzo no parece abocado a brindar una teoría de la percepción puesto que no es meramente gnoseológico sino que apunta a una más amplia revisión de categorías ontológicas y metafísicas tradicionales. Además, la dificultad de definir la teoría merleaupontyana de la percepción se hace notar desde este Prólogo en tanto éste ya anticipa el estilo argumentativo de toda la obra, consistente en deslindar la posición propia respecto de otras sin proponer aparentemente demasiadas alternativas precisas: sabemos aproximadamente qué es lo que *no* es la experiencia "originaria" pero sólo contamos con algunas indicaciones vagas acerca de qué es positivamente. Según Madison, "en la *Fenomenología* no hay, estrictamente hablando, tesis positivas; la obra en su conjunto es esencialmente negativa. [...] La posición propia de Merleau-Ponty sólo puede ser caracterizada negativamente, como anti-empirista o anti-intelectualista".[181] Es verdad que la filosofía merleaupontyana de la percepción necesita, en primer término, de una serie de tesis negativas o críticas. La percepción *no* constituye el resultado de un proceso intelectual *ni* lingüístico que se aplicaría sobre un material sensible: por un lado, *no* es posible aislar una sensación pura desprovista de sentido; por otro, *no* es necesario postular la operación de juicios tácitos (al modo cartesiano), categorías del entendimiento (al modo kantiano) o procesos computacionales o inferenciales inconcientes (al modo de algunas teorías cognitivistas contemporáneas) para dar cuenta de lo

---

[178]   *FP*, p. 9.
[179]   *FP*, p. 10.
[180]   *FP*, pp. 10, 11.
[181]   G. B. Madison, *loc. cit*, p. 85.

percibido. *Tampoco* es sencillo dar cuenta de lo percibido ateniéndose a una investigación puramente anátomo-fisiológica, ya sea periférica (que cargue las tintas en la complejidad del estímulo y de la actividad de los órganos sensoriales) o central (a pesar de los grandes avances contemporáneos de las neurociencias). Teorías de este tipo aún encuentran dificultades para explicar el logro de las constancias perceptivas, las percepciones preferidas en presencia de estímulos ambiguos, el efecto de compleción, así como ciertos casos de ilusiones y alucinaciones. Ahora bien, la tesis central contenida en la *Fenomenología de la percepción* sostiene afirmativamente que la percepción depende fundamentalmente, no de un proceso intelectual ni tampoco meramente fisiológico, sino del *comportamiento corporal* y más precisamente de las disposiciones motrices sedimentadas por hábito. En suma, a pesar de la interpretación postmoderna de Madison acerca del propósito meramente deconstructivo y crítico de Merleau-Ponty, el filósofo de hecho desarrolló un número de tesis positivas acerca de la percepción, aun si su proyecto más global de volver a la experiencia y a las cosas mismas lo llevara a redefinir la percepción y quizá incluso a ir más allá de ella y cuestionar su lugar en la economía general de la experiencia. En Merleau-Ponty hallamos una teoría acerca de qué percibimos, cómo debería concebirse el sujeto percipiente, por qué percibimos de tal modo y explicaciones acerca de problemas típicos de las teorías de la percepción tales como el rol de las sensaciones, las ilusiones de los sentidos, la alucinación, las constancias perceptivas, etc. Esto basta para afirmar que el filósofo desarrolló una teoría de la percepción aun si su proyecto filosófico general nunca se redujo al problema gnoseológico.

En primer lugar, entonces, ¿qué es lo que percibimos? La respuesta en apariencia más general y autoevidente –aunque ya condicionada cuanto menos por la misma estructura sintáctica de nuestro lenguaje– es que percibimos cosas, si bien quizá, como escribió con suspicacia Proust, "esa inmovilidad de las cosas que nos rodean acaso sea una cualidad que nosotros les imponemos con nuestra certidumbre de que ellas son esas cosas y nada más que esas cosas, con la inmovilidad que toma nuestro pensamiento frente a ellas".[182] Decir que percibimos "cosas" u "objetos" podría resultar ser entonces una simplificación, una idealización y aun una falsificación, pero tal es la respuesta que nos viene en primer término a la mente: de hecho las teorías clásicas de la

---

[182] M. Proust, *En busca del tiempo perdido I. Por el camino de Swann*, tr. P. Salinas, Buenos Aires, Santiago Rueda Ed., 1990, p. 12.

percepción frecuentemente no han creído que su problema fuera más complejo que el de dar cuenta de la percepción de "cosas", y usualmente de modo más estrecho aún, en el sentido de "cosas vistas". En efecto, percibimos mesas, sillas, caminos, paredes, casas y manzanas, pero también animales y personas, ruidos y viento cálido, reflejos y sombras, ecos, destellos, imágenes y niebla, percibimos el cielo. También percibimos cosas que "no están ahí" aunque parecen estarlo como el zumbido en nuestros oídos, espejismos, las llamadas ilusiones de los sentidos y alucinaciones. No sólo algunos de los ítems recién clasificados vagamente en segundo y tercer lugar –difícilmente definibles como "cosas"– son inseparables de algunas de las "cosas" primeramente nombradas y están "mezclados" con ellas en la experiencia, sino que no todas las "cosas" de la primera parte de la enumeración (útiles, sitios, comestibles) lo son a mismo título. Pero comencemos con aquellas aparentemente más simples y preferidas por los filósofos, como por ejemplo la silla o, si se prefiere, el cubo. La primera cuestión de la que una teoría de la percepción debería dar cuenta es, en este caso, qué significa percibir una silla y por qué percibimos una silla. No se trata de una cuestión insignificante u ociosa sino que la pregunta está motivada por la misma experiencia: podría decirse incluso, en tono merleaupontyano, que es el ojo mismo o más generalmente el cuerpo mismo el que primero interroga a lo percibido. En primer lugar, puede ser que no siempre hayamos percibido la silla como silla, sino que al vislumbrarla en la penumbra creímos que se trataba de otro objeto. Al encender la luz no dudamos de que se trata de una silla y sin embargo podemos ahora preguntarnos si el pájaro que entró por la ventana y se posó sobre ella percibe también una silla. Si suponemos que no lo hace, es posible preguntar qué es lo que percibe y qué nos autoriza a creer que lo que percibimos es a fin de cuentas sólo una silla. Podemos suponer hipotéticamente que si desde un avión se arrojara una silla plástica de moderno diseño sobre una población aborigen que nunca vio una –como algunas tribus amazónicas que acostumbran a sentarse en cuclillas– los aborígenes podrían encontrarle usos impensados o incluso no atribuirle ningún uso sino un valor estético o mágico: ¿puede decirse que ellos perciben en este caso la misma cosa que percibimos nosotros, es decir, una silla?

    Las idealizaciones científicas proveen nuevas maneras de plantear el mismo viejo problema que ya se deja ver en la precariedad con que se desarrolla la más simple experiencia: sabemos que el mundo objetivo tal como lo describe la física, por ejemplo, no consta de los mismos ítems que percibimos. Los colores, por ejemplo, no existen como tales en el mundo del físico, quien sólo describiría superficies que reflejan ondas electromagnéticas de determinadas frecuencias. Tampoco existen en él los olores y sabores que objetivamente son meros compuestos químicos, ni tampoco sonidos, que físicamente no son más que vibraciones de distinta frecuencia y amplitud de los objetos y del aire. Colores, olores o sonidos sólo existen como percepciones de los seres vivos como los que estudia en cambio el biólogo. Este último puede dar cuenta de la particular constitución anatómica que hace que los seres humanos no perciban rayos infrarrojos ni ultravioletas, por qué en cambio otros animales como las abejas y las serpientes responden a frecuencias lumínicas que no percibimos o los peces responden a frecuencias sonoras y olores que son imperceptibles para nosotros.[183] Sin embargo, el biólogo tampoco puede dar cuenta de por qué la misma frecuencia electromagnética reflejada sobre la retina puede ser vista por contraste alternativamente como verde o como azul, o por qué al movernos seguimos percibiendo la forma y el tamaño de los objetos como constante a pesar de que la imagen retiniana cambia sin cesar. Podría pensarse que la respuesta sería provista por otro tipo de científico como es el caso de un neurocientífico, pero hasta el momento el apelar a su explicación sigue siendo una cuestión de decisión filosófica o de simple confianza en los progresos futuros de su ciencia. Esto es así ya que, por ejemplo respecto del caso del tamaño y forma de los objetos percibidos, la imagen registrada en la corteza visual –es decir, el producto cerebral de la recepción mediante el nervio óptico de la imagen retiniana– es tan diferente de lo percibido como la imagen plana y cambiante de la retina.[184] Un paso explicativo ulterior podría dirigirse a identificar la zona cerebral donde se daría el procesamiento neuronal relacionado con la constancia del tamaño y la forma percibidos. Sin embargo, el considerar la identificación de tal zona como la conclusión del proyecto de dar cuenta cabal de lo percibido o el considerar en cambio que sólo hemos estado abriendo y describiendo cajas negras dentro de cajas negras sin haber elucidado –ni poder elucidar nunca mediante este camino– el proceso perceptivo, seguirá siendo siempre una cuestión abierta a la discusión filosófica. Más adelante estos problemas serán retomados. En este punto sólo se intenta mostrar que recurriendo a la imagen científica del mundo reaparece el mismo problema propiamente filosófico de la

---

[183] Irvin Rock, *La percepción*, tr. J. M. García de la Mora, Barcelona, Prensa Científica/Ed. Labor, 1985, p. 3.
[184] *Cf.* Rock, *op. cit.*, p. 7.

Maurice Merleau-Ponty. Filosofía, corporalidad y percepción

percepción, el cual aun sin recurrir a las divergencias de la visión científica del mundo respecto de nuestra percepción es motivado ya por la misma multiformidad de nuestra experiencia ingenua, en tanto estamos en contacto con otros seres cuyo comportamiento parece mostrar que no perciben lo mismo que percibimos, o somos concientes de no percibir siempre del mismo modo, como en el caso de las ilusiones de los sentidos. Tiene entonces sentido preguntar qué significa percibir una silla y por qué percibimos una silla.

Siguiendo el desarrollo general de las primeras dos partes de la *Fenomenología de la percepción* de Merleau-Ponty las muy diversas respuestas otorgadas a esta pregunta a lo largo de la modernidad filosófica podrían en principio ser agrupadas en dos grandes metateorías, designables respectivamente como materialistas, mecanicistas o fisiologistas por un lado y espiritualistas o intelectualistas por el otro, en contraste con las cuales Merleau-Ponty va a proponer su propia teoría alternativa.[185] Las primeras comparten la idea general de que la respuesta a la pregunta por la percepción se encontrará estudiando las partes y el funcionamiento de nuestro cuerpo. En la actualidad el desarrollo de las neurociencias ha mostrado cuánto se puede avanzar en este camino llenando los baches de las explicaciones fisiológicas periféricas con explicaciones fisiológicas centrales (cerebrales). A diferencia de éstas, las segundas ("intelectualistas") comparten a grandes rasgos la intuición de que la complejidad de las operaciones perceptivas difícilmente pueda explicarse describiendo un mecanismo fisiológico cualquiera sea, sino que debe ser atribuida por principio a un funcionamiento mental similar a un razonamiento que opere con algún tipo de símbolos –lingüísticos o no lingüísticos, según el caso–, basándose en ciertas premisas y reglas o algún repertorio de categorías o conceptos. En los desarrollos de Merleau-Ponty ejemplos típicos de esta última clase de explicaciones

---

[185] El primer capítulo de la primera parte de la obra se refiere a la "fisiología mecanicista" y el segundo a la "psicología clásica", y si bien esta primera parte adopta como tema "El cuerpo" el filósofo ya sienta las bases de su teoría de la percepción, exposición que es reanudada y completada en la segunda parte de la obra acerca de "El mundo percibido" (es decir que las visiones alternativas de la corporalidad son también y a la vez teorías alternativas de la percepción). *Cf. FP*, p. 147, n. 67, donde Merleau-Ponty se refiere a la relación entre la primera y segunda parte de su obra afirmando que las "anticipaciones y repeticiones son inevitables si [...] la percepción [tratada en la segunda parte] y la experiencia del propio cuerpo [tratada en la primera] se implican una a otra".

podrían ser la gnoseología cartesiana según la cual "no es el ojo el que percibe sino el espíritu"[186] y toda percepción se basa en un "juicio tácito del entendimiento", o la gnoseología kantiana según la cual la experiencia de todo objeto tiene como condición de posibilidad las categorías y operaciones sintéticas del entendimiento. Frecuentemente en su *Fenomenología* Merleau-Ponty no opone a estas teorías "intelectualistas" las teorías "fisiologistas" a las que nos referimos antes, las cuales por otra parte tampoco han tenido en la tradición filosófica moderna el valor y el sentido filósofico que adquieren actualmente en las filosofías angloamericanas sino que han representado más bien la alternativa de una explicación científica ("extra-filosófica") de la percepción. La alternativa al intelectualismo que usualmente aparece en los desarrollos de la *Fenomenología* es en cambio el empirismo, ambos como casos de lo que Merleau-Ponty denomina "el pensamiento objetivo". Si bien las explicaciones empiristas y fisiologistas de la percepción pueden en ocasiones aunarse y se han desarrollado particularmente en el contexto de la misma tradición filosófica angloamericana no existen razones de principio para que necesariamente coincidan y las objeciones que Merleau-Ponty formula a unas y otras son de distintos tipos y por muy distintas razones. En principio, una teoría empirista como la de Locke, por ejemplo, que apela a la asociación de ideas, podría caer bajo algunas de las mismas críticas que Merleau-Ponty formula a las teorías intelectualistas en tanto su explicación se reduce a procesos mentales. En segundo lugar, si lo más distintivo del empirismo en su oposición al racionalismo fuera su concepción del espíritu como *tabula rasa* sobre la cual la experiencia dibujará sus contenidos, es decir, su oposición al innatismo, entonces por razones análogas podría contrastarse alguna teoría empirista con ciertas teorías fisiologistas que enfatizan la herencia anatómica y genética por sobre el aprendizaje. La crítica merleaupontyana al empirismo no tiene que ver, como se verá, con la oposición del empirismo al innatismo, y si esta oposición fuera la característica que se conviniera en considerar como la más propia del primero entonces no habría razones para negar a Merleau-Ponty el título de empirista en alguno de los muchos sentidos del término. Su crítica apuntará más bien al supuesto empirista de los "datos", "impresiones sensibles" simples o sensaciones puras, hipótesis que de todos modos también está presente, con una función subordinada pero indispensable, en las explicaciones

---

[186] "El alma es la que ve y no el ojo" (Descartes, *Dioptrique*, Discours sixième; cit. en *EC*, p. 268).

intelectualistas.

Las diferencias de la perspectiva merleaupontyana con estos tres puntos de vista (fisiologismo, intelectualismo y empirismo) que pueden combinar sus elementos y solaparse como de hecho ha sucedido en la historia de la filosofía moderna, se harán claras una vez expuesta la explicación alternativa que propone Merleau-Ponty. Ahora bien, ¿por qué camino llega Merleau-Ponty a elaborar su propia teoría, y cómo la fundamenta en su *Fenomenología*? Pueden distinguirse en el hilo de sus exposiciones tres recursos metodológicos: a) argumentativo negativo; b) "argumentativo trascendental"; c) fenomenológico. Pero se verá que en última instancia los dos primeros se fundan en y se reducen al tercero. El primer recurso (a) al que muchas veces apela el filósofo es mostrar las insuficiencias de las teorías clásicas de la percepción – intelectualistas, empiristas, fisiologistas– para elucidar su propia alternativa por vía negativa: "ni ... ni ... ni ...". Pero aquello para lo cual estas teorías se muestran insuficientes es el dar cuenta de la experiencia perceptiva tal como es vivida, de modo que este camino negativo presupone una previa descripción fenomenológica de la experiencia (c) con la cual medir la suficiencia de las explicaciones. En segundo lugar (b), como ha mostrado Charles Taylor, Merleau-Ponty muchas veces recurre a una especie de "argumento trascendental" en el sentido kantiano. Este tipo de argumento, como ya vimos, no avanza desde las premisas hacia las conclusiones mediante inferencias sino que parte de "algún rasgo de nuestra experiencia que es indudable y está más allá de cualquier objeción" para retroceder en dirección a sus condiciones de posibilidad, las que resultan demostradas por estar contenidas como presupuestos en aquel dato autoevidente y ser así igualmente necesarias.[187] Por ejemplo, partiendo del dato de que (1) hay percepción de objetos, puede retrocederse hacia la afirmación de que (2) a cualquier percepción de un objeto es inherente el darse por perspectivas o según una cierta orientación. Se retrocede luego aún más hacia la afirmación de que (3) el darse del objeto por perspectivas o según cierta orientación sólo es posible si la percepción tiene su sede en un cuerpo, para concluir así que (4) la percepción es por necesidad una función propia de un cuerpo percipiente. Es claro que pueden rastrearse argumentos de este tipo, especialmente en la segunda parte de la *Fenomenología*, pero resulta también bastante evidente que bajo la apariencia de un "argumento trascendental" lo que se lleva a cabo es en realidad una descripción

---

[187] Charles Taylor, "La validez de los argumentos trascendentales", en *Argumentos filosóficos*, pp. 42 ss.

fenomenológica de la experiencia perceptiva, patentemente entre el primer y segundo paso del "argumento". Los pasos 3 y 4 pueden considerarse deductivo-trascendentales, pero sólo serán aceptados si previamente se ha aceptado la hipótesis de que la percepción comporta esencialmente tales o cuales rasgos, y esta hipótesis es el resultado de una descripción fenomenológica. Es por ello que en última instancia Merleau-Ponty procede siempre esencialmente como un fenomenólogo si la tarea de este último consiste básicamente, según afirma el mismo filósofo, en "describir, no explicar ni analizar".[188] Una particularidad de la exposición merleaupontyana –especialmente original en el contexto de la filosofía continental– es que su descripción fenomenológica se apoya muy frecuentemente en estudios empíricos acerca de la psicología y la fisiología de la percepción. En esta exposición de su teoría se seguirá también su estrategia. Sin embargo, es claro que los resultados de los estudios empíricos necesitan ser interpretados y esta interpretación, como se hará evidente, se apoya en última instancia en la descripción de la experiencia perceptiva misma tal como es vivida, que es aquello de lo que en última instancia se pretende dar cuenta.

II.2. El objeto percibido como fórmula motriz

En contraste con teorías intelectualistas, fisiologistas y empiristas, y basándose fundamentalmente en una descripción de la experiencia tal como es vivida, Merleau-Ponty propondrá en su *Fenomenología de la percepción* una respuesta muy simple a nuestra pregunta original: percibir una silla es percibir una posibilidad o un repertorio de posibilidades de movimiento, básicamente en este caso la posibilidad de sentarse, así como un camino en el bosque es percibido como una posibilidad de caminar. Aun en sus últimas notas el filósofo seguirá sosteniendo que "toda percepción es por principio movimiento".[189] En este sentido, los objetos percibidos son "fórmulas motrices", propuestas de comportamientos corporales posibles, y correlativamente el sujeto percipiente es el cuerpo como portador de determinadas posibilidades y disposiciones de movimiento, el así denominado "esquema corporal" o motriz. Nuestra percepción de cosas es la percepción de posibles comportamientos o quehaceres, y en este sentido si queremos otorgar a

---

[188] *FP*, p. 8.
[189] *VyI*, p. 279.

Maurice Merleau-Ponty. Filosofía, corporalidad y percepción

la percepción el rango de "conocimiento" podemos decir que el conocimiento perceptivo de todo "qué" supone un "saber cómo": nuestra percepción de una cosa no consiste esencialmente en un *know that*, un saber explícito, representativo o proposicional acerca de algo y de sus propiedades, sino en un *know how* que posee mi cuerpo mismo en tanto "sabe" tácitamente cómo puede conducirse, comportarse, manejarse con algo o en un espacio.[190] Si se define fenomenológicamente a lo percibido como "la captación de una significación", se trata en todo caso de "la captación motriz de una significación motriz",[191] y si hay en la percepción un tipo de conocimiento se trata de "un saber que está en las manos" o en los pies, "un cuerpo que comprende".[192] Un excelente resumen de esta teoría de la percepción expuesta en la *Fenomenología* se halla en un curso que brindó Merleau-Ponty unos quince años después de publicada aquella obra, en el contexto de la personal exposición que el filósofo hacía de la teoría husserliana, lo que evidencia claramente su inspiración fenomenológica:

> Al percibir un objeto, tengo conciencia de posibilidades motrices que están implicadas en la percepción de él. La cosa se me aparece como función de los movimientos de mi cuerpo. Pero si bien estos movimientos se despliegan en torno al objeto, no debo suponer que son pensados por mí como factores objetivos. La percepción no es un análisis [...] al término del cual relacionaríamos ciertas apariciones a nuestro cuerpo [...]. La conciencia que tengo de mi cuerpo es una conciencia deslizante [*glissante*], el sentimiento de un poder. Tengo conciencia de mi cuerpo como de una potencia indivisa y sistemática de organizar ciertos desenvolvimientos de aparecer perceptivo. [...] Organizo con mi cuerpo una comprensión del mundo, y la relación con mi cuerpo no es la de un Yo puro que tendría sucesivamente dos objetos, mi cuerpo y la cosa, sino que yo habito mi cuerpo y por él habito las cosas. La cosa se me aparece [...] como enclavada [*enclavée*] en su funcionamiento.[193]

En el párrafo citado aparece no sólo la referencia al sujeto percipiente como cuerpo que se mueve y el objeto percibido como

---

[190] Extrapolamos aquí los términos de la famosa distinción de G. Ryle en *The Concept of Mind*.
[191] *FP*, pp. 160 ss. También: "lo que hemos descubierto mediante el estudio de la motricidad es, en definitiva, un nuevo sentido del vocablo 'sentido'" (*FP*, p. 164).
[192] *FP*, pp. 161, 162.
[193] *N*, pp. 106,7

posibilidad de comportamiento o recorrido corporal, sino el indisoluble sistema que conforman ambos en la experiencia. Este entrelazamiento, *Ineinander* o relación de uno-en-otro (distinta de la de uno-frente-al-otro o uno-fuera-de-otro), que el filósofo reconoce en otras ocasiones en la noción fenomenológica central de la intencionalidad, es sin embargo en su *Fenomenología* más explícitamente emparejado con la noción heideggeriana de *In-der-Welt-Sein* (ser-en-el-mundo) que Merleau-Ponty traduce como *être-au-monde*. Así como para Heidegger el "ser" del *Dasein* "en" el mundo no significa una relación de inclusión o una relación contingente entre dos entidades independientes, sino una relación muy peculiar entre dos términos que sólo existen en relación, así el cuerpo y el mundo son para Merleau-Ponty inseparables momentos de una estructura única. De modo análogo al Heidegger de *Sein und Zeit*, para Merleau-Ponty el modo en que las cosas aparecen no es primariamente "ante-los-ojos" ni como objetos de conocimiento, sino como "a-la-mano" (el *Zuhandenheit*, "ser a la mano" o "amanualidad" heideggeriana) y como "qué-haceres" posibles, es decir, como *prágmata* o "útiles". También Merleau-Ponty reconocerá, similarmente a Heidegger, que la mirada teórica posada sobre los entes es un modo derivado de nuestro estar "empeñados" en el mundo, inmersos en un comportamiento pragmático u ocupación (*Besorgen*) en cuyo contexto las cosas aparecen no como objetos neutros de conocimiento sino bajo un determinado *Stimmung* ("temple de ánimo"): como peligrosas, deseables, familiares, atractivas, amenazantes, indiferentes, etc. Se trata, afirma Merleau-Ponty, de "volver a situar la emoción en el ser-del-mundo".[194] Si, como se verá, el cuerpo vivido es definido en los términos de Merleau-Ponty como un "esquema motriz", el filósofo sostendrá siguiendo la misma línea de Heidegger pero avanzando más allá, que el esquema motriz es a la vez un "esquema afectivo o libidinal" y "toda percepción es un modo del deseo".[195] Sin embargo, todos los

---

[194] *FP*, p. 105.

[195] *N*, pp. 287, 288, 272. Decimos "más allá" que Heidegger porque la analítica existencial heideggeriana no se ocupa del deseo sexual aunque sí de la afectividad. Como ha escrito Sartre, "las filosofías existenciales no han creído que debieran ocuparse de la sexualidad. Heidegger, en particular, no alude para nada a ella en su analítica existencial, de suerte que su *Dasein* nos aparece como asexuado" (J.-P. Sartre, *El ser y la nada. Ensayo de ontología fenomenológica*, tr. J. Valmar, Barcelona, Altaya, 1993, pp. 407 ss.). Merleau-Ponty da cabida en su *Fenomenología* a la cuestión del deseo y la sexualidad aunque no se refiere específicamente a la cuestión de la diferencia de género, una omisión que algunas filósofas feministas contemporáneas le han

Maurice Merleau-Ponty. Filosofía, corporalidad y percepción

paralelos y filiaciones que pueden trazarse no deben hacernos olvidar que Heidegger no se propuso desarrollar una teoría de la percepción y no desarrolló filosóficamente la cuestión del cuerpo, como sí lo hizo en cambio Husserl particularmente desde la etapa "genética" de su fenomenología. Heidegger consideraba que su "analítica existenciaria del 'ser ahí' [*Dasein*] es anterior a toda psicología, antropología y mucho más biología" y por lo tanto debería hacer a un lado las categorías con que ha sido definido tradicionalmente el ser del hombre, entre ellas la de cuerpo, elaborando otras nuevas denominadas "existenciarios": "Cuerpo, alma, espíritu pueden designar a su vez sectores fenoménicos susceptibles de aislamiento como otros tantos temas de determinadas investigaciones; dentro de ciertos límites puede no ser de peso su indeterminación ontológica. Pero en la cuestión del ser del hombre no puede obtenerse éste por adición de las formas del ser del cuerpo, del alma y del espíritu, encima todavía por definir".[196] La estrategia merleaupontyana, en contraste, consiste en sacar provecho de esta indeterminación ontológica de los términos y conceptos clásicos en lugar de hacerlos simplemente a un lado: explotar las ambigüedades y fisuras de la tradición y trabajar en sus intersticios más que abandonarla y emplazar un nuevo lenguaje filosófico. Más aún, Merleau-Ponty parece mostrar que muchos de los términos propios de los "existenciarios" heideggerianos como el "ser-en-el-mundo", el "ser-a-la-mano", la "disposicionalidad" o encontrarse (*Befindlichkeit*), el temple (*Stimmung*) o el "ser-para-la-muerte" sólo cobran un sentido concreto al ser abordados desde la perspectiva del "cuerpo vivido", y precisamente gracias a la indeterminación ontológica que es esencialmente propia del cuerpo.[197]

---

reprochado. *Cf.* por ejemplo Elizabeth Grosz, *Volatile Bodies. Toward a Corporeal Feminism*, Bloomington and Indianapolis, Indiana University Press, 1994, p. 110: "Merleau-Ponty hace a un lado –en realidad, es incapaz de tratar– la cuestión de la diferencia sexual, la cuestión de a qué tipo de cuerpo humano se refiere, qué tipo de funciones perceptivas y qué tipo de deseo sexual resulta de la morfología sexual del sujeto".

[196] M. Heidegger, *El Ser y el Tiempo*, tr. José Gaos, México, FCE, 1997, p. 60.

[197] En sentido similar afirma Renaud Barbaras que a pesar de la primacía otorgada a la *praxis*, "Merleau-Ponty no adopta sin embargo la perspectiva heideggeriana" puesto que el análisis existenciario de Heidegger se realiza "al precio de pasar por alto la dimensión estética, es decir, carnal del mundo. Ahora bien, en Merleau-Ponty la crítica del intuicionismo, que lo acerca a Heidegger, no tiene el sentido de rechazar esta dimensión estética [en el sentido

Para ilustrar esta definición motriz y corporal de la experiencia perceptiva resulta de utilidad la referencia a otra teoría de la percepción que comparte con la teoría merleaupontyana un punto de partida análogo: aquella que desarrolló la filósofa francesa Simone Weil más de una década antes de la publicación de la *Fenomenología*.[198] En sus *Lecciones de filosofía* (1933) Weil resume su tesis con una fórmula muy nítida: "La simple percepción de la naturaleza es una especie de danza; es esta danza la que nos hace percibir".[199] No se trata evidentemente de la ejecución efectiva de una danza sino de la disposición a movernos de tales o cuales modos pautados en determinada situación. Por ejemplo, Weil define la espacialidad percibida de un cubo del siguiente modo: "El espacio cúbico consiste esencialmente en el gesto de tomar el objeto [...], una relación entre las sensaciones y yo [que] a su vez consiste en cierta disposición a actuar. [...] Todos los espacios, aun aquellos en los que no hemos estado de hecho [como en el caso de una fotografía] nos incitan a recorrerlos".[200] Es esta disposición a tomar, recorrer o, en fin, relacionarme corporalmente de cierta manera determinada con el mundo la que constituye la espacialidad misma. La percepción de los grandes espacios arquitectónicos como el de una catedral o una escalera de grandes dimensiones, o el poder de ciertos paisajes, no es más que la incitación o la disposición a recorrer, a tocar, a caminar, a caer, a esforzarse al subir, etc.: "tenemos la impresión de reposo en [la visión de] pequeños rincones pero no la tenemos en medio de una planicie desnuda aun si estamos sentados y esto es así porque tenemos la incitación a recorrerla".[201] Es evidente que Weil persigue aquí una idea muy semejante a la concepción merleaupontyana de "la motricidad como intencionalidad original", es decir, la idea de que el sentido de lo percibido es fundamentalmente motriz. Merleau-Ponty se refiere en términos similares a los weilianos al esbozo de movimiento y al gesto

---

de "sensible" o "corporal"] sino más bien por el contrario, de captar su esencia" (R. Barbaras, *Le tournant de l'expérience. Recherches sur la philosophie de Merleau-Ponty*, París, Vrin, 1998, p. 239).

[198] Tanto Simone Weil como Merleau-Ponty fueron discípulos de Alain, y Weil recibió también la temprana influencia de las filosofías de Husserl y Heidegger al desarrollar su teoría de la percepción como lectura de significaciones.

[199] S. Weil, *Leçons de philosophie (Roanne 1933-1934)*, París, Plon, 1989, p. 43.

[200] *Idem*.

[201] *Ibid.*, p. 40.

corporal como conteniendo un saber inmanente del mundo:

> En el gesto de la mano que se levanta hacia un objeto se encierra una referencia al objeto, no como objeto representado, sino como esta cosa muy determinada hacia la que nos proyectamos, junto a la que somos por anticipación, a la que nosotros acosamos. [...] La experiencia motriz de nuestro cuerpo no es un caso particular de conocimiento; nos proporciona una manera de acceder al mundo y al objeto, una 'practognosia', que debe reconocerse como original, y, quizá, como originaria.[202]

Igualmente afirma Grünbaum citado por Merleau-Ponty que "la motricidad, tomada en estado puro, ya posee el poder elemental de dar un sentido (*Sinngebung*)".[203]

El cuerpo en tanto se dispone en un medio o frente a un objeto en vistas de cierto comportamiento posible integra sus diversas partes en una unidad funcional y simultáneamente da unidad al objeto o entorno percibido. Podría decirse correlativamente también que el movimiento que el entorno nos propone organiza nuestro esquema motriz en función de cierto comportamiento posible: "el cuerpo está en el mundo como el corazón en el organismo: mantiene continuamente en vida el espectáculo visible, lo anima y lo alimenta interiormente, forma con él un sistema".[204] Un número de ejemplos donde la percepción del mundo y el cuerpo propio se organizan o desintegran y modifican correlativamente puede servir para ilustrar vívidamente el modo en que el cuerpo y el mundo conforman un sistema en la percepción. En la llamada "ilusión de Aristóteles", cuando se cruzan los dedos índice y cordial y se sostiene por ejemplo un lápiz entre ellos con los ojos cerrados se percibe estar tocando dos cosas distintas, además de que las percepciones de ambos dedos se invierten (lo que se comprueba aplicando un estímulo distinto a cada dedo). La imposibilidad de que el lado derecho del cordial y el izquierdo del índice puedan "concurrir en una exploración sinérgica del objeto" es correlativa de la imposibilidad de percibir un objeto único: "La síntesis del objeto se hace aquí, pues, a través de la síntesis del propio cuerpo, es su réplica o correlato y es literalmente lo mismo percibir una sola bola [o un solo lápiz] y disponer de los dos dedos como de un órgano único".[205] En los experimentos de

---

[202] *FP*, pp. 155, 157, 158.
[203] *FP*, p. 159.
[204] *FP*, p. 219.
[205] *FP*, p. 221.

Stratton de inversión del campo visual mediante anteojos especiales, la inversión de la percepción visual exterior es seguida por una inversión de la sensorialidad del cuerpo propio de tal modo que el sujeto tiene la impresión de estar mirando con la parte posterior de la cabeza. Se comprueba aquí "una equivalencia inmediata entre la orientación del campo visual y la consciencia del propio cuerpo como potencia de este campo, hasta el punto de que el trastorno experimental puede traducirse indiferentemente por la trasposición de los objetos fenomenales o por una redistribución de las funciones sensoriales en el cuerpo".[206] Mirando a gran distancia no sólo tenemos la visión doble de un dedo y de los objetos próximos sino que también un toque o pinchazo en el cuerpo se percibe como doble: "la diplopia se prolonga, pues, en un desdoblamiento del cuerpo". Estos casos ilustran la conclusión merleaupontyana de que el esquema corporal que organiza la propiocepción es clave en la percepción correlativa del mundo y por ello "la teoría del esquema corporal es implícitamente una teoría de la percepción".[207]

El sujeto y el objeto de la percepción son redefinidos como "esquema corporal" y "fórmula motriz" y esta redefinición implica un nuevo tipo de relación entre ellos, ya no como términos independientes sino mutuamente motivados, partícipes de una misma estructura o "sistema". Como dirá Merleau-Ponty en sus últimos cursos, ellos están "en circuito" ontológico: cada uno "cierra su circuito" con el otro. Esto significa que no puede tampoco distinguirse un momento de neta pasividad y otro de actividad en la experiencia: el aparecer del sentido percibido es "al mismo tiempo centrífugo y centrípeto".[208] Es esencial a todo aparecer perceptivo que el objeto se dé como estando ya ahí antes de que yo lo descubra, y que se dé además como abierto a mi exploración, con la posibilidad de desplegar más aspectos que los que me son actualmente presentados y proponerme comportamientos distintos de los que anticipé al verlo. Pero yo no soy el receptor pasivo de unos datos del mundo a los que luego activamente otorgaré un sentido. Cada aparecer recibido "pasivamente" motiva una posibilidad de movimiento que, paradójicamente, fue a la vez la que motivó el aparecer mismo: no habría aparecido nunca la silla como silla si yo no tuviera en mi repertorio de posibilidades motrices el comportamiento de sentarme. Todo sucede a modo de un diálogo siempre en curso en el que

---

[206]   *FP*, p. 222.
[207]   *Idem.*
[208]   *FP*, 447.

ninguno de los interlocutores tiene nunca la primera ni la última palabra: los "estímulos" no son simplemente acogidos pasivamente sino que sólo cuentan como estímulos para un determinado cuerpo dotado de ciertos comportamientos posibles, al cual se imponen ciertos significados a la vez que es él mismo quien los configura. La actividad y la pasividad, en suma, se entrelazan en la experiencia perceptiva. Esta misma paradoja del entrelazamiento entre la actividad y la pasividad en la percepción –o el movimiento centrífugo y centrípeto de la experiencia, en palabras de Merleau-Ponty– es ilustrada por Simone Weil mediante el caso de la lectura de un texto escrito. En su "Ensayo sobre la noción de lectura" la filósofa propone el siguiente ejemplo.[209] Cada una de dos mujeres recibe una carta anunciándoles que sus hijos han muerto. Una de ellas tras poner la vista en la carta se desvanece y nunca más, hasta su muerte, sus ojos, su boca y sus movimientos serán como eran antes. La segunda mujer permanece sin inmutarse; ni su mirada ni su actitud cambian para nada: no sabe leer. Al leer, entonces, los significados parecen tomarnos como desde fuera, inmediatamente, de golpe, brutalmente, sin nuestra participación, a pesar nuestro. La noticia que la primera mujer lee en la carta es como un golpe en el estómago que recibiera por sorpresa: frente al significado que aparece y la toma la lectora se encuentra absolutamente expuesta, pasiva e indefensa. Y sin embargo existe un aspecto subjetivo y activo de la lectura, que en este ejemplo se revela en la diferencia de la lectora respecto de la segunda mujer que no sabe leer. La lectura es entonces la eclosión de un sentido que toma y arrastra a un lector absolutamente pasivo, pero a la vez la instancia actual de la lectura es el resultado de una génesis en la que el sujeto aprendió a leer determinados sentidos y no otros, y que determina sus disposiciones actuales. La lectura tiene entonces también una dimensión mediata y activa que se imbrica con su dimensión inmediata y pasiva, estando los dos aspectos de dirección contraria conjugados en un mismo movimiento en la vivencia. Este mismo enlace de actividad y pasividad es el que Merleau-Ponty observa en la experiencia del sentido percibido o "leído" por nuestro cuerpo.

    La actividad y la pasividad se imbrican también en la experiencia perceptiva corporal en la medida en que en cada simple percepción se conjugan inextricablemente la sensibilidad y la motricidad. Según este modelo la acción o el movimiento posibles no son desencadenados como respuesta a un estímulo sino que están a la base de la percepción:

---

[209]   S. Weil, "Essai sur la notion de lecture", en *Les études philosophiques*, No. 1, enero-marzo 1946, pp. 15 ss.

los aspectos sensoriales y motrices implicados en la percepción no pueden ser distinguidos como los estímulos recibidos pasivamente y las respuestas activas que provocarían, sino que ambos aspectos son indisociables en la experiencia perceptiva. Este es un punto que Merleau-Ponty había ya desarrollado en *La estructura del comportamiento* al mostrar de qué modo "la teoría clásica del reflejo ha sido superada por la fisiología contemporánea".[210] Allí, su examen crítico de la "teoría clásica" arroja las conclusiones que se resumen en el siguiente párrafo acerca del entrelazamiento entre la sensibilidad y la motricidad, conclusiones cuyo significado es explotado y extendido en la teoría de la percepción desarrollada en su *Fenomenología*:

> El organismo [...] no puede compararse a un teclado sobre el que actuarían los estímulos exteriores y dibujarían su forma propia, por la simple razón de que él contribuye a constituirla. Cuando mi mano, con un instrumento de caza, sigue cada esfuerzo del animal que se debate, está claro que cada uno de mis movimientos responde a una estimulación externa, pero también está claro que estas estimulaciones no podrían ser recogidas sin los movimientos por los cuales expongo mis receptores a su influencia. "Las propiedades del objeto y las intenciones del sujeto [...] no solamente se mezclan sino que incluso constituyen un todo nuevo". Cuando el ojo y la oreja siguen a un animal que huye, en el intercambio de los estímulos y las respuestas es imposible decir "quién ha comenzado". Ya que todos los movimientos del organismo están siempre condicionados por influencias externas, es perfectamente posible, si se quiere, considerar al comportamiento como un efecto del medio. Pero, de la misma manera, como todas las estimulaciones que el organismo recibe sólo han sido posibles, a su vez, por sus movimientos precedentes, que han terminado por exponer al órgano efector a las influencias externas, podría también decirse que el comportamiento es la causa primera de todas las estimulaciones. Así, la forma del excitante es creada por el organismo mismo, por su manera propia de ofrecerse a las acciones de fuera. Sin duda, para poder subsistir, debe hallar a su alrededor un cierto número de agentes físicos y químicos. Pero es él, según la naturaleza propia de sus receptores, según los umbrales de sus centros nerviosos, según los movimientos de los órganos, quien elige en el mundo físico los estímulos a los que será sensible. "El medio (*Umwelt*) se recorta en el mundo según el ser del organismo [...]". Sería un teclado que se mueve a sí mismo, de manera de ofrecer —y según ritmos variables— tales o cuales de sus notas a la acción en sí monótona de un martillo exterior.[211]

---

[210] *EC*, p. 26.

En el caso del seguimiento de un objetivo al que se refiere el párrafo citado la "teoría clásica" del estímulo-respuesta podría ser completada mediante un mecanismo de tipo cibernético de *feedback*, como el que de hecho se usa por ejemplo en los dispositivos para seguir misiles, donde los movimientos mismos del dispositivo de detección proveen los datos que sirven para corregir a su vez los próximos movimientos, retroalimentándose la "recepción" con la "acción" del mecanismo. Sin embargo, y a pesar de que los científicos estudian estos mecanismos de retroalimentación entre las funciones periféricas y centrales del organismo –y aun entre las funciones centrales mismas– Merleau-Ponty parece proponer una integración más estrecha que hace que ambas partes del circuito sean en última instancia indistinguibles y "funcionen como un todo". Aun considerando esta posibilidad de retroalimentación sensorio-motriz quedaría por comprender qué hace que la presa que sigue mi mirada o mi oído constituyan en primera instancia un estímulo para mi cuerpo, que es un sistema sin la función *específica* que tiene un dispositivo para seguir misiles, por ejemplo. La respuesta merleaupontyana sería que los "estímulos" cuentan como estímulos y como tales estímulos para un cuerpo que tiene tales posibilidades de comportamiento, y que se encuentra además inserto en tal o cual situación pragmática determinada. De este modo, la metáfora del "teclado que busca el martillo" que aparece al final del párrafo citado no representa de modo totalmente acertado la concepción del filósofo, puesto que la función activa del cuerpo no es para Merleau-Ponty meramente la de "buscar" el estímulo para, una vez hallado éste, disparar una respuesta automática, sino que el cuerpo como posibilidad de determinados comportamientos no sólo hace que cuenten tales o cuales estímulos sino que cuenten de tal o cual modo, los "integra" y los "interpreta" de acuerdo a sus comportamientos posibles y a su contexto práctico. La percepción del mismo entorno no es la misma para una persona que está habituada a realizar ciertas tareas en él que para una persona que sólo lo observa por primera vez estando sentada, al modo de un paisaje, ni es la misma si camino tranquilamente en él o estoy corriendo desesperadamente a través suyo tratando de escapar o encontrar una salida: lo que cuente como "estímulo" variará en cada caso, será percibido de distinto modo y además los mismos estímulos provocarán distintas respuestas según sea el comportamiento al que

[211] *EC*, pp. 30, 31.

estoy abocado. Esto se muestra con evidencia incluso en los casos más simples de reflejo: la respuesta "está en función de la situación inicial de los mismos músculos en los que se consuma".[212]

> Una misma excitación sobre el brazo de una estrella de mar provoca un movimiento hacia el punto excitado si el brazo está extendido sobre un plano horizontal y, por el contrario, un movimiento uniforme hacia el lado más tendido si el brazo descansa en falso. Un golpe bajo la rótula provoca en el hombre una reacción de extensión si la pierna interesada está cruzada sobre la otra y una reacción de flexión si está extendida pasivamente. El extracto de hipófisis provoca reacciones inversas sobre el útero, según esté la mujer o no encinta. La excitación del vago tiene efectos opuestos según el cardias esté encogido o dilatado en el momento considerado.[213]

La estrategia de defensa de la teoría clásica del reflejo consiste en estos casos en investigar las posibles interacciones de las distintas partes del circuito estímulo-respuesta (como se sugería más arriba respecto del caso del seguimiento de un objetivo): "el funcionamiento se representa finalmente como un mosaico de procesos autónomos que se interfieren y se corrigen unos a otros".[214] Sin embargo, Merleau-Ponty proponía en *La estructura del comportamiento* considerar si no sería más conforme a los hechos el introducir nuevos modelos explicativos como los gestálticos, que den cuenta de la inmediata integración del estímulo y la respuesta, más que conservar una teoría que ya, a fuerza de excepciones, explicaciones *ad hoc* y *addenda* estaba renunciando a sus mismos fundamentos: "¿qué se pensaría de un físico que, a cada nueva observación, se viera obligado a agregar a su teoría algo así como una cláusula de resguardo que difiriera su aplicación [la aplicación de los "dispositivos normales"]?"[215] Un modelo explicativo alternativo debería dar cuenta de la integración instantánea que se comprueba entre la sensibilidad y la motricidad, así como de la integración que muestran los distintos estímulos entre sí, ya que los mismos estímulos producen distintas respuestas de acuerdo a su relación con los otros que son simultáneamente recibidos y con los que los precedieron. Debería además dar cuenta de la integración de las respuestas motrices entre sí, ya que los movimientos "disparados" no sólo dependen de los

---

[212] *EC*, p. 43.
[213] *Idem.*
[214] *Idem.*
[215] *Idem.*

movimientos anteriores que determinan la posición de los efectores, como ya se observó, sino que se integran en conductas corporales completas, es decir que los movimientos de un miembro varían en codependencia con los movimientos de los otros miembros tal como se observa en la simple conducta de caminar en la que el equilibrio resulta de esta integración instantánea. Merleau-Ponty otorga algún crédito en *La estructura del comportamiento* a la hipótesis de una "imagen del cuerpo" para dar cuenta de esta compleja integración:

> Más conforme a los hechos sería considerar al sistema nervioso central como el lugar donde se elabora una "imagen" total del organismo, donde se encuentra expresado el estado local de cada parte –de una manera que falta precisar–. Esta imagen de conjunto es la que comandaría la distribución de los influjos motores, les daría de golpe la organización que testimonia nuestro menor gesto, repartiría la excitación entre los flexores y los extensores, teniendo en cuenta el estado de los órganos terminales. La misma hipótesis daría cuenta de [...] la dependencia de cada reflejo respecto de los que lo han precedido.[216]

En su *Fenomenología de la percepción*, esta hipótesis de una "imagen" del cuerpo será reformulada en términos de "esquema corporal" o "motriz" y "cuerpo habitual", estableciéndose claramente que no puede tratarse de una representación ni de una mera integración neuro-fisiológica aunque pueda dar cuenta de ambas cosas. Se tratará, en la perspectiva fenomenológica y existencial adoptada en la obra posterior, de algo más fundamental y más simple: la experiencia del "cuerpo vivido" como posibilidad de movimiento o como repertorio de disposiciones comportamentales.

Antes de desarrollar más ampliamente esta concepción del cuerpo es útil aludir a algunos otros estudios empíricos que ilustran el modo en que la motricidad está esencialmente implicada en la percepción. Uno de ellos es el realizado por R. Held y A. Hein, quienes criaron gatos en la oscuridad y luego de un tiempo sólo los expusieron a espacios iluminados en condiciones controladas. A algunos animales se les permitía moverse libremente en el espacio iluminado, llevando atado un cesto conteniendo otro animal que tenía así la misma experiencia visual que el primero pero sin la posibilidad de moverse, es decir, de modo "pasivo". Después de unas semanas, al liberar a todos los gatos, los que

---

[216] *EC*, p. 44.

habían podido moverse se comportaban normalmente mientras que aquellos que pertenecían al grupo que había tenido la experiencia sólo visual y no motriz se comportaban como si estuvieran ciegos, chocándose con los objetos y cayéndose en los bordes.[217] Un segundo caso concerniente esta vez a seres humanos y que apunta hacia la misma conclusión relativa al rol esencial de la motricidad en la percepción, es el de los equipos utilizados para lograr una "visión táctil" en las personas ciegas. Algunos de ellos consisten en una cámara de video de baja resolución (16 por 16 o 20 por 20 pixeles en blanco y negro) sujeta a un costado de la cabeza que mapea la imagen, la cual es traducida por medio de computadoras a patrones de estimulación epidérmica aplicados al vientre o a la espalda. Dennett describe del siguiente modo los efectos del experimento:

> Es bastante fácil para nuestro tacto extenderse hasta la punta del lápiz, permitiéndonos sentir texturas con la punta sin tener conciencia de las vibraciones del lápiz contra los dedos. De modo que no debería sorprendernos que un efecto similar, si bien más extremo, era gozado por los sujetos de Bach y Rita [los diseñadores del dispositivo]. Después de un breve período de entrenamiento, su conciencia de las sensaciones sobre su piel se desvaneció; el dispositivo de pixeles se hizo transparente, podría decirse, y el punto de vista de los sujetos se tornó el punto de vista de la cámara montada al costado de su cabeza.[218]

Se afirma que los sujetos ciegos alcanzan de este modo una "visión" protésica, puesto que ya no son inmediatamente concientes de las sensaciones táctiles sino de un entorno existente "fuera", despegado de sus cuerpos y a distancia, tal como nos es dado en la visión (aunque con diferencias obvias: el grado de resolución, la ausencia de colores, la limitación del campo, etc.). El éxito de este efecto es demostrado vívidamente cuando se aplica un *zoom* a la cámara manejado por quien dirige el experimento. Al aplicar el efecto los sujetos inmediatamente se inclinan hacia atrás o retroceden y alzan las manos para proteger su cabeza. Otra particularidad del experimento es igualmente ilustrativa:

---

[217] A. Held-R. Hein, "Adaptation of disarranged hand-eye coordination contingent upon re-afferent stimulation", en *Perceptual-Motor Skills*, 3, 1958, pp. 87-90. Cit. por F. Varela-E. Thompson-E. Rosch, *The Embodied Mind. Cognitive Science and Human Experience*, Cambridge/London, MIT Press, 1993, pp. 174, 175.
[218] Daniel Dennett, *Consciousness Explained*, Boston/Toronto/London, Little, Brown and Company, 1991, pp. 340, 341.

los sujetos que han tenido el dispositivo en su espalda se adaptan casi inmediatamente cuando éste es puesto en su vientre; ahora bien, en este caso responden a una picazón o un estímulo táctil en su espalda como tal, por ejemplo rascándose, sin que éste les produzca el efecto de un "espectáculo", mientras que "leen" los estímulos en su vientre como "visuales" y no como táctiles. El hecho más relevante en el contexto de la relación entre la percepción del mundo y la motricidad que estamos explorando, es que si los sujetos sienten pasivamente en su piel los patrones de estimulación éstos no adquieren nunca un contenido "visual" para ellos, es decir que no despliegan un "mundo", un paisaje, cosas o personas como estando "ahí fuera" y a distancia de su cuerpo. Sólo después de poder dirigir activamente la cámara mediante movimientos de su cabeza o manos durante algunas horas "la persona ya no interpreta las sensaciones de la piel como relacionadas sólo con su cuerpo sino como imágenes proyectadas en el espacio siendo exploradas por la 'mirada' de la cámara de video dirigida corporalmente." De este modo, "para tener experiencia de 'objetos reales exteriores' la persona debe activamente dirigir la cámara".[219] Estos casos muestran que la percepción visual es inseparable, si se quiere, de alguna experiencia táctil, a condición de entender el tacto como "tacto activo", es decir, como motricidad. Merleau-Ponty no está lejos de la afirmación de Simone Weil de que "todos mis sentidos son modos de tocar; [...] yo no percibo más que actuando y palpando".[220] Para Merleau-Ponty, "la mirada obtiene más o menos de las cosas, según cómo las interrogue, cómo se deslice o recueste en ellas"[221] de modo análogo a un "tocar a distancia", y las cosas o territorios percibidos visualmente se ofrecen además a todo mi cuerpo como despliegues motrices posibles.

Un caso interesante y más complejo para poner a prueba esta concepción de lo percibido es el de la percepción del color. Ya se observó que la longitud de onda de los rayos reflejados no se condice con la percepción efectiva del color, y para dar cuenta de esta diferencia se manejan actualmente un número de hipótesis acerca de la elaboración retinal y post-retinal (cerebral) de los estímulos, muchas de ellas de carácter sólo funcional y cuya efectiva localización se discute o desconoce. La independencia del color percibido respecto de la luz reflejada se hace ver especialmente en dos casos complementarios: la

---

[219] Bach-Rita, *Brain Mechanisms in Sensory Substitution*, New York, Academic Press, 1962. Cit. por Varela *et al.*, *op. cit.*, p. 175.
[220] S. Weil, *Oeuvres complètes I*, París, Gallimard, 1988, pp. 211, 212.
[221] *FP*, p. 170.

"constancia aproximada del color", es decir, el que los colores percibidos de las cosas permanecen constantes a pesar de importantes cambios de iluminación, y el "contraste del color simultáneo" o "inducción cromática", es decir, el que dos áreas que reflejan luz de la misma composición espectral pueden percibirse como teniendo distintos colores dependiendo del entorno en que se ubican. El caso de la percepción del color parece además más difícil de considerar desde la teoría merleaupontyana de la percepción, puesto que si puede resultar más evidente el modo en que un utensilio, un mueble o un paisaje nos proponen determinados comportamientos posibles resulta más oscura la relación que podría tener la percepción del color con la motricidad. En condiciones habituales estamos abocados a ciertas tareas, sirviéndonos de ciertas cosas y recorriendo espacios, de tal modo que las relaciones entre la motricidad y la percepción de los colores quedan integradas en conductas globales que las disimulan, si bien algunas personas pueden ser más sensibles a ellas. Kandinsky, por ejemplo, notaba el hecho de que al observar dos círculos pintados de amarillo y azul, en el primero se percibe un movimiento centrífugo extendiéndose desde el centro y acercándose al espectador mientras que en el segundo se percibe un movimiento centrípeto de retracción hacia sí mismo y alejamiento del espectador.[222] En casos patológicos –enfermedades del cerebelo o de la corteza frontal– como los que estudiaron Goldstein y Rosenthal, la relación de la percepción cromática con la motricidad puede aislarse y se comprueba que "cada una de las pretendidas cualidades –el rojo, el azul, [...]– está inserta en una cierta conducta".[223] Un campo visual rojo, amarillo, azul o verde modifican la amplitud y dirección del gesto de levantar el brazo:

> En particular, el rojo y el amarillo favorecen los movimientos suaves, el azul y el verde los movimientos bruscos: el rojo, aplicado al ojo derecho por ejemplo, favorece un movimiento de extensión del brazo correspondiente hacia afuera; el verde, un movimiento de flexión y repliegue hacia el cuerpo. [...] En estas diferentes experiencias, cada color actúa siempre en el mismo sentido, de modo que puede atribuírsele un valor motor definido. En conjunto, el rojo y el amarillo son favorables a la abducción, el azul y el verde a la aducción. [...] Las sensaciones [...] se ofrecen con una fisionomía motriz, están envueltas

---

[222] Vassily Kandinsky, *Sobre lo espiritual en el arte*, Buenos Aires, NEED, 1999, pp. 35 ss.
[223] *FP*, p. 224.

en una significación vital. Se sabe, desde tiempo ha, que hay un "acompañamiento motor" de las sensaciones, que los estímulos desencadenan "movimientos nacientes" que se asocian a la sensación o a la cualidad y forman un halo alrededor de la misma, que el "lado perceptivo" y el "lado motor" del comportamiento comunican".[224]

Merleau-Ponty propone que este valor motor del color no puede reducirse a la física del color ni a la fisiología de la percepción cromática; tampoco constituye una representación psíquica del color, sino que debería contarse como un dato fundamental e irreductible de lo que significa el percibir tal color, por dos razones complementarias. Por un lado, la disposición motriz asociada a cada color no resulta de la longitud de onda porque un azul obtenido por contraste y que no se corresponde con el acontecer físico comporta el mismo valor motor que un azul "puro". Por otro lado, las correspondencias motrices aparecen sin que se dé un proceso conciente: "el rojo puede exagerar mis reacciones sin que yo lo advierta".[225]

En este caso se observan nítidamente la profundidad y los límites de la teoría merleaupontyana de la percepción ya que evidentemente ésta no ofrece una explicación o elucidación de las causas por las que el mundo percibido difiere del mundo descripto por el físico: difícilmente se concedería que el "valor motor" del color cumple la función de tal explicación. En cambio, Merleau-Ponty ofrece una elucidación de lo percibido tal como es percibido y descubre el modo en que el comportamiento se entrelaza con la sensibilidad en la experiencia:

> [El color] es cierto campo o atmósfera ofrecida a la potencia de mis ojos y de todo mi cuerpo. [...] El color, antes de ser visto, se anuncia por la experiencia de una cierta actitud del cuerpo que sólo a él conviene y que lo determina con precisión. [...] No hay que preguntarse, pues, cómo y por qué el rojo significa esfuerzo o violencia, el verde descanso y paz; hay que volver a aprender a vivir estos colores como nuestro cuerpo los vive, o sea, como concreciones de paz o violencia.[226]

¿Agrega algo esta elucidación fenomenológica o existencial a nuestra comprensión de la percepción del color? ¿No sería más útil volvernos hacia las explicaciones de la fisiología de la percepción cromática para dar cuenta cabal de lo percibido y explicar su diferencia con el registro físico de las longitudes de onda? Curiosamente quizá,

---

[224] *FP*, p. 225.
[225] *FP*, p. 226.
[226] *FP*, p. 227.

estas explicaciones han seguido un largo camino que tiene como punto de partida la fenomenología de lo percibido y que, hasta el presente, señala como punto de llegada el mismo compromiso de la sensibilidad con la motricidad que ya observaba Merleau-Ponty desde una descripción fenomenológica. En primer lugar, las explicaciones fisiológicas no pueden prescindir de la fenomenología del color porque aquello de lo que precisamente pretenden dar cuenta es de las peculiares características del color percibido en su diferencia con el color "físico". Si no mediara una previa descripción de lo percibido el fisiólogo no sabría qué funciones intenta localizar. La fenomenología *standard* del color con que se maneja el fisiólogo –y que no se corresponde con la descripción física del caso– admite por ejemplo que todos los colores percibidos pueden ser descriptos por la combinación de seis colores básicos (rojo, verde, amarillo, azul, negro y blanco) y que la aparición del color varía según tres dimensiones: tinte (*hue*), saturación y brillo.[227] Para cada tinte existe otro único tinte con el que no puede combinarse para dar lugar a otro color, los llamados colores "opuestos". La fisiología de la percepción intentó dar cuenta de estos particulares principios de la fenomenología del color mediante la llamada "*opponent-process theory*" ("teoría del proceso de oponentes" u OPT), originada en los estudios del fisiólogo E. Hering en el siglo XIX y desarrollada en la segunda mitad del siglo XX a partir de los estudios de L. Hurvich y D. Jameson. Se sabe que en la retina existen tres tipos de células cónicas que reciben respectivamente las ondas largas (L), medias (M) y cortas (C) de la luz: "la adición de señales de los tres receptores genera el canal acromático (brillo). La diferencia entre las señales de los receptores L y M genera el canal verde-azul y la diferencia entre las sumas de las señales de los receptores L y M y las señales de los receptores C genera el canal amarillo-azul. Estos dos canales son oponentes: un aumento de amarillo se gana siempre a expensas del azul y viceversa".[228] Esta explicación daría cuenta de por qué nunca percibimos un color como la combinación de rojo y verde: los canales cromáticos no pueden simultáneamente señalar estos colores. Explican además la percepción de tintes únicos (por la neutralización de uno de los canales) y de tintes binarios (como el naranja que resulta de la combinación del canal rojo-azul señalando rojo

---

[227] *Cf.* Varela *et al., op. cit.*, p. 158. Seguimos aquí el resumen de Varela *et al.* acerca de la historia de la investigación en torno a la fisiología de la percepción del color.
[228] *Ibid.*, p. 159.

y el canal amarillo-azul señalando amarillo).

Se imponen sin embargo ciertas observaciones acerca de los límites de esta explicación: en primer lugar, como ya se observó, se trata de una solución "de compromiso" que trata de acomodar nuestros conocimientos de la fisiología a lo efectivamente percibido, que es aquello de lo que se ha de dar cuenta. A pesar de que se acepta que los canales mentados corresponden a las complejas interconexiones entre las células retinales y los conjuntos neuronales post-retinales (es decir, relativos a la elaboración cerebral en el córtex visual), se admite que "la exacta naturaleza de su localización fisiológica es aún una cuestión de discusión".[229] En segundo lugar, esta explicación tampoco da cuenta por sí misma de la diferencia ya mencionada entre la física de la luz y la percepción del color: un área que refleja más ondas medias en la retina no necesariamente ni siempre es percibida como verde, sino que la percepción del verde se obtiene también por contraste con bastante independencia de la longitud de onda, y puede no variar incluso cuando la longitud de onda varía. Para dar cuenta de este fenómeno la OPT es complementada con la investigación de la "compleja conectividad interna" de la retina que hace que "diferencias locales de actividad en las superficies de los tres receptores dependan de lo que sucede en el resto de la retina. De este modo, se generan valores relativos internos".[230] Pero estas configuraciones emergentes en la retina tampoco dan cuenta íntegramente de lo percibido, sino que para ello ha sido necesario además sumar los "complejos y sólo parcialmente comprendidos procesos de comparación cooperativa entre múltiples conjuntos neuronales en el cerebro".[231] Así, la fisiología de la percepción visual vio la necesidad de ir más allá de las integraciones retinianas y las integraciones cerebrales relacionadas directamente con la percepción del color, para poner a esta última en relación con otras modalidades de la percepción visual, con otras modalidades no visuales de la percepción, y finalmente, con la motricidad. Esta necesidad surge de la observación de que la percepción del color covaría con la percepción de otros aspectos percibidos, tales como la forma, el tamaño, la textura, el movimiento y la orientación. Los modelos computacionales de reconocimiento del color pueden definir abstractamente el color como la reflexión de la luz en una superficie, partiendo así de una base restringida y controlada (pre-especificada) de objetos y superficies de reflexión. Sin embargo, en

---

[229] *Idem.*
[230] *Ibid.*, p. 161.
[231] *Ibid.*, p. 161.

la percepción tal como es vivida no sólo el color no siempre es la propiedad de una superficie (ya que también es el color de volúmenes como el cielo, el de post-imágenes, recuerdos, sueños y el que se percibe asociado sinestésicamente con cualidades de otras modalidades sensoriales), sino que la misma determinación de lo que cuenta como superficie percibida es codeterminada por la percepción de su color: "la visión del color está en realidad involucrada en los procesos cooperativos por los cuales la escena visual se segmenta en un conjunto de superficies. [...] Es imposible separar el objeto percibido de su color porque es el contraste cromático mismo el que da forma al objeto". De este modo, "colores y superficies van juntos: ambos dependen de nuestras capacidades perceptuales corporales".[232]

Además de estas interrelaciones entre determinaciones visuales intervienen relaciones intermodales entre la visión y los otros campos sensoriales (acústico, táctil, etc.) y entre las diversas percepciones que se obtienen en el transcurso del tiempo por medio del movimiento, las cinestesias oculares y de todo el cuerpo.[233] De acuerdo con esto, en los diagramas que muestran las interacciones entre subcircuitos neuronales se señala la integración de las áreas sensoriales y motrices con flechas bidireccionales.[234] La conclusión hacia la que apuntan los estudios de la fisiología de la percepción visual es entonces, no sólo la imposibilidad de dar cuenta del color percibido desligándolo de otros aspectos visuales e intermodales sino también motrices. Varela resume el rumbo de las actuales investigaciones de la fisiología de la percepción cromática con la siguiente conclusión: "la red neuronal no funciona como un camino de sentido único desde la percepción a la acción. Percepción y acción, sensorio y motriz, están ligados juntos como estructuras sucesivamente emergentes y mutuamente selectivas".[235]

---

[232] *Ibid.*, p. 167.
[233] El movimiento es esencial a toda percepción incluso cuando no es evidente: la simple percepción de los contornos, por ejemplo, se obtiene porque "los ojos se hallan de continuo en un estado de muy rápida oscilación o temblor. [...] Si, por varios procedimientos, se estabiliza la imagen sobre la retina, llega a eliminarse la percepción visual de los contornos" (I. Rock, *op. cit.*, p. 7).
[234] Por ejemplo, particularmente respecto de la percepción visual, esto se observa en el diagrama de E. DeYoe-D. C. Van Essen, "Concurrent processing streams in monkey visual cortex", *Trends in Neuroscience*, 11, 1988, pp. 219-226. Reproducido en Varela *et al.*, *op. cit.*, p. 163.
[235] *Ibid.*, p. 163.

II.3. El cuerpo habitual como sujeto de la percepción

En las lecciones de psicología infantil que Merleau-Ponty dictara pocos años después de publicada su *Fenomenología* la experiencia perceptiva infantil es descripta del siguiente modo:

> Según las concepciones filosóficas y psicológicas clásicas las relaciones del niño con lo real se presentan de la manera siguiente: el niño toma conocimiento de objetos exteriores cargados de cualidades a contemplar. Ahora bien, nosotros hemos visto que la percepción de lo real era más bien la puesta en forma de la conducta del niño [...]: para el niño la percepción es una conducta, por la cual se compromete en un verdadero comercio con las cosas.[236]

Lo afirmado en este párrafo acerca del niño constituye más generalmente un idóneo resumen de la teoría de la percepción expuesta en la *Fenomenología*. Puede resultar curioso que esta definición de la percepción como conducta, aquí referida específicamente a la experiencia infantil, sea aplicable a toda experiencia y pueda representar *la* teoría merleaupontyana de la percepción. El develamiento de la experiencia tal como es vivida parece indicar a la vez una especie de "regresión": la experiencia, cuanto más "originaria" va revelándose más pueril y onírica al punto que Merleau-Ponty pondrá finalmente en duda el que percibamos esencialmente "cosas". No es extraño entonces hallar una buena ilustración de este sentido perceptivo-motriz en un párrafo de Proust que describe precisamente una experiencia infantil de entresueño, la desorientación propia del momento del despertar y el modo en que una memoria del cuerpo análoga al "esquema corporal" o "cuerpo habitual" de Merleau-Ponty esboza distintos espacios:

> Cuando yo me despertaba así, con el espíritu en conmoción, para averiguar, sin llegar a lograrlo, en dónde estaba, todo giraba en torno de mí, en la obscuridad: las cosas, los países, los años. Mi cuerpo, demasiado torpe para moverse, intentaba, según fuera la forma de su cansancio determinar la posición de sus miembros para de ahí inducir la dirección de la pared y el sitio de cada mueble, para reconstruir y dar nombre a la morada que le abrigaba. Su memoria de los costados, de las rodillas, de los hombros, le ofrecía sucesivamente las imágenes

---

[236] *MPS*, p. 224.

de las varias alcobas en que durmiera, mientras que a su alrededor, las paredes, invisibles, cambiando de sitio, según la forma de la habitación imaginada, giraban en las tinieblas. Y antes de que mi pensamiento, que vacilaba en el umbral de los tiempos y de las formas, hubiese identificado, enlazado las diversas circunstancias que se le ofrecían, el lugar de que se trataba, el otro, mi cuerpo, se iba acordando para cada sitio de cómo era la cama, de dónde estaban las puertas, de adónde daban las ventanas, de si había un pasillo [...]. Luego, renacía el recuerdo de otra postura; la pared huía hacia otro lado: estaba en el campo.[237]

Este párrafo de Proust, que suma a su belleza literaria la precisión de una descripción fenomenológica admirable, describe el surgimiento de entornos habitables o habitados por el autor en el pasado como contemporáneo del despertar en el cuerpo de distintas posturas y posibilidades motrices, y sugiere que este saber implícito contenido en el cuerpo antes de todo pensamiento explícito –Merleau-Ponty habla de una conciencia y un "saber que está en las manos y los pies"– es una especie de memoria corporal: la memoria de sus costillas, sus hombros, etc. Esto nos conduce a otro punto central de la teoría merleaupontyana de la percepción, el que responde a la cuestión de qué es lo que define el determinado repertorio que poseemos de posibilidades motrices del que depende tanto nuestra propiocepción como la correlativa percepción del mundo. La respuesta que propone Merleau-Ponty a esta pregunta en la primera parte de su *Fenomenología* es que las posibilidades motrices de las que disponemos y que dan sentido al mundo que habitamos son hábitos, y por ello el cuerpo percipiente o esquema motriz es descripto por Merleau-Ponty también como "cuerpo habitual". Los comportamientos corporales habituales organizan y dan unidad a nuestro esquema motriz como repertorio de movimientos posibles otorgando simultáneamente sentido al mundo percibido como entorno de posibilidades prácticas: "todo hábito perceptivo es aún un hábito motor y aquí también la captación de una significación se hace por el cuerpo".[238] "La adquisición de la habilidad es la captación de una significación".[239] Percibimos una silla como silla porque nos hemos habituado a desarrollar un repertorio de movimientos posibles en torno suyo o con ella, básicamente los de sentarse. El aprendizaje de hábitos motrices resulta de haber crecido en una determinada comunidad

---

[237] Marcel Proust, op. cit., p. 12.
[238] *FP*, p. 169.
[239] *FP*, pp. 162, 160.

cultural en contacto con otros cuerpos portadores de tales o cuales comportamientos determinados, de tal modo que alguien que ha crecido en una comunidad donde se habitúan a sentarse en cuclillas puede no percibir la silla como silla, es decir, como este determinado proyecto motriz que una silla nos propone instantáneamente a nosotros. La adquisición de hábitos motrices constituye además una "remanipulación y renovación del esquema corpóreo",[240] es decir, del cuerpo como repertorio de posibilidades motrices-perceptivas, lo que hace que el cuerpo vivido y correlativamente el mundo percibido sean relativamente lábiles o plásticos y estén abiertos a reestructuraciones. Respecto de la adquisición de los primeros hábitos de conducta corporal, aquellos que han constituido el esquema corpóreo, es necesario remitirse a una figura que aparece recién sobre el final de la segunda parte de la *Fenomenología*: el "contagio" o la "trasposición" del esquema corporal que está a la base de la imitación de la conducta de los otros y por medio de los cuales vivimos en nuestro propio cuerpo las conductas que observamos en los otros cuerpos.[241] Si bien no ahondaremos aquí en la cuestión de las relaciones con los otros, es posible observar que si Merleau-Ponty concibe que el esquema corpóreo o habitual se constituye intersubjetivamente, el sujeto percipiente debe ser entonces concebido como instancia de una intercorporalidad y el mundo percibido es correlativamente siempre y esencialmente el mundo copercibido. El proceso perceptivo no consta como elementos básicos de un sujeto corporal y un objeto, sino que necesita esencialmente como tercer término de otros cuerpos que participan de la génesis y la transformación del esquema corpóreo y dan correlativamente objetividad o "profundidad", como dirá Merleau-Ponty, al objeto percibido.

El aprendizaje de un hábito motor (en el sentido del inglés *skill*, una "habilidad") como el de sentarse en una silla, andar en bicicleta, bailar cierta música o dactilografiar, no consiste en una asociación de ciertos estímulos definidos con respuestas fijas. Merleau-Ponty señala que las explicaciones mecanicistas del hábito tropiezan con el hecho de que el aprendizaje es sistemático: "el sujeto no conecta unos movimientos individuales con unos estímulos individuales, sino que adquiere el poder de responder, mediante cierto tipo de soluciones, a una cierta forma de situaciones, las situaciones pudiendo variar ampliamente de un caso a otro, los movimientos de respuesta pudiendo confiarse ora a un órgano

---

[240] *FP*, p. 159.
[241] Cf. *FP*, Parte II, cap. IV: "El otro y el mundo humano".

efector, ora a otro".²⁴² Los hábitos son estilos de comportamiento que pueden trasponerse: una vez que aprendí a escribir sobre un papel puedo escribir en un pizarrón aunque los elementos, los movimientos y los músculos implicados difieran enormemente en cada caso. Un organista puede servirse de un órgano que no conoce, con otro número de teclados y juegos, después de una hora en que se familiariza con él: "un tiempo tan breve de aprendizaje no permite suponer que, en ese caso, unos nuevos reflejos condicionados se sustituyan a los montajes ya establecidos [...] lo que nos hace salir de la teoría mecanicista, ya que [...] las reacciones vienen mediatizadas por una captación global del instrumento".²⁴³ Pero esta generalidad propia del hábito que permite su trasposición no es sin embargo la generalidad de una idea o una representación resultante de una abstracción de las particularidades sensibles. Aprender un hábito no consiste en un proceso intelectual: no se trata de representarse o conocer intelectualmente "la fórmula del movimiento y recomponerlo guiándose por este trazado ideal"²⁴⁴ porque, por ejemplo, para que el patrón de un nuevo baile o el manejo de un vehículo se incorporen a mis posibilidades motrices habituales integrando a la vez algunos elementos motrices ya aprendidos en nuevos motivos, es necesario *hacer* los pasos del baile y manejar efectivamente el vehículo. Se requiere una "consagración motriz": no basta la representación sino que hay que ejecutar el movimiento para captar e incorporar la "significación motriz" del nuevo hábito.

Habiendo afirmado que la respuesta merleaupontyana a la pregunta por la percepción se responde por el cuerpo y por el hábito –por el "cuerpo habitual" (*corps habituel*)–, se hace necesario definir más exactamente el sentido que estos términos adquieren en la exposición del filósofo. "El cuerpo es un yo natural y como el sujeto de la percepción",²⁴⁵ afirma Merleau-Ponty, pero es necesario especificar que este cuerpo que está a la base de la teoría merleaupontyana de la percepción es el cuerpo tal como es vivido, "el cuerpo cuya experiencia actual poseo".²⁴⁶ Ahora bien, el cuerpo es vivido como la posibilidad de realizar tales y cuales movimientos o comportamientos en el mundo. El cuerpo tal como de él tengo experiencia instantánea no se corresponde exactamente con las características que un tercero puede observar de mi

---

242	*FP*, p. 159.	
243	*FP*, p. 162.	
244	*FP*, p. 160.	
245	*FP*, p. 222.	
246	*FP*, p. 94.	

cuerpo ni con la imagen que yo podría observar de mi cuerpo en un espejo. Tampoco tengo experiencia del cuerpo anátomo-fisiológico tal como sería descripto por el científico: del funcionamiento total del sistema circulatorio, de mis órganos internos, de las sinapsis neuronales, etc. Tampoco es mi experiencia corporal en primera instancia una mera imagen psíquica o mental de mi cuerpo que contemplo con el "ojo de la mente". En cambio siento mi cuerpo instantáneamente como el habitante activo de un entorno pragmático; me vivo a mí mismo corporalmente como estando en tal posición, sentado aquí y con tales comportamientos posibles ofrecidos a mis manos, mis pies o mis ojos, lo cual es decir: como "esquema corporal" o "motriz".

Merleau-Ponty utiliza el caso patológico del "miembro fantasma" para elucidar la experiencia del cuerpo tal como es vivido (como esquema corporal) y mostrar cómo se distingue de las otras definiciones de la corporalidad recién enumeradas. El caso de personas que sienten un miembro que les ha sido amputado es un ejemplo extremo de la regla de nuestra propiocepción usual: nuestro cuerpo vivido nunca coincide exactamente con sus características observables y, en este sentido, la experiencia de nuestro cuerpo es siempre la de un "cuerpo fantasma" aún si esto no implica, como se verá, la mediación de ninguna representación del cuerpo.[247] El caso del miembro fantasma, además, muestra que la diferencia entre el cuerpo vivido y el cuerpo observable no puede ser reducida por la mediación de explicaciones puramente fisiológicas ni puramente psicológicas, las cuales refieren a las otras definiciones del cuerpo anteriormente mencionadas. Es posible adoptar, en principio, una hipótesis fisiológica (nerviosa) *periférica* para dar cuenta del fenómeno: una estimulación en el trayecto del muñón al cerebro, pero la anestesia local no suprime en todos los casos la sensación del miembro fantasma. Se puede considerar entonces la alternativa de una explicación fisiológica *central* (cerebral). Ésta parecería confirmarse por el hecho de que se dan miembros fantasmas sin amputación, sólo como consecuencia de lesiones cerebrales. Pero aun esta explicación no da cuenta de los casos en los que el miembro fantasma aparece por efecto de una emoción fuerte en personas que antes no lo sentían, ni de aquellos otros en que se suprime al término de una terapia psicológica en la que el paciente asume el episodio traumático de su pérdida.[248] ¿Se trataría entonces de un fenómeno extra-

---

[247] Mi cuerpo vivido en tanto "sistema de acciones posibles" es "*un cuerpo virtual*" y "no es mi cuerpo tal como de hecho es", afirma el filósofo en *FP*, p. 265.

fisiológico, psicológico o mental? La explicación psicológica, sin embargo, tampoco puede pretenderse exhaustiva, porque la sección de los conductores nerviosos "aferentes" que van hacia el encéfalo suprime en ocasiones el miembro fantasma, lo cual parece conducirnos nuevamente en círculo hacia la explicación fisiológica periférica.[249] A efectos prácticos es aceptable una teoría "mixta" que sume las dos series de condiciones, fisiológicas y psicológicas, pero el caso patentemente obliga al filósofo a formularse inquietudes "ontológicas": ¿cómo se entrelazan las explicaciones fisiológicas con las explicaciones psicológicas, las causas físicas con las motivaciones mentales? Sería necesario concebir un terreno ontológico común en el cual distribuir ambas, puesto que los acontecimientos de los dos órdenes no son simplemente alternativos, no se establece entre ellos sólo una disyunción y una conjunción sino una interimplicación simultánea y directa como la que, por otro lado, ya puede observarse entre mi intención de mover un brazo para alcanzar un lápiz y el cúmulo de procesos neurológicos, sensoriales y motrices implicados: ¿cómo puede la amputación de un miembro constituir a la vez un trauma psicológico y cómo una emoción fuerte o una terapia psicológica pueden en ocasiones tener el mismo efecto que una lesión cerebral o la sección de los conductores aferentes? Este terreno ontológico común es el que se abre, en la visión de Merleau-Ponty, al atender al cuerpo vivido como posibilidad de comportamiento. La respuesta que media entre las explicaciones fisiológicas y psicológicas del miembro fantasma, la respuesta central desde la cual habría que partir para redistribuir ambas explicaciones como dimensiones del mismo fenómeno, es la siguiente: "Poseer un miembro fantasma es permanecer abierto a todas las acciones de las que sólo el brazo es capaz, es guardar el campo práctico que uno poseía antes de la mutilación".[250] El cuerpo tal como lo

---

[248] Las explicaciones fisiológicas centrales actualmente vigentes pretenden dar cuenta de esta situación afirmando que las fuentes cerebrales de los miembros fantasmas no implican solamente las áreas receptoras somatosensoriales y el córtex parietal adyacente, que procesaría la información relativa al cuerpo, sino también el sistema límbico, relacionado con la emoción y la motivación, así como las amplias redes corticales implicadas en las actividades cognitivas, la memoria de la experiencia pasada, etc. *Cf.* Ronald Melzack, "Miembros fantasma", en *Investigación y ciencia* (edición española de *Scientific American*), Barcelona, Prensa Científica, junio de 1992, número 189, pp. 72-79.
[249] Seguimos aquí los desarrollos de Merleau-Ponty en *FP*, pp. 95, 96.
[250] *FP*, p. 100.

Maurice Merleau-Ponty. Filosofía, corporalidad y percepción

experimento y tal como lo vive el mutilado no es una mera representación mental, no consta de sus características observables actualmente ni tampoco de la suma de sus componentes anátomo-fisiológicos, sino de un repertorio de posibilidades de movimiento que han sedimentado por hábitos de comportamiento en el mundo. En términos de Merleau-Ponty, el fenómeno originario y central no es el "cuerpo actual" –el cuerpo con sus características actualmente observables y que muevo a voluntad– ni el "cuerpo orgánico", sino algo entre ellos que oficia de nexo y también de terreno ontológico común, del que ambos son dimensiones: el "cuerpo habitual". Merleau-Ponty relaciona estos diversos aspectos de la experiencia corporal haciendo referencia a momentos temporales, tal como se podría resumir en el siguiente esquema.[251]

	1. Cuerpo orgánico	*2. Cuerpo habitual, cuerpo vivido, o esquema motriz*	*3. Cuerpo actual*
Dimensiones temporales	Un "pasado de todos los pasados", un "pasado que nunca fue presente" o "pasado absoluto".	**Un pasado latente en el presente, estructurando las posibilidades del presente. Un repertorio de posibilidades de comportamiento corporal sedimentado por hábito.**	El cuerpo con sus características observables en el presente.
Formas de conciencia y grados de voluntad	La inconciencia y lo involuntario.	**Un "saber que está en el cuerpo", preconciencia, conciencia ambigua o semiconciencia. Entrelazamiento de lo voluntario y lo involuntario.**	Movimiento voluntario y conciente.

Los términos de la segunda columna son resaltados porque indican el fenómeno central u originario a partir del cual Merleau-Ponty intenta dar cuenta de las otras dos dimensiones. Al diferenciar el cuerpo tal como es vivido o "habitual" del cuerpo orgánico y el cuerpo actual se estarían señalando diversas dimensiones que están entrelazadas en la misma experiencia. Lo usual es que en mi percepción de mí mismo el "cuerpo habitual" como repertorio de posibilidades de comportamiento

---

[251] El cuadro no debe ser leído de manera demasiado "esquemática", no sólo porque sus términos no son definidos de manera tan rígida en Merleau-Ponty sino porque se mostraría insuficiente para dar cabida a otras variables esenciales de la experiencia corporal. Por otro lado, a pesar de lo sugerido por el esquema, el "pasado que nunca fue presente" de la "naturaleza" en sentido fenomenológico no coincide propiamente con el organismo como cuerpo objetivado, es decir, el cuerpo tal como es descripto por las ciencias.

se superponga en primer plano al "cuerpo actual" y al "orgánico" integrándolos en sus disposiciones pragmáticas. Cuando nos dirigimos hacia la puerta y la abrimos con mayor o menor grado de autoconciencia, posiblemente lo hagamos mediante una decisión voluntaria (aunque el movimiento no sería tan evidentemente voluntario si hubiéramos tomado el caso, por ejemplo, de responder instantáneamente a una jugada inesperada en un partido de tenis). Aun así, es claro que no toda la cadena de movimientos es pensada y decidida (no debo pensar cuál pierna mover en qué orden), sino que más bien se desarrolla de modo semi-automático y en una semiconciencia, en función de hábitos de movimiento aprendidos en el pasado como los de caminar o abrir la puerta. El "pasado" en que aprendí a moverme de tal o cual modo es un pasado particular –un "pasado presente"– puesto que no necesita ser traído explícitamente a la conciencia por medio de un recuerdo, sino que está constantemente operando en el presente de modo latente o en una "semiconciencia", determinando el campo de nuestras posibilidades de acción y percepción. Al mismo tiempo, el que mi cuerpo tenga piernas y manos es una precondición biológica para haber podido aprender esos hábitos motrices (y no a volar, por ejemplo) y para efectivamente actualizarlos. No solamente el cuerpo orgánico limita por su constitución anatómica las posibilidades de movimiento, sino que puede considerarse incluso que ciertos patrones motrices constituyen una herencia genética de la especie y son "pre-programados". Sin embargo, el hecho de que todo el esquema merleaupontyano sitúe su "plataforma de despegue" en el "cuerpo habitual" nos conduce a observar relaciones más complejas entre el cuerpo orgánico y el cuerpo vivido. Es verdad que el primero es una condición de posibilidad de los hábitos motrices adquiridos que constituyen nuestro cuerpo vivido, su comportamiento y percepción, así como el tener piernas es una condición necesaria para caminar. Pero el organismo es a la vez más y menos que un límite y una condición de posibilidad respecto del comportamiento corporal, desde que este último, en la diversidad en que se muestra en las distintas culturas humanas, no es algo simplemente exterior al organismo que se superpone a él como una capa o nivel agregado sino que se sirve de él y lo integra resignificándolo, de modo semejante a como un nuevo elemento o una nueva dimensión al integrarse a una estructura produce una reestructuración global y un nuevo sentido. Por eso afirma Merleau-Ponty que "es imposible superponer en el hombre una primera capa de comportamientos que llamaríamos 'naturales' y un mundo cultural o espiritual fabricado. En el hombre todo es fabricado y todo es natural".[252] Más de diez años después, en sus últimas notas (1960) el filósofo afirmará exactamente lo mismo que en la *Fenomenología*: "la distinción de los dos planos (cultural y natural) es abstracta: todo es cultural en nosotros (nuestro *Lebenswelt* es 'subjetivo') (nuestra percepción es cultural-histórica) y todo es natural (hasta lo cultural se apoya en el polimorfismo del Ser salvaje)".[253] Y este nexo en que lo natural y lo cultural se reúnen hasta tornarse indistinguibles es precisamente la corporalidad humana considerada como comportamiento:

> El cuerpo es nuestro medio general de poseer un mundo. Ora se limita a los gestos necesarios para la conservación de la vida y, correlativamente, pro-pone a nuestro alrededor un mundo biológico; ora, jugando con sus primeros gestos y pasando de su sentido propio a un sentido figurado, manifiesta a través de ellos un nuevo núcleo de significación; es el caso de los hábitos motores, como el baile. Ora, finalmente, la significación apuntada no puede alcanzarse con los medios naturales del cuerpo y se requiere, entonces, que éste se construya un instrumento y que proyecte en torno de sí un mundo cultural.[254]

De las afirmaciones anteriormente citadas puede deducirse que no se trata en este último párrafo de "capas superpuestas" sino de dimensiones integradas de una misma experiencia corporal. Por eso puede afirmarse que lo fisiológico es un límite y una condición de posibilidad del comportamiento corporal pero es a la vez más y menos que eso: porque, por una parte, no queda aislado como una estructura separada que, una vez supuesta como condición formal de posibilidad, puede ser dejada de lado en la descripción del comportamiento o la percepción como si sus características o su contenido fueran contingencias prescindibles:

> Un hombre sin manos o sin sistema sexual es tan inconcebible como un hombre sin pensamiento. [...] Es imposible distinguir en el ser total del hombre una organización corpórea, la cual se trataría como un hecho contingente, de los demás predicados, que le corresponderían por necesidad [...]. No es por mera coincidencia que el ser razonable es también el que está de pie o posee un pulgar opuesto a los demás demás dedos [...]. La existencia humana nos obligará a revisar nuestra noción habitual de la necesidad y la contingencia.[255]

---

[252] *FP*, p. 206.
[253] *VyI*, p. 304.
[254] *FP*, p. 164.

La "contingencia" biológica o evolutiva de tener manos o piernas no es un dato empírico que pueda dejar de lado una teoría del comportamiento, de la percepción o del conocimiento humano, sino que es "trascendental" y "necesaria". En este sentido es más que una mera condición exterior de posibilidad de los otros términos. Pero también es menos en el sentido de que el hecho de tener manos o piernas sólo se torna "trascendental" o "necesario" desde el punto de vista de los comportamientos en los que se integra y éstos muestran ser muy lábiles y diversos, implicando así retroactivamente la indeterminación de sus mismas condiciones de posibilidad. La diversidad y la evolución técnica y cultural muestran que tener manos o piernas son condiciones materiales de posibilidad para caminar y para arrojar piedras pero también para andar en bicicleta o manejar un automóvil, para escribir o para manejar una computadora, y no sabemos en cuántos y cuáles otros comportamientos puede integrarse el *hardware* de nuestra constitución anátomo-fisiológica: "nadie sabe aún lo que puede un cuerpo", como sentenciaba Spinoza.

Los lingüistas han observado que cuando el bebé balbucea profiere sonidos extremadamente variados. Por el contacto con el idioma que se habla en su entorno esta riqueza "natural" de sonidos proferidos se va progresivamente empobreciendo, restringiéndose a aquellos fonemas que corresponden al lenguaje hablado en su medio: incluso antes de pronunciar sus primeras palabras el bebé va adquiriendo un estilo fonemático español, inglés o japonés.[256] Mediante esta limitación o empobrecimiento de la multiformidad natural el niño accederá posteriormente a otras riquezas y complejidades, por ejemplo las propias del habla española. Quizás aprender a movernos como nos movemos y a percibir como percibimos supone un proceso semejante, y es por ello que si bien es verdad que el organismo constituye una condición de posibilidad y un límite respecto del comportamiento y la percepción, no es sólo ni exactamente eso. Es claro que una persona sin cuerdas vocales no podría hablar español, y que una persona sin un cuerpo biológico no podría percibir el mundo como lo percibimos, pero las condiciones orgánicas no dan cuenta de las complejidades propias del hablar español y posiblemente, si la analogía es válida, tampoco den cuenta de las complejidades del mundo percibido. Son demasiado lábiles y generales, y en este sentido, demasiado débiles. En otro

---

[255] *FP*, p. 187.
[256] *Cf.* "La conscience et l'acquisition du langage" en *MPS*, pp. 9 ss.

sentido, sin embargo, se nos presentan como condiciones demasiado fuertes. Un hablante adulto de español puede tener dificultades para aprender la pronunciación de ciertos fonemas –como la "r" inglesa, francesa o alemana– aun cuando se comprueba que el bebé español, antes de haber empobrecido su gama de profusas locuciones fonemáticas para acceder al estilo fonemático español, pronunciaba estos sonidos sin dificultad. Ahora que es adulto, sin embargo, puede parecerle que su garganta misma "no está hecha" para pronunciar tales sonidos: ellos no le resultan "naturales". Del mismo modo, los comportamientos aprendidos integran funciones orgánicas hasta el punto de que se "naturalizan", y si bien es cierto que las manos no sirven para volar, no es seguro que tengan como funciones específicas aquellas que parecen serles "naturales" en nuestros comportamientos habituales. La "polivalencia funcional" del organismo se muestra desde los casos de "suplencias" observados en los animales –donde la función cumplida por un miembro perdido es suplida por otros miembros que cambian de función– hasta en los casos de recuperación de afásicos donde las funciones afectadas por daños cerebrales son suplidas por otros conjuntos neuronales que antes no cumplían tales funciones. Y si bien podemos descartar algunas por inverosímiles, no es posible determinar de cuáles otras funciones desconocidas podría ser nuestro organismo "condición de posibilidad". En suma, puesto que somos esencialmente animales sociales y percibir el mundo como lo percibimos es el resultado de un aprendizaje intersubjetivo y cultural, posiblemente percibir sea más semejante a "hablar español" o a "hablar japonés" que simplemente a "proferir sonidos", y en tal caso el funcionamiento orgánico es a la vez indispensable pero insuficiente para dar cuenta de lo percibido, como lo es para dar cuenta del hablar español o japonés.

Hasta aquí se aludió a las diferencias y las complejas relaciones que parece observar Merleau-Ponty entre el cuerpo vivido y el cuerpo biológico. Ahora bien, la diferencia del cuerpo vivido o "habitual" con el "cuerpo actual", por su parte, se hace evidente no sólo en el caso ya examinado en que el primero se experimenta con miembros no existentes (amputados) y las posibilidades de comportamiento implicadas, sino en los casos de "anosognosia" en que el cuerpo vivido se reduce para excluir miembros y posibilidades de comportamiento actuales. La diferencia también se hace patente en los casos más ordinarios del simple uso de vestimentas, la conducción de vehículos y el manejo de útiles, en los que los límites del cuerpo vivido se expanden para integrar aquellos accesorios, vehículos o instrumentos que estamos habituados a usar. En los términos de Merleau-Ponty, "mis vestidos pueden convertirse como en los anexos de mi cuerpo. [...] Las acciones en las que me empeño por hábito incorporan a sí mismas sus instrumentos y les hacen participar de la estructura original del propio cuerpo",[257] los hacen partícipes de las posibilidades motrices y sensoriales del cuerpo vivido del cual constituyen sus "extensiones":

> Una mujer mantiene sin cálculo un intervalo de seguridad entre la pluma de su sombrero y los objetos que podrían troncharla, siente dónde está la pluma como nosotros sentimos dónde tenemos la mano. Si tengo el hábito de conducir un coche, lo meto por un camino y veo que puedo pasar sin tener que comparar la anchura del mismo con la de las alas del coche, como atravieso una puerta sin comparar la anchura de la misma con mi cuerpo. [...] El bastón del ciego [también] ha dejado de ser objeto para él, ya no se percibe por sí mismo, su extremidad se ha transformado en zona sensible, aumenta la amplitud y el radio de acción del tacto, se ha convertido en lo análogo de una mirada. [...] Habituarse a un sombrero, a un coche o a un bastón, es instalarse en ellos, o, inversamente, hacerlos participar de la voluminosidad del propio cuerpo. El hábito expresa el poder que tenemos de dilatar nuestro ser-del-mundo, o de cambiar la existencia anexándonos nuevos instrumentos. [258]

Si bien no ahondaremos aquí en esta peculiar fenomenología "protésica" de la técnica como extensión de las posibilidades sensoriales y motrices del cuerpo, ésta resulta de interés para ilustrar la diferencia del cuerpo vivido o "habitual" respecto del "cuerpo actual".

Ya se observó que el cuerpo habitual es también denominado por Merleau-Ponty "esquema corpóreo". En su definición del esquema corpóreo Merleau-Ponty interpreta e integra de modo singular los desarrollos de diversos psicólogos en torno a la experiencia propioceptiva unitaria que tenemos de nuestra corporalidad, tales como los referidos a la "imagen del cuerpo" de Pick, el "esquema postural" de Head y la "imagen" o "esquema corporal" de Schilder.[259] Al preferir la denominación de "esquema" a la de "imagen" Merleau-Ponty pretende subrayar dos cosas. En primer lugar, el que la experiencia del propio cuerpo no es primariamente visual ni resulta de una traducción de la

---

[257]   *FP*, p. 109.
[258]   *FP*, pp. 160 ss.
[259]   *Cf. FP*, pp. 115 ss.

experiencia táctil (incluida la sensibilidad visceral a veces llamada "interocepción" y la sensibilidad postural en ocasiones denominada "propiocepción") a términos *visuales*, sino que es propia de todos los sentidos a la vez: es esencialmente intersensorial. En segundo lugar, el hecho de que esta experiencia unitaria no resulta de una *asociación* intersensorial, "no se limita a los contenidos efectiva y fortuitamente asociados en el curso de nuestra experiencia, [sino] que los precede de cierta manera y posibilita precisamente su asociación".[260] Se trata entonces de un "esquema" en el sentido de una "forma" (*Gestalt*) que, en el sentido de la *Gestaltpsychologie*, es un todo que difiere de la suma o de la asociación de sus partes. ¿Cómo habrá que concebir y cómo se originará entonces esta percatación total que no resulta de la asociación o acumulación progresiva de las diversas experiencias sensoriales de nuestro cuerpo ni de la experiencia de diversas partes nuestro cuerpo? Los siguientes ejemplos son sumamente significativos en este caso:

> Al mismo tiempo que contraigo mi pie dentro de mi zapato, lo veo. [Pero] este poder me pertenece también para las partes de mi cuerpo que no he visto nunca. [...] Se ha podido probar que no reconocemos nuestra mano en fotografía, [...] y que, por el contrario, cada uno reconoce [...] su modo de andar filmado. Así, pues, no reconocemos por la vista lo que, no obstante, sí hemos visto frecuentemente, y, en cambio, reconocemos al instante la representación visual de lo que nos es invisible en nuestro cuerpo.[261]

Esto es así porque el significado primario del "esquema corporal" es "motriz" o "dinámico": la propiocepción deriva fundamentalmente de las posibilidades corporales de movimiento y se organiza al disponernos corporalmente frente a ciertas tareas actuales o posibles. Lo mismo puede decirse afirmando que la espacialidad del cuerpo propio tal como es vivido por mí es una "espacialidad de situación", constituyendo por sí misma el esbozo de un mundo como cierto entorno pragmático diseñado por mis posibilidades motrices.[262]

El esquema corpóreo es para Merleau-Ponty el cuerpo vivido que se presta a una descripción fenomenológica, y el filósofo no se refiere en su *Fenomenología* –como lo hacía en *La estructura del comportamiento*– a la hipótesis de una "imagen del cuerpo" localizada en el cerebro, ya que el método y el punto de partida de su análisis son

---

[260]   *FP*, p. 116.
[261]   *FP*, p. 166.
[262]   *FP*, p. 117.

distintos en este caso. Sin embargo, puede observarse que la hipótesis hoy generalmente aceptada del llamado "homúnculo" cerebral, una representación del cuerpo localizada en el córtex y el lóbulo parietal, se condice con ciertos ejes de la definición merleaupontyana del esquema corporal.[263] En primer lugar, la hipótesis confirma que la experiencia (o, en los términos propios de este marco teórico, la "representación cerebral") del propio cuerpo no es esencialmente visual sino que interesa al área del lóbulo parietal derecho relacionado con la "integración multisensorial".[264] Tampoco es congruente con la apariencia visual del cuerpo sino que "representa" al cuerpo más bien funcionalmente, privilegiando las áreas de mayor valor sensorial y motriz como las manos, los pies y los labios que aparecen "distorsionados" (de mayor tamaño) en el homúnculo.[265] En tercer lugar, para dar cuenta de la diversidad de patologías relativas a la percepción del propio cuerpo tales como miembros fantasmas, aesquemacia (según Bonnier, la sensación de algunos pacientes de que su cuerpo ha desaparecido), anosognosias (desaparición de miembros del esquema), hemiasomatognosias (pérdida de la conciencia de una mitad del cuerpo), macro- y microsomatognosias (alteraciones de la conciencia del tamaño corporal), se ha visto la necesidad de atender a la integración del "homúnculo" con el funcionamiento de otras áreas cerebrales relacionadas con la emoción, la cognición y la motricidad.[266] Sin embargo, aun si estos estudios parecen compartir algunos ejes con la definición merleaupontyana del esquema corporal no puede considerarse que éste último se reduzca a una localización o una integración de estructuras cerebrales. Merleau-Ponty intenta ahondar en la experiencia del cuerpo tal como es vivido sin basarse en la neurofisiología y hay razones por las que esta apuesta metodológica comporta un valor distintivo y original. En primer lugar, porque una fenomenología del cuerpo vivido siempre precede implícitamente a la

---

[263] *Cf.* José Guimón, "From the Body Schema to the Body Image", en J. Guimón (ed.), *The Body: From Neurology to Sociology*, Basel, Karger, 1997, pp. 5-18.

[264] *Cf.* los estudios de Hécaen y Ajuriaguerra referidos por J. Guimón, *loc. cit.*, p. 6.

[265] Así se afirma desde los estudios de Penfield y Boldrey; *cf.* J. Guimón, *loc. cit.*

[266] *Cf.* J. Guimón, *loc. cit.*; R. Melzack, *loc. cit.* También, como ya indicamos más arriba, Varela *et al.* en *op. cit.* ya observaban que en los esquemas funcionales del cerebro la relación entre las estructuras sensoriales y motrices se señala con una flecha de doble dirección.

investigación de una localización o funcionamiento neurofisiológico: la experiencia del cuerpo propio tal como la describen los pacientes o lo muestra su comportamiento –por ejemplo, tras un accidente que compromete cierta zona cerebral o en un procedimiento experimental– es la que permite asignar tal localización o integración de localizaciones a tal función determinada. En segundo lugar, aun si se determinaran algún día íntegramente las áreas y funcionamientos cerebrales implicados en la percepción del propio cuerpo, ¿se habría así dado cuenta cabalmente de la experiencia corporal, o más bien de la fisiología implicada en ella como su condición de posibilidad? ¿Tendría algún sentido por sí misma la descripción íntegra de la fisiología cerebral desligada de una explicitación previa e independiente de las funciones y la experiencia que pretende explicar? ¿En qué sentido, por ejemplo, la descripción del funcionamiento del sistema límbico explica o da cuenta de la experiencia del temor o de la alegría?

Esta aparente defensa de las virtudes de la descripción fenomenológica por sobre las explicaciones fisiológicas no debe confundirse con la propuesta de retornar a la introspección en el sentido clásico o a la "experiencia subjetiva interna". En la filosofía angloamericana contemporánea con frecuencia se ha utilizado de modo lato el término "fenomenología" como sinónimo de "introspección" –y se han formulado a uno y otro método las mismas objeciones de obtener resultados personales, inverificables o incontrastables–, cuando ni era ese el significado original de la fenomenología para Husserl ni mucho menos el sentido que interesa a Merleau-Ponty. El retorno a la experiencia propuesto por Merleau-Ponty sólo puede proponerse volver la mirada a la "experiencia interna" una vez que se ha reconocido que "no hay hombre interior" (como afirma el Prólogo a la *Fenomenología*) y que sólo se existe como cuerpo y como comportamiento. Así, puede afirmarse que no hay experiencia interna en sentido estricto, puesto que la "experiencia interna" es siempre ya corporal y "externa", abierta a la observación de otros cuerpos y descriptible en un lenguaje compartido. El lenguaje y el pensamiento deben ser considerados desde el proyecto merleaupontyano como modos del comportamiento corporal e intercorporal, y aun las emociones, como reitera en diversas ocasiones Merleau-Ponty en su *Fenomenología*, no son íntimas ni propias sino modos de estar situados en el mundo y en relación con los otros, lo que las hace relativas a un cierto contexto intersubjetivo, cultural e histórico del que son propias. En este sentido, al poner el eje de su descripción en el comportamiento corporal la fenomenología en el sentido merleaupontyano no parece estar demasiado alejada de algún tipo de "conductismo" filosófico. Ya en *La estructura del comportamiento* Merleau-Ponty se refería a las ideas de Watson en los siguientes términos:

> Se decía [i.e., decía el conductismo] que el comportamiento no está localizado en el sistema nervioso central [...], que reside entre el individuo y el ambiente [...]; que, en consecuencia, el estudio del comportamiento puede realizarse sin una palabra de fisiología [...] y que, en fin, trata de un flujo de acción (*stream of activity*) que el ser viviente proyecta a su alrededor [...] y que afecta a los estímulos con un sentimiento característico [...] y los incorpora a su respuesta [...]. Pero lo que hay de sano y de profundo en esta intuición del comportamiento -es decir, la visión del hombre como debate [...] con un mundo físico y con un mundo social- se encontraba comprometido por una filosofía indigente. En reacción contra las tinieblas de la intimidad psicológica, el conductismo, las más de las veces, sólo busca ayuda en una explicación fisiológica o incluso física, sin notar que ella está en contradicción con las definiciones iniciales -[...] esto equivale a colocar de nuevo el comportamiento en el sistema nervioso-. En nuestra opinión [...] Watson consideraba, al hablar de comportamiento, lo que otros han llamado la existencia, y la nueva noción podía recibir su estatuto filosófico si se abandonaba el pensamiento causal o mecánico por el pensamiento dialéctico.[267]

Se observa en este párrafo que las distancias de Merleau-Ponty respecto del conductismo, al menos tal como las concebía en esta etapa, se reducen a los siguientes puntos: a) la recaída del segundo en el fisiologismo (lo cual, por otra parte, también se imputa en *La estructura del comportamiento* a algunos representantes de la *Gestaltpsychologie* como Köhler); b) la reducción de las explicaciones del comportamiento a explicaciones causales o mecánicas, es decir en este caso, a los términos de estímulo y respuesta (en este sentido la psicología gestáltica tiene la ventaja respecto de las psicologías conductistas y reflexológicas de mostrar la integración que es propia del comportamiento, irreductible a la suma o sucesión de procesos parciales). Lo que puede sorprender del texto citado a quienes están habituados a considerar a Merleau-Ponty como fenomenólogo o filósofo existencialista es la poca distancia que en su propia opinión lo separa de Watson, el modo en que rescata el valor de la intuición original del psicólogo a despecho de los desarrollos

---

[267] *EC*, p. 21, n. 3.

y las interpretaciones que, en su visión, la traicionaron. Sin embargo, además de mantenerse a raya del fisiologismo y del mecanicismo, un tercer aspecto en que una descripción fenomenológica de la experiencia en el sentido merleaupontyano se distancia del método conductista es el no conservar el prejuicio contra la introspección una vez que se ha reconocido que no existe una experiencia propiamente interna. La observación personal de la experiencia propia, si el yo sólo existe como cuerpo entre otros cuerpos y toda experiencia es básicamente vivida corporal e intercorporalmente, es por necesidad una observación y una experiencia posible para otros y reconocible por otros, o al menos abierta desde que es comunicada a los mismos modos de validación intersubjetiva que la observación de cualquier conducta. Júzguese, por ejemplo, qué tipo de validación está jugando implícitamente en el discurso merleaupontyano cuando afirma, por ejemplo, que el "silencio [del pensamiento] es un murmullo de discurso, esta vida interior es un lenguaje interior",[268] es decir que en buena medida aunque quizá no enteramente lo que llamamos "pensar" consiste en un ejercicio lingüístico de diálogo con nosotros mismos. Nadie dudaría en afirmar que al menos en alguna medida y en ciertas ocasiones cuando pensamos utilizamos palabras. Si alguien afirmara lo contrario simplemente se le pediría que atendiera a lo que hace cuando piensa, y podría dudarse de su veracidad si afirmara que nunca reconoce palabras en el flujo de su pensamiento. Ahora bien, esta experiencia, por personal que sea, no es incomunicable ni incontrastable sino compartida, reconocible y validable intersubjetivamente. ¿Debería ser dejada de lado por el análisis filosófico por tener su único modo de acceso en la introspección, o más bien debería reconocerse que la introspección nos da acceso a experiencias personales que son a la vez compartidas y que tienen sentido para más de uno, en tanto cada yo es partícipe de una comunidad intercorporal y una cultura? Estas propuestas sólo se verificarían en mayor medida considerando otras dimensiones del pensamiento merleaupontyano que exceden el alcance temático de este trabajo, tales como las relativas a la experiencia intersubjetiva, las implicancias de la redefinición corporal de la subjetividad y la concepción del lenguaje y el pensamiento como dimensiones del comportamiento intercorporal. Sin embargo, al referirnos aquí frecuentemente a la "descripción fenomenológica de la experiencia vivida" en la que se basan fundamentalmente los desarrollos merleaupontyanos era necesario definir el método en operación

---

[268] *FP*, p. 200.

señalando sus múltiples y complejas relaciones de cercanía y distancia respecto de los análisis conductistas e introspectivos. Todo lo expresado acerca de estas relaciones tal como las concebía Merleau-Ponty ya en *La estructura del comportamiento* y luego en su *Fenomenología* se resume muy claramente en un párrafo del "último Merleau-Ponty" contenido en *Lo visible y lo invisible*:

> Se creyó que se volvía a la luz exorcizando la "introspección". Y había que exorcizarla efectivamente: ya que ¿cuándo, dónde y cómo existió jamás una visión de lo interior? Existe –lo cual es muy distinto y conserva todo su valor– una vida junto a sí, un abrirse a sí mismo, pero no se desemboca en un mundo distinto del mundo común, y no supone necesariamente un cerrarse a los demás. La crítica de la introspección aparta muchas veces de este modo irremplazable de acceder a los otros, tal como están implicados en nosotros.[269]

Resta agregar ciertas consideraciones acerca del modo en que Merleau-Ponty pretende dar cuenta *desde* este fenómeno originario del cuerpo vivido tanto de lo fisiológico como de lo psíquico, puesto que no se trata de negar la existencia de estas dimensiones: la alternativa al dualismo propuesta por Merleau-Ponty no significa una especie de reducción a un monismo del cuerpo vivido, sino que este último es visto más bien como el eje o nervadura central del entrelazamiento de las diversas dimensiones de la experiencia. Respecto del aspecto fisiológico afirma Merleau-Ponty en su *Fenomenología* que "desde nuestro punto de vista, un circuito sensomotor es, al interior de nuestro ser-del-mundo global, una corriente de existencia relativamente autónoma",[270] y en este sentido puede comprenderse la afirmación de *La estructura del comportamiento* de que hay una "verdad del dualismo".[271] Aparentemente Descartes tenía entonces, a fin de cuentas, alguna razón para afirmar que "yo no soy mi cuerpo": "la conciencia descubre [...] en particular durante la enfermedad, una resistencia del cuerpo propio. Puesto que una herida en los ojos basta para suprimir la visión, es que vemos entonces a través del cuerpo. Puesto que una enfermedad basta para modificar el mundo fenoménico, es entonces que el cuerpo hace pantalla entre nosotros y las cosas".[272] Es decir: el cuerpo parece en

---

[269] *VyI*, pp. 36, 37.
[270] *FP*, p. 105.
[271] *EC*, p. 290.
[272] *EC*, p. 264.

algunos casos interponerse como una cosa más entre mi conciencia perceptiva y las cosas. En estos casos, tal parece que

> nos vemos obligados a renunciar a la imagen que la experiencia directa nos da de él. El cuerpo fenoménico con las determinaciones humanas que permitían a la conciencia no distinguirse de él, va a pasar a la condición de apariencia; el "cuerpo real" será aquel que la anatomía o más generalmente los métodos de análisis aislante nos hacen conocer: un conjunto de órganos del que no tenemos ninguna noción en la experiencia inmediata y que interponen entre las cosas y nosotros sus mecanismos, sus poderes desconocidos.[273]

En la misma dirección, unas páginas más adelante en *La estructura del comportamiento* Merleau-Ponty afirma que "nuestro cuerpo no siempre tiene sentido, y por otra parte, nuestros pensamientos, en la timidez, por ejemplo, no siempre encuentran en él la plenitud de su expresión vital. En estos casos de desintegración, el alma y el cuerpo son aparentemente distintos, y ésta es la verdad del dualismo".[274] La referencia a la experiencia de la timidez proviene del análisis sartreano del cuerpo. En *El ser y la nada* (1943) Sartre observaba que el tímido "tiene una conciencia viva y constante de su cuerpo tal como éste es, no para él mismo, sino para los demás".[275] Se siente incómodo y molesto "en" su cuerpo, su cuerpo "se le escapa", no puede dominarlo ni darle la actitud que sería "conveniente". El tímido es conciente de que su cuerpo es una expresión de sí mismo, de sus intenciones, pensamientos y sentimientos, y una expresión que no puede suprimir en ningún momento sino que lo acompaña constantemente, lo expone y lo expresa de maneras que no le es posible controlar por entero. En este sentido, el tímido es sólo demasiado conciente de una situación que es común a todo ser humano en cuanto sólo existe "expresado" como cuerpo. Yo, en este sentido, no soy mi cuerpo, el cual es un objeto expuesto a las miradas de los otros como cualquier otro objeto y que además me incomoda emitiendo señales que no controlo. Ahora bien, este cuerpo que "no soy yo" aunque no puedo despegar de mí, este cuerpo

---

[273] *Idem.*
[274] *EC*, p. 290.
[275] J.-P. Sartre, *L'être et le néant*, París, Gallimard, 1963, p. 421. *Cf.* a este respecto la clara exposición del análisis sartreano realizada por Claude Bernard, y la crítica que desarrolla del mismo desde una perspectiva merleaupontyana en su obra *El cuerpo. Un fenómeno ambivalente*, Barcelona, Paidós, 1994, pp. 158 ss.

"objetivado" o "alienado" –otro o extraño a mí– por la mirada de los otros no constituye una expresión contingente de una subjetividad que podría existir separada de su "expresión". En este sentido, la relación de "expresión" no remite a una cosa de existencia independiente que expresa otra de igual estatuto, sino más bien una relación de "realización" –de tener su realidad o de darse existencia– una en la otra:

> El alma, si no dispone de ningún medio de expresión –habría que decir más bien: de ningún medio de realizarse– deja pronto de ser aquello que sea, deja en particular de ser el alma [...]; el cuerpo que pierde su sentido [es decir, su ser "expresión" o "realización" de una subjetividad] deja pronto de ser cuerpo viviente para recaer en la condición de masa físico-química, sólo llega al sin-sentido al morir. Los dos términos nunca pueden distinguirse absolutamente sin dejar de ser; su conexión empírica está fundada, pues, sobre la operación que instala un sentido en un fragmento de materia, y en ella lo hace habitar, aparecer, ser. Al volver a esta estructura como a la realidad fundamental, hacemos comprender a la vez la distinción y la unión del alma y el cuerpo.[276]

La estructura psicofísica –ni meramente fisiológica ni meramente psicológica– que es el cuerpo vivido como comportamiento perceptivo y expresivo puede desintegrarse en sus dimensiones componentes tanto en situaciones de la experiencia vivida descriptibles fenomenológicamente –la enfermedad o la timidez– como por medio de un análisis y una abstracción. Por eso el dualismo cartesiano no es un mero error –que en todo caso habría resultado ser bastante exitoso y productivo– en la historia de la filosofía, sino también una descripción de una posibilidad, si bien no la más corriente, de la experiencia corporal. Esto no quita que el fenómeno originario del cual tenemos experiencia cotidiana es la estructura primeramente mentada, en la cual los elementos son indistinguibles. Por eso la "dualidad [...] está en principio fundada, al suponer toda integración el funcionamiento normal de las formaciones subordinadas [...]. Pero no es una dualidad de sustancias, o en otros términos las nociones del alma y el cuerpo deben ser relativizadas".[277]

En el segundo capítulo de la primera parte de su *Fenomenología* Merleau-Ponty enumera diversas razones que claramente impiden reducir el cuerpo propio a una caracterización objetiva, razones que hacen que el cuerpo sea más que una cosa entre las cosas e incluso sea

---

[276] *EC*, p. 291.
[277] Idem.

más que meramente una cosa con características peculiares. Estos rasgos ponen en evidencia su carácter subjetivo tornándolo un "cuerpo-sujeto" y haciendo que la subjetividad deba ser redefinida como esencialmente corporal. En primer lugar, cualquier objeto se muestra en una diversidad de perspectivas y puede alejarse o ser alejado hasta desaparecer de mi campo de percepción.[278] Esto no sucede con mi cuerpo, el cual "nunca está verdaderamente delante de mí" sino "de este lado de mí, más acá de toda visión". A diferencia de todo objeto percibido, hay una permanencia absoluta del cuerpo en el campo perceptivo que determina a la vez una limitación absoluta de la posibilidad de variar de perspectiva respecto suyo: "en la medida que es lo que ve y lo que toca, no es ni tangible ni visible".[279] Ahora bien, el cuerpo puede también verse y tocarse parcialmente a sí mismo, y si bien cuando una mano toca a la otra "nunca ambas manos son al mismo tiempo [...] tocadas y tocantes", no sólo pueden alternar su función sino que la mano tocada se reconoce como la misma que seguidamente es tocante: "el cuerpo [...] trata de tocarse tocando, bosqueja 'una especie de reflexión', y esto bastaría para distinguirlo de los objetos".[280] En tercer lugar, en la experiencia del dolor mi pie, por ejemplo, no aparece como una causa objetiva del dolor (como el clavo), el último de una serie de objetos exteriores que causarían el dolor como representación interna: mi pie mismo siente el dolor y es el "sujeto" de la sensación. Aun si puede ser visto desde fuera como cualquier objeto, mi pie es también por sí mismo un "espacio doloroso" y sentiente.[281] En cuarto

---

[278] Este último caso de la desaparición puede afirmarse a excepción del suelo y el cielo, lo cual ya permite introducir alguna duda acerca de su estatuto de "objetos" percibidos: se trata en estos casos de la cuestión del mundo natural a abordar ulteriormente.

[279] *FP*, p. 110

[280] *FP*, p. 111.

[281] En este punto se observa agudamente el contraste con el dualismo cartesiano que juzga que el dolor es un evento mental respecto del cual el cuerpo sólo interviene como causa exterior. Para Descartes el cuerpo no puede ser sujeto sentiente: "el dolor, color y análogos se perciben clara y distintamente cuando se miran como sensaciones o pensamientos. Pero cuando se juzgan ser cosas que existen fuera de nuestra mente de ningún modo puede comprenderse qué cosas sean" (R. Descartes, *Los principios de la filosofía*, Buenos Aires, Losada, 1997, Parte I, LXVIII, p. 34). Por ello el dolor es considerado por Descartes como una percepción clara pero no distinta, en la medida en que se lo localiza erróneamente "en la parte doliente" (*Ibid.*, Parte I, XLVI, p. 22).

lugar, la experiencia del movimiento de cualquier objeto difiere de la experiencia motriz de mi cuerpo: no necesito ir hacia mi cuerpo como voy hacia un objeto para posteriormente desplazarlo, no lo conduzco desde un punto a otro del espacio sino que yo mismo como cuerpo me dirijo hacia el objetivo: la relación entre mi intención motriz que anticipa el objetivo y mi movimiento es directa e inmediata.[282]

El cuerpo, entonces, lejos de ser meramente una parte del mundo objetivo en que una conciencia separada encuentra su expresión, tiene en la experiencia ordinaria un carácter subjetivo; él es yo mismo a la vez que parte del mundo, o a la inversa, yo soy mi cuerpo y por ello soy también un yo mundano, "soy-del-mundo" o soy mundo: "soy mi cuerpo [...] y recíprocamente, mi cuerpo es como un sujeto natural" –concluye Merleau-Ponty–.[283] La postulación de un cuerpo-sujeto o una conciencia esencialmente encarnada que es por ello "del mundo" acarrea consecuencias filosóficas cruciales que aquí sólo podremos rozar: en tanto soy cuerpo y mundo, "yo no soy yo" o "no estoy en mí", y el yo pierde la autotransparencia y la autonomía que tradicionalmente se le han atribuido y usualmente consideramos propias. Volviendo al punto que nos ocupa, ya se observó que Merleau-Ponty propone como punto de partida de su análisis de la experiencia perceptiva y de su ontología el particular entrelazamiento entre el yo y el mundo, el sujeto y el objeto, que se comprueba en la experiencia corporal. Yo, si bien pienso, no soy primeramente una conciencia de ideas y representaciones ligada contingentemente a un objeto del mundo que llamo mi cuerpo. Mi cuerpo, si bien puede ser observado en sus partes y su funcionamiento como un objeto no es nunca para mí meramente un objeto. Descartes reconocía esta fenomenología obvia del cuerpo vivido que comprueba a cada instante su inseparabilidad respecto del yo, por ejemplo, en la sexta de sus *Meditaciones metafísicas* (1641) así como en sus cartas a la princesa Elizabeth (1643). Pero basaba su ontología dualista en las "razones" que se oponían a esta fenomenología. Merleau-Ponty afirma en este sentido que Descartes "distingue el cuerpo tal como lo concibe la práctica de la vida del cuerpo tal como el entendimiento lo concibe. Pero en Descartes este saber singular que tenemos de nuestro cuerpo, por el solo hecho de que somos un cuerpo, queda subordinado al conocimiento a través de las ideas".[284] En sentido inverso, Merleau-Ponty pretende desarrollar su ontología manteniéndose fiel al dato

---

[282] *FP*, pp. 111, 112.
[283] *FP*, p. 215.
[284] *Idem*.

fenomenológico de la experiencia vivida según la cual "yo soy mi cuerpo", y desde allí dar cuenta de la particular experiencia de mi cuerpo como objeto o como organismo –como una experiencia particular de desagregación del fenómeno del cuerpo vivido en que los circuitos sensoriales, cerebrales, etc. se integran en la unidad estructural de un comportamiento significativo–, así como de la particular experiencia del pensamiento –como una posibilidad vivida por un yo-cuerpo o un tipo peculiar de comportamiento corporal–. Desde el punto de vista de la experiencia vivida no somos conciencias pensantes que además se relacionan con un cuerpo sino sujetos corporales que piensan, y tampoco somos procesos orgánicos a los que se superpone exteriormente un comportamiento, sino comportamientos que implican e integran procesos orgánicos. Y si bien es verdad que, como observaba Merleau-Ponty, estos procesos se nos presentan como extraños y autónomos en la enfermedad, cuando el cuerpo parece seguir sus propios rumbos ajenos a nuestra conciencia y voluntad, no es menos cierto que el sufrimiento esencialmente ligado a la enfermedad consiste precisamente en la imposibilidad de separarnos de estos procesos que no controlamos, situación que describió con agudeza Emmanuel Lévinas:

> Se dirá que el análisis revela, en el dolor, la oposición del espíritu a este dolor, una revuelta, un rechazo de permanecer allí y por consiguiente una tentativa de sobrepasarlo. ¿Pero esta tentativa no está caracterizada ya como desesperada? ¿Y no es esta misma desesperación la que constituye el fondo mismo del dolor? Al costado de la interpretación dada por el pensamiento occidental a estos hechos que denomina brutos y groseros y que sabe reducir, puede subsistir el sentimiento de su originalidad irreductible [...]. Hay en el dolor físico una posición absoluta. El cuerpo no es solamente un accidente desafortunado o feliz que nos pone en relación con el mundo implacable de la materia –*su adherencia al yo vale por sí misma*–. Es una adherencia a la cual no se escapa y que ninguna metáfora sabría hacer confundir con la presencia de un objeto exterior. [...] Este sentimiento de identidad entre el yo y el cuerpo [...] no permitirá nunca a quienes [en el sufrimiento] quieran desligarse de él reencontrar en el fondo de esta unidad la dualidad de un espíritu libre debatiéndose contra el cuerpo al que estaría encadenado. Para ellos, es, por el contrario, en este encadenamiento del cuerpo que consiste toda la esencia del espíritu.[285]

---

[285] Emmanuel Lévinas, *Quelques réflexions sur la philosophie de l'hitlérisme*, París, Payot & Rivages, 1997, pp. 17,18. No corresponde aquí

II.4. El pragmatismo merleaupontyano en contraste con las teorías intelectualistas y fisiologistas de la percepción.

Las definiciones del sujeto percipiente como esquema corporal y del objeto percibido como fórmula motriz nos permiten ya medir la distancia que separa la concepción merleaupontyana de otras teorías – intelectualistas, fisiologistas, empiristas– de la percepción. En primer lugar, las diferencias de la teoría merleaupontyana de la percepción respecto de una teoría intelectualista se hacen ver claramente en formulaciones como la siguiente: "La experiencia motriz de nuestro cuerpo [...] nos proporciona una manera de acceder al mundo y al objeto, una practognosia que debe reconocerse como original y quizá como originaria. Mi cuerpo tiene su mundo o comprende su mundo *sin tener que pasar por unas representaciones y sin subordinarse a una función simbólica y objetivante*".[286] Pueden citarse muchas otras afirmaciones igualmente taxativas: "No puedo asimilar la percepción a las síntesis que pertenecen al orden del juicio, de los actos o de la predicación".[287] Para Merleau-Ponty no es necesario suponer una mente en funcionamiento y dotada de representaciones por detrás del comportamiento corporal extremadamente complejo y los reconocimientos perceptivos implicados que desarrollamos al caminar desde la cama hasta la cocina o aun en un entorno desconocido: los hábitos motrices que hemos adquirido y que permanecen siempre latentes en nuestro cuerpo lo dotan de un saber implícito o preconciente que proyecta en torno suyo un ámbito de comportamientos o recorridos posibles. El reconocimiento de objetos y lugares percibidos no consiste en un instantáneo proceso mental, un "juicio tácito del entendimiento"

---

evaluar la peculiar interpretación de Lévinas que lo lleva a concluir en este temprano ensayo que la esencia de la filosofía del hitlerismo se ligaría a la afirmación de la identidad del yo y el cuerpo. Sin embargo, puede observarse que la confusión que conduce a tal desafortunada visión se introduce al reducir *en este ensayo* la fenomenología del cuerpo vivido a la del dolor (lo cual supone en su caso una caracterización de la encarnación como opuesta a la libertad), haciendo caso omiso de la experiencia del cuerpo como apertura a posibilidades de comportamiento, y también al deslizar equívocamente y sin solución de continuidad su análisis desde la fenomenología del cuerpo vivido hacia la caracterización biológica del cuerpo.

[286]   *PP*, p. 164. El subrayado es nuestro.
[287]   *FP*, p. 10.

(Descartes) ni necesita de conceptos o categorías (Kant) ni de representaciones lingüísticas que den forma y sentido a un flujo informe de datos físicos recogidos y "pre-configurados" por nuestra fisiología sensorial, nerviosa y cerebral.

En primer lugar, en relación con la intervención del lenguaje en la percepción hay que notar que no todos los seres percipientes –entre ellos, niños muy pequeños y animales, por más diferentes que sean sus percepciones de las nuestras– están dotados de un lenguaje que contenga términos para catalogar y así reconocer todo aquello que perciben, incluidas aquellas cosas entre las que se mueven con más familiaridad. Por otro lado, tampoco los seres humanos adultos hablantes lo tenemos: puede resultarnos difícil describir lingüísticamente nuestra percepción de cierta música dotada de cierto ritmo, aunque es claro que tenemos una percepción lo suficientemente distinta de ella como para no confundirla con otra bastante similar y puede sernos más fácil expresar su sentido mediante los distintos movimientos corporales que cada una nos propone en el baile. Por tomar otro ejemplo, en la vida cotidiana nos movemos en entornos pragmáticamente significativos, caminamos, nos sentamos, manejamos vehículos o utilizamos útiles incluso mientras hablamos o pensamos en cualquier otra cosa desligada de la situación efectiva. No solamente nuestro cuerpo tiene un saber tácito operativo del significado vivido del entorno percibido y los útiles manejados (las tareas a que se prestan) sino que el intento de describir lingüísticamente las "categorías" que organizan nuestras prácticas necesita muchas veces de un notable esfuerzo en el que nos veríamos obligados a usar muchas palabras, a metaforizar o a forzar los significados lingüísticos para definir lo que es un único significado vivido. Si voy caminando por el parque, conversando con alguien y buscando un lugar donde sentarnos, mi visión realiza simultáneamente un rastrillaje del entorno que recorta la "categoría" funcional u operativa de "cosas o sectores que sirven de asiento" sin que haya una única palabra que designe este mismo significado vivido –este aspecto del mundo acorde a una posibilidad motriz única– que reúne al césped suficientemente crecido y seco, una piedra de un tamaño específico, un banco, el borde de un tobogán, etc. La experiencia vivida, contrariamente a quienes intentan exagerar la importancia del lenguaje, no está íntegramente estructurada lingüísticamente y no necesariamente es congruente con las categorías lingüísticas propias de la comunidad de que se trate, como observa Rudolph Arnheim:

> En Polinesia y en China, una rígida división de los sexos regula todos los aspectos de la vida social, tales como la asignación de las clases de trabajo o la posesión de bienes; no obstante, las lenguas de esas culturas no tienen distinción de género. Habiéndome criado yo mismo con una lengua que distingue tres géneros, no encuentro el menor indicio de que el mundo que veía a mi alrededor estuviera penetrado de una triple sexualidad correspondiente. Una mesa no resultaba más masculina que un reloj femenino [en alemán se dice *der Tisch*-"el mesa"/ *die Uhr*-"la reloj"]; tampoco era neutra la doncella porque *Mädchen* lo fuera. Y al mudarme a un país de idioma inglés no observé cambio alguno en este respecto, ni en mí mismo ni en los demás.[288]

Más precisamente respecto de la percepción, algunos casos de afasia muestran netamente que el lenguaje no está necesariamente implicado en el reconocimiento de objetos percibidos. En sujetos cuyos dos hemisferios cerebrales han sido separados por sección quirúrgica del *corpus callosum*, el ojo derecho y la mano derecha sólo comunican información al hemisferio izquierdo y recíprocamente. Recordemos que desde Broca se ha asociado la función lingüística al lado izquierdo del cerebro (en Broca, particularmente a la tercera circunvolución frontal izquierda). Ahora bien, en estos sujetos un objeto visto por el ojo izquierdo o palpado por la mano izquierda es reconocido sin que el sujeto pueda nombrarlo. También en ciertos tests consistentes en emparejar la forma tridimensional de un objeto sostenido en una de las dos manos al desarrollo plano de esta forma representado en una pantalla, el hemisferio derecho (afásico) se mostró muy superior al hemisferio "dominante" (izquierdo) –el propio de la función lingüística– y más rápido en la discriminación.[289] Al parecer, sólo en casos excepcionales o patológicos el lenguaje y/o algún tipo de razonamiento o proceso intelectual necesitan intervenir para dar sentido a lo percibido. Merleau-Ponty se refiere en este sentido al "caso Schneider", un paciente que ha sufrido una lesión cerebral por un disparo en la cabeza y manifiesta perturbaciones muy diversas. Entre ellas se encuentra una especialmente pertinente en este caso: el peculiar modo en que Schneider percibe cualquier objeto se ajusta al "análisis clásico de la

---

[288] R. Arnheim, *El pensamiento visual*, Buenos Aires, Eudeba, 1973, pp. 239, 240.
[289] Jacques Monod, *El azar y la necesidad. Ensayo sobre la filosofía natural de la biología moderna*, Barcelona, Barral Editores, 1971, pp. 169, 170.

percepción" donde se distinguen "unos datos sensibles y la significación que éstos reciben de un acto del entendimiento" o de una categoría lingüística.[290]

> Si se presenta al enfermo una estilográfica [...] las fases de reconocimiento son las siguientes: "Es algo negro, azul, claro –dice el enfermo–. Tiene una mancha blanca, es algo alargada. [...] Brilla. Da reflejos. También puede ser un cristal de colores". Llegados ahí se le acerca la estilográfica y se vuelve el broche hacia el enfermo. Continúa él: "Esto debe ser un lápiz o un portaplumas. [...] Esto se pone ahí, para anotar algo". Resulta visible que la lengua interviene en cada fase del reconocimiento proporcionando significaciones posibles para aquello que efectivamente se ve, y que el reconocimiento progresa siguiendo las conexiones del lenguaje [...]. Los datos sensibles se limitan a sugerir esas significaciones como un hecho sugiere al físico una hipótesis; el enfermo, como el científico, verifica mediatamente y precisa la hipótesis mediante el recorte clasificador de los hechos, camina ciegamente hacia aquella que a todos los coordina. Este procedimiento pone en evidencia, por contraste, el método espontáneo de la percepción. [...] En el normal el objeto es "elocuente" y significativo, la disposición de los colores "quiere decir" ya algo, mientras que en el enfermo la significación tiene que ser traída de otra parte por medio de un verdadero acto de interpretación.[291]

La percepción entendida al modo clásico, como un acto intelectual (la aplicación de una categoría o un juicio) que da forma a una multiplicidad sensible caótica es algo que dista mucho de la percepción usual, la cual es espontánea (inmediata) y en la cual no pueden distinguirse un material sensible sin sentido y un posterior acto donador de sentido. Desde esta perspectiva quizá podría considerarse que una teoría cartesiana o una teoría kantiana de la percepción dan mejor cuenta de patologías perceptivas que de la experiencia común.

Si bien nuestro conocimiento intelectual del mundo, nuestros conceptos acerca de él y las inferencias que podemos hacer en base a lo percibido pueden desempeñar en alguna circunstancia cierto rol en la percepción es claro que en condiciones usuales sólo lo hacen *a posteriori* y a veces sin demasiado éxito, como lo demuestran las ilusiones de los sentidos. Como afirma Irvin Rock, "la corrección de nuestras percepciones rara vez se ve afectada por nuestro conocimiento

---

[290] *FP*, p. 147.
[291] *FP*, p. 148.

del mundo. [...] Las ilusiones ópticas no desaparecen en cuanto nos percatamos de su carácter ilusorio. Aunque sepamos y entendamos que la luna permanece estacionaria mientras la miramos, sigue antojándosenos que se mueve cuando pasa ante ella una nube".[292] Del mismo modo, en ciertas figuras con líneas rectas verticales atravesadas por una serie de rectas oblicuas, no dejamos de ver las líneas verticales como inclinadas o curvas incluso después de habernos convencido de que son rectas por ejemplo mediante el uso de una regla.[293]

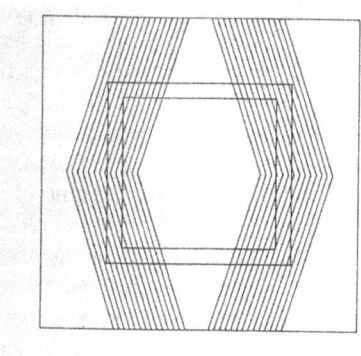

Habiendo introducido algunos reparos respecto de la intervención del lenguaje y de procesos mentales concientes en la percepción, queda por considerar al menos otra opción: consistiría en suponer, por ejemplo en las percepciones demostradas por niños, afásicos y animales, la operación *no conciente* de conceptos y categorías *no lingüísticos*, y de modos de inteligencia no lingüísticos. Desde una perspectiva filosófica merleaupontyana reviste interés y puede darse crédito a esta hipótesis de un pensamiento no lingüístico. Sin embargo, suponer como necesariamente operantes procesos mentales en estos casos de percepción parece ser una duplicación innecesaria de las hipótesis explicativas: ¿por qué el concepto de "árbol" sería un ítem mental no lingüístico inserto en el proceso perceptivo si podría ser meramente un patrón pragmático como sugiere Merleau-Ponty, un "saber qué hacer con él" que no reside en un ámbito trascendente (mental) al comportamiento corporal mismo que nos propone de acuerdo a nuestras habitualidades motrices? Es posible que ciertos comportamientos

---

[292]   I. Rock, *op. cit.*, p. 4.
[293]   Fuente de la imagen reproducida: I. Rock, *La percepción*, Barcelona, Prensa Científica/Ed. Labor, 1985.

sugieran algún tipo de inteligencia, razonamiento o deducción en el agente pero suponer como hacía Descartes, por ejemplo, que la percepción de la distancia a la que se encuentra un objeto resulta de un proceso mental similar a un razonamiento geométrico mediante el cual inferimos la ubicación del vértice del triángulo formado por el objeto y nuestros dos ojos a partir de los datos proporcionados por la distancia entre nuestros ojos y los ángulos formados por la orientación de los globos oculares –todo esto en un instantáneo y tácito "juicio del entendimiento"–, es atribuir demasiado a la variedad de seres que demuestran percibir un mismo objeto a distintas distancias, e inclusive a cualquiera de nosotros mismos. Como dice Merleau-Ponty en sus cursos de psicología, "nosotros *vemos* el objeto a distancia, no lo *juzgamos* a distancia".[294] Siendo el fenómeno de constancia (tanto del tamaño de un objeto a diferentes distancias como del mismo color en diferentes iluminaciones de entorno) un "fenómeno precoz" –la constancia del tamaño es semejante en un niño de once meses y en el adulto, y el niño identifica desde las primeras semanas de vida conjuntos coloreados– no es posible pensar en el orden perceptivo como un orden intelectual, lo cual lo supondría más tardío.[295] Nuestra percepción de la profundidad no puede consistir, como afirmaría una interpretación clásica, en un "trabajo de análisis que hace que a cada momento atribuyamos a cierta iluminación una cierta cantidad de color y otra cantidad al objeto iluminado reencontrando así el color 'verdadero' del objeto a través de las variaciones de iluminación".[296] Mediante esta explicación basada en juicios o procesos mentales implícitos nos exponemos a un exceso "explicativo" –una multiplicación o complejización innecesaria de las hipótesis– y a un exceso "descriptivo": no sólo no tenemos sino que no podríamos tener conciencia de operar con conceptos y razonamientos al percibir; cuanto más, sólo podríamos suponer la necesidad de que estén operando en un nivel siempre extra-fenomenológico. Sí en cambio podemos, en la hipótesis merleaupontyana, tener conciencia y observar los comportamientos que nos propone el mundo percibido a pesar de que no sean todos ellos concientes ni observables todo el tiempo sino que permanezcan latentes como disposiciones que vemos alternativamente realizarse. Para Merleau-Ponty no hay un cálculo o una actividad intelectual interpuesta en la visión de cualquier objeto sino que se trata en todo caso de un conocimiento pragmático, y la

---

[294]   *MPS*, p. 190.
[295]   *Idem*.
[296]   *MPS*, p. 189.

conciencia que percibe no es distinta de nuestro cuerpo en tanto sabe moverse:

> No es el objeto el que obtiene de mis ojos los movimientos de acomodación y convergencia: se ha podido demostrar que, por el contrario, yo jamás vería nada netamente, y no habría objeto para mí, si no dispusiese mis ojos de manera de hacer posible la visión del único objeto. Y aquí no es el espíritu el que releva al cuerpo y anticipa lo que vamos a ver. No, son mis miradas mismas, su sinergia, su exploración, su prospección, las que enfocan el objeto inminente, y jamás nuestras correcciones serían bastante rápidas y precisas si debieran fundarse en un verdadero cálculo de efectos. [...] El espíritu del mundo somos nosotros, desde que sabemos movernos, desde que sabemos mirar.[297]

De hecho la explicación intelectualista podría no sólo constituir un exceso sino también mostrarse deficitaria a la hora de dar cuenta de la percepción, al menos si se concibe al intelecto, al modo clásico y aún vigente en muchas teorías cognitivistas contemporáneas, como procesando mediante reglas o categorías un flujo de determinada información proveniente del mundo físico y su elaboración sensorial y neurológica. Teorías intelectualistas de la percepción como las de Descartes o Kant comparten este modelo en la medida en que suponen que aun si no somos ni podríamos ser concientes de operar con juicios, categorías o reglas al percibir, éstos son explicitables como modos de procedimiento esquemática o formalmente definidos. Como ha mostrado Hubert Dreyfus, la tecnología informática, siguiendo el modelo propio del proyecto de inteligencia artificial que concibe a la mente como un procesador de información, ha mostrado sus mayores logros en la simulación de las así llamadas funciones racionales superiores, aquellas que se suponían únicamente humanas. Las computadoras "pueden tratar brillantemente con lenguajes ideales y relaciones lógicas abstractas. Es en cambio el tipo de inteligencia que compartimos con los animales [aquella operante en la percepción], tal como el reconocimiento de patrones [*patterns*] [...] el que ha resistido a la simulación informática".[298] Según arguye Dreyfus este fracaso se debe a que "el tipo no-formalizable de 'procesamiento de información' en juego [por ejemplo, en la percepción] sólo es posible para seres

---

[297] M. Merleau-Ponty, *El lenguaje indirecto y las voces del silencio*, tr. A. Letellier, Buenos Aires, Nueva Visión, 1970, pp. 97, 98.
[298] H. Dreyfus, *What Computers Still Can't Do. A Critique of Artificial Reason*, Cambridge/London, The MIT Press, 1993, p. 237.

corporales".[299] La percepción de cualquier objeto es la percepción de un *pattern* o *Gestalt* que integra o articula diversos elementos, aspectos o apariciones posibles: al percibir la mesa, aunque vea de ella sólo el aspecto frontal percibo instantáneamente su color, su textura, la percibo como teniendo una parte posterior. La mesa es la estructura que relaciona todas estas apariciones actuales y posibles, accesibles a otras visiones e incluso a otras modalidades sensoriales. Ahora bien, el problema para una teoría intelectualista de la percepción es que esta estructura percibida no es una idea, una regla ni una categoría rígida que pueda explicitar o formular, ni tampoco los elementos que la conforman son separables de la estructura que los interrelaciona. Comencemos por la segunda parte de esta afirmación: el reconocimiento humano de patrones procede de alguna manera "que difiere del buscar a lo largo de una lista de elementos o rasgos. [...] Nuestro reconocimiento de objetos espaciales o temporales no parece operar revisando una lista de características aislables, neutras y específicas". Por ejemplo, al reconocer una melodía, "las notas adquieren sus valores por su ser percibidas como parte de la melodía, y no es la melodía reconocida en términos de notas independientemente identificadas".[300] El reconocimiento del lenguaje hablado parece dar cuenta del mismo fenómeno del carácter inmediatamente global u holístico de lo experimentado. Los programas informáticos diseñados para escribir un dictado oral deben analizar los sonidos para formar palabras y oraciones, pero se topan con el hecho de que "la misma constelación de ondas sonoras es oída como fonemas diferentes dependiendo del sentido anticipado" por el oyente.[301] El fonema tal como lo oye un hablante adulto o el dato sensorial en la percepción parecen obtenerse sólo por un análisis posterior a partir de la estructura *primeramente* percibida, la cual lo determina como elemento: "lo que cuenta como parte es definido en términos del todo".[302] Ahora bien, estas estructuras percibidas no son enteramente explicitables o conceptualizables por lo mismo que sus elementos no lo son, sino que son en parte indeterminadas: no es posible determinar o explicitar todos los aspectos posibles apresentados que se entrelazan en la percepción actual de una mesa como mesa –su "horizonte interno", en términos de Husserl– más todas las relaciones que mantiene con su "horizonte externo" y que también son apercibidas

---

[299] *Idem.*
[300] *Ibid.*, p. 238.
[301] *Idem.*
[302] *Ibid.*, p. 244.

con ella (el trasfondo más o menos vago o indiferenciado sobre el que se destaca su figura, el cual sólo puede ser caracterizado como "aquello que no es figura", el piso en el que se apoya, etc.). En la percepción opera una "información de trasfondo" (*background information*) implícita y nunca explicitable por entero que una computadora o una mente concebida como procesando cierta información determinada no puede considerar: la información es explícita o no cuenta como información.

Ahora bien, la estructura percibida tampoco puede ser concebida como una regla o programa independiente de los elementos: ella no es nada más que la articulación u organización inmanente a los elementos e inseparable de ellos. ¿Dónde buscar esta manera de percibir patrones sin reglas explícitas y sin elementos aislables? La respuesta, para Dreyfus, se hallaría en Merleau-Ponty: el cuerpo, por ejemplo al seguir un ritmo, muestra de qué manera se responde a un patrón (sonoro, en este caso) "sin tener una regla en la mente que pueda formularse o separarse de la actividad misma de seguir los pulsos".[303] Se trata del mismo proceso implicado en el ejercicio de una habilidad corporal y en la percepción misma:

> Generalmente, al adquirir una habilidad [*skill*] -al aprender a conducir, bailar o pronunciar en un idioma extranjero, por ejemplo- primero debemos lentamente y concientemente seguir las reglas. Pero luego llega un momento cuando finalmente la podemos ejecutar automáticamente. En este punto no parecemos haber simplemente puesto estas mismas reglas rígidas en la inconciencia [como si siguieran operando "desde las sombras"]; más bien parecemos haber captado la gestalt muscular que le da a nuestro comportamiento una nueva flexibilidad y suavidad. Lo mismo se aplica a la adquisición de la habilidad de percibir. Para tomar uno de los ejemplos preferidos por Merleau-Ponty: para aprender a sentir la seda, se debe aprender a mover o estar preparado para mover la mano de un modo determinado y tener ciertas expectativas. [...] Estas habilidades corporales nos permiten no sólo reconocer objetos en una única modalidad sensorial, sino que por virtud de la equivalencia sentida de nuestras habilidades exploratorias podemos ver y tocar el mismo objeto. [...] Así puedo reconocer la resistencia de una superficie áspera con mis manos, mis pies, o incluso con mi mirada. Mi cuerpo es así lo que Merleau-Ponty llama un "sistema sinérgico", "un sistema instantáneo de equivalencias y transposiciones entre los sentidos".[304]

---

[303] *Ibid.*, p. 248.
[304] *Ibid.*, pp. 248, 249.

Maurice Merleau-Ponty. Filosofía, corporalidad y percepción

En los hábitos o *skills* corporales encontramos el modo en que un patrón es captado sin seguir reglas explícitas –ni tampoco siempre explicitables– ni revisar una lista de datos, y es en este tipo de "saber del cuerpo" que habría que buscar el tipo de reconocimiento que opera en la percepción. El párrafo de Dreyfus recién citado tiene el inconveniente de sugerir que todo hábito o habilidad motriz se adquiere primeramente siguiendo una regla explícita que después es dejada de lado. Sin embargo, éste no es el caso de la adquisición de muchas habilidades y especialmente de aquellas implicadas en la percepción. Si bien el manejo de un vehículo, por ejemplo, puede necesitar ser acompañado de indicaciones explícitas, las cuales sirven más bien para dar ocasión al cuerpo de adquirir su saber pragmático (el cual siempre difiere y es más complejo que las reglas conocidas y expresadas), muchas habilidades, como por ejemplo la de atar nudos, no son aprendidas de ese modo: difícilmente un marinero pueda explicitar el procedimiento para atar un nudo complejo que no tiene ninguna dificultad en hacer con sus manos. La adquisición de habilidades perceptivas es seguramente más cercana a este último tipo de ejemplos en tanto, de modo semejante al aprender a caminar o a sentarse en una silla, consiste en un aprendizaje del cuerpo y con el cuerpo mismo que no remite ni siquiera inicialmente al seguimiento de una regla explícita y formulable.

Han sido consideradas hasta aquí las dificultades –los posibles excesos y defectos– del marco compartido por teorías de la percepción que a grandes rasgos pueden denominarse "intelectualistas". En dirección alternativa hacia un "minimalismo" explicativo, descriptivo y aun ontológico podría pensarse que la percepción se identifica con meros procesos anátomo-fisiológicos. Es indudable la participación de procesos sensoriales, nerviosos y cerebrales en toda percepción y sin embargo ya observamos reiteradamente que si la teoría merleaupontyana de la percepción tiene una base "corporal", el cuerpo al que el filósofo se refiere no es en primera instancia el organismo anátomo-fisiológico sino el "cuerpo vivido" o el "esquema motriz". Existen varias razones que inducen a limitar la validez de las explicaciones fisiológicas y neurofisiológicas para dar cuenta de la integridad de lo percibido. En primer lugar, puede recordarse que a pesar de los asombrosos avances de las neurociencias aún queda mucho por ser explicado en sus términos: la constancia del tamaño y la forma no puede explicarse por el registro de éstos en el centro cortical del cerebro, que dista tanto de lo percibido como la unidimensional y variable imagen retiniana. Como resume Irvin Rock, los científicos "distan todavía mucho de estar ya identificando los mecanismos nerviosos de la constancia". El cúmulo de conocimientos acerca de cómo trabaja el sistema nervioso visual tampoco ha llegado a explicar "cómo logramos la veridicidad, cómo una misma imagen puede proporcionar ahora una percepción y luego otra diferente, cómo es que el patrón de estimulación se organiza de suerte que percibimos cosas distintas y separadas o por qué una imagen cambiante no origina necesariamente un cambio en la percepción".[305] Pero la distancia de Merleau-Ponty con las explicaciones fisiologistas no se funda meramente en nuestro aún insuficiente conocimiento del funcionamiento del cerebro y del sistema nervioso, sino en razones de principio semejantes a las que aduce Rock cuando afirma que "a fin de cuentas, podemos descubrir los mecanismos nerviosos subyacentes a un hecho mental o de comportamiento, pero este saber sería incompleto si no mediaran niveles explicativos"[306] o, diría más precisamente Merleau-Ponty, *descriptivos*. Un tipo de argumento semejante, que subyace a la consideración crítica de las explicaciones fisiológicas en la *Fenomenología de la percepción*, es expresado claramente por Merleau-Ponty en una de las últimas notas de *Lo visible y lo invisible*. Al referirse a la experiencia perceptiva, la diferencia entre los campos sensoriales (en particular lo visual y lo táctil) y sus relaciones, el filósofo observa que todo podría explicarse como

> el resultado de nuestra organización [fisiológica], [...] la presencia de tales receptores con tales umbrales, etc. No digo lo contrario, lo que digo es que estos hechos no tienen poder explicativo. Expresan de otro modo un relieve ontológico que no pueden borrar incorporándolo al plano único de la causalidad física. [...] La fenomenología es aquí reconocimiento de que el mundo teóricamente completo, lleno, de la explicación física, no lo está, y, por tanto, hay que considerar como último, inexplicable, y por consiguiente, como mundo de por sí, el conjunto de nuestra experiencia del ser sensible y de los hombres.[307]

No se trata, según se afirma aquí, de negar el rol de procesos fisiológicos implicados en la percepción sino de preguntarse acerca su "valor explicativo" respecto de "nuestra experiencia" del mundo percibido, aquella de la que daría cuenta la fenomenología. En otra de

---

[305] I. Rock, *op. cit.*, p. 7.
[306] *Idem*.
[307] *VyI*, p. 308.

estas últimas notas puede leerse: "la explicación científica piensa que no hay nada que decir de la cualidad como fenómeno, que la fenomenología está en el 'límite imposible' (Bresson) (y no obstante, ¿de qué hablamos, incluso en psicología científica, sino de fenómenos?) [...] Los fenómenos son entendidos y utilizados por aquellos que dicen que la fenomenología es imposible".[308] La "explicación" anátomo-fisiológica de la percepción siempre será deudora implícita o explícita de una descripción fenomenológica precedente de la experiencia vivida al menos por dos razones. En primer lugar, es claro que aun si describimos el circuito sensorial, nervioso y neurofisiológico implicado, por ejemplo, en la percepción del color, no llegaremos nunca más allá de la identificación de tales localizaciones y funcionamientos que subyacen a la percepción del color pero nunca al color percibido mismo: "Existe paralelismo entre proceso fisiológico y proceso de conciencia, pero no se trata de un paralelismo de contenido, se trata de un paralelismo funcional", sostiene Merleau-Ponty en uno de sus cursos.[309] La expresión "paralelismo", sin embargo, aún parece sugerir que se tratara de dos órdenes separados y no da cuenta cabal de las relaciones más complejas entre los procesos fisiológicos y la percepción, a las que en seguida volveremos.[310] En segundo lugar, si no mediara previamente un nivel "explicativo", como decía Rock, o "descriptivo-fenomenológico" como precisaría Merleau-Ponty, ni siquiera sabría el fisiólogo qué función específica estaría investigando en el funcionamiento orgánico.

---

[308] *VyI*, p. 303.

[309] *MPS*, p. 225.

[310] Por eso Merleau-Ponty rechaza en última instancia la tesis del paralelismo psicofisiológico: "No puede [...] hablarse más de un paralelismo psicofisiológico: sólo la conciencia desintegrada puede admitir un paralelo con los procesos 'fisiológicos'" (*EC*, p. 283). Por la misma razón —es decir, el supuesto implicado de que cuerpo y alma serían dos cosas separadas aunque de funcionamiento paralelo— continúa rechazando la idea de paralelismo en sus últimas notas (1960): "No hay por qué plantear el problema de las relaciones entre alma y cuerpo como dos sustancias positivas, ni introducir una 'institución de la naturaleza' que obliga a funcionar al alma según los dispositivos del cuerpo y al cuerpo a suministrar pensamientos hechos al alma —ni suponer un paralelismo que es un contrasentido total puesto que supone que alma y cuerpo contienen respectivamente una serie enlazada de fenómenos o ideas rigurosamente continua—. El lazo entre el alma y el cuerpo ya no es paralelismo [...] ni tampoco opacidad absoluta de una institución que une por eficacia [...] dos órdenes, cada uno de los cuales se bastaría a sí mismo. [...] El alma es el hueco del cuerpo, el cuerpo es el henchimiento del alma" (*VyI*, p. 281).

Como afirma Rock: "en ausencia de todo conocimiento del proceso perceptual, no tendríamos idea alguna de qué buscar en el cerebro".[311]

Otra de las últimas notas escritas por Merleau-Ponty (1960) es aún más clara al establecer su distancia crítica respecto de las explicaciones fisiologistas de la percepción:

> Es inútil tratar de construir en el cuerpo objetivo, tal como hace la psicología nerviosa, todo un espesor de fenómenos nerviosos ocultos, gracias a los cuales se elaborarían los estímulos definidos objetivamente formando una percepción total. [...] Con estos términos y estas relaciones positivas no se construirá nunca la percepción ni el mundo percibido. [...] El intento es positivista; fabricar la arquitectónica del *Welt* con [...] rasgos del mundo. Es un pensamiento que hace como si se diera el mundo perfectamente positivo y se tratara de hacer brotar de él la percepción del mundo considerada al principio como inexistente. [...] Y trae como consecuencia la falsa idea de que sólo tenemos el resultado de esas operaciones complicadas, de que estamos en un mar de procesos de los que no sabemos nada. [...] Hay que volver a lo fenoménico para entender el presunto juego de los "índices perceptivos".[312]

En suma, la percepción y lo percibido tal como son vividos no se encontrarán nunca al término de la explicación neurocientífica pero están, a la inversa, implícitos en ella –le eran "preexistentes"– como mediaciones explicativas o descriptivas indispensables para dar sentido a cualquier "explicación" o investigación fisiológica.

La descripción de lo vivido no es menos estricta ni menos pródiga en resultados que otro tipo de investigación rotulada como más científica. Por medio de la descripción de la experiencia perceptiva llegamos a descubrir modos de funcionamiento y formular principios que rigen la percepción. Es posible por ejemplo observar que la percepción de una figura está codeterminada por la percepción del fondo –como se observa en la conocida imagen ambigua del jarrón o los dos rostros enfrentados– o que los elementos de una figura, así como los de una melodía, son percibidos conjuntamente y no por separado, de tal modo que la percepción de cada uno depende de la percepción de todos los otros y sus interrelaciones en la configuración total. Este último principio es el que explica que podamos reconocer la misma melodía alterando todas sus notas (transportándola a otro tono) a condición de

---

[311] I. Rock, *op. cit.*, p. 8.
[312] *VyI*, pp. 279, 280.

mantener sus interrelaciones. Ahora bien, estos principios funcionales característicos de la psicología de la Gestalt y que Merleau-Ponty adoptará en su teoría podrían tener, como creían algunos psicólogos de aquella escuela, un correlato gestáltico neuronal, una "forma material" cerebral: "para el gestaltista, nuestras percepciones son el resultado de espontáneas interacciones cerebrales originadas por la estimulación sensorial".[313] Estudios más recientes acerca de la percepción visual mostraron además, por ejemplo, que "existen neuronas que sólo descargan rápidamente cuando un determinado patrón de estímulos está presente en la región apropiada de la retina. Cabe considerar que esas neuronas detectan determinadas configuraciones: manchas, perfiles o bordes".[314] Ahora bien, como observa Rock, si se ha hallado finalmente el correlato neuronal de un efecto "debemos retener aún el principio como parte de la explicación. Si descartáramos el principio, el evento cerebral, expresado sólo en términos de descarga neuronal, tendría escasa significación".[315] Es por razones de este tipo que Merleau-Ponty adopta ya en *La estructura del comportamiento* la noción de "forma" o "estructura" de la *Gestaltpsychologie* pero intenta desligarla de su interpretación en términos puramente materialistas o fisiológicos.[316]

Ahora bien, si no es posible identificar la percepción con una suma de procesos neurofisiológicos, ¿cuál es entonces la relación entre estos últimos procesos y la primera? Se trata de la misma compleja relación ya observada al referirnos a la relación entre el organismo y el cuerpo vivido como comportamiento, que cumple ahora el rol de sujeto de la percepción. En primer lugar, puede decirse que la fisiología perceptiva es condición de posibilidad de la percepción, como lo reconoce Merleau-Ponty al hablar de "condición de existencia" en el siguiente párrafo de *La estructura del comportamiento*:

---

[313] I. Rock, *op. cit.*, p. 11.
[314] *Ibid.*, p. 7.
[315] *Ibid.*, p. 8.
[316] Koffka, en efecto, afirmaba que "en nuestras explicaciones definitivas no podemos tener sino un universo discursivo y debe ser aquel del cual la física nos ha enseñado tanto" (Koffka, *Principles of Gestalt Psychology*; cit. en *EC*, p. 191). En coherencia con este postulado, la explicación gestáltica de la percepción tomaría la siguiente forma: "si un cuerpo sólido está ante mí y lo trato como tal en mi comportamiento, es que la 'forma' física por la que se distingue de los objetos vecinos da lugar, por intermedio de las acciones luminosas que ejerce sobre mi retina, a una estructura fisiológica de igual tipo en mi sistema nervioso" (*EC*, p. 192).

> La sección del nervio óptico sólo puede ser llamada causa de la ceguera en el sentido en que la sordera de Beethoven "explica" sus últimas obras. Sólo provoca un cambio del campo fenoménico al volver imposible el funcionamiento de conjunto de la corteza bajo la acción de los excitantes luminosos. [...] *Ese conjunto no puede ser más que la condición de existencia de tal espectáculo sensible; da cuenta del hecho de que percibo, pero no de lo que percibo.*[317]

La calificación de "condición de existencia" aplicada aquí a las variables fisiológicas tiene el sentido de limitar su valor explicativo: la fisiología "no da cuenta" de lo percibido ni es su "causa" porque es condición necesaria pero no condición suficiente. Sin embargo, ya se observó que la visión de Merleau-Ponty no se ajusta exactamente a esta terminología aún imprecisa. La relación de "condición de existencia" parece separar un orden que, una vez supuesto, puede ser dejado aparte en la descripción de aquello de lo que es condición de posibilidad, y este no es el caso de la relación entre el cuerpo anátomo-fisiológico y el cuerpo percipiente. Si estoy escribiendo con el papel apoyado sobre una mesa, la mesa es condición de posibilidad de mi acción de escribir pero al mismo propósito podrían servir el suelo o mi rodilla. Las contingencias empíricas propias de esta mesa particular no cuentan como condiciones de posibilidad y éste no parece ser el caso de las relaciones que se dan entre mi constitución orgánica y mi comportamiento, como Merleau-Ponty parecía sugerir al afirmar que "es imposible distinguir en el ser total del hombre una organización corpórea, la cual se trataría como un hecho contingente, de los demás predicados, que le corresponderían por necesidad".[318] Parece haber una relación más estrecha entre el organismo y el cuerpo percipiente que la de dos entidades separadas en las que la primera opera como mera condición exterior de posibilidad: parece haber una relación "interna". Para describir tal relación Merleau-Ponty propone que sería más adecuado hablar en términos de "motivos" antes que de "condiciones de posibilidad" y de "causas": la fisiología no causa la percepción ni tampoco es sólo su condición de posibilidad sino que más bien entabla con ella el tipo de relación que mantiene un motivo respecto de una acción o una decisión.[319] No está en juego aquí una equiparación entre los términos mismos –no hay implicación alguna de una semejanza

---

[317] *EC*, p. 285. El subrayado es nuestro.
[318] *FP*, p. 187.
[319] *FP*, pp. 272, 274.

entre la percepción y una decisión o acción voluntaria, como ya ha quedado claro– sino una analogía entre los tipos de relación establecida entre los términos:

> El motivo, incluso cuando no está articulado y puesto aparte, está presente en la decisión. ¿Qué se entiende por un motivo, y qué quiere decirse cuando se afirma, por ejemplo, que un viaje está motivado? Se entiende con ello que tiene su origen en ciertos hechos dados; no que estos hechos, por sí solos, tengan el poder físico de producirlo, sino en cuanto presentan razones para emprenderlo. El motivo es un antecedente que solamente actúa por su sentido, e incluso hay que añadir que es la decisión la que afirma este sentido y le da su fuerza y eficacia. Motivo y decisión son dos elementos de una situación. [...] Al decidir hacer este viaje, valido este motivo que se propone y asumo esta situación. La relación entre lo motivante y lo motivado es pues recíproca.[320]

La relación es recíproca en tanto las condiciones fisiológicas constituyen el "origen" de la percepción, aun si no tienen el "poder efectivo de producirlo" ni de dar cuenta íntegramente de él, a la vez que la percepción, al integrar el funcionamiento orgánico en un comportamiento significativo, es la que ilumina o da sentido a sus antecedentes o sus orígenes como tales. Esta relación recíproca impide que se pueda hablar de lo orgánico como una esfera independiente que mantuviera una relación causal –y por tanto "explicativa" en ese sentido– con la conciencia perceptiva: es menos que una causa en tanto no determina las particularidades de la percepción, pero más que una causa en el sentido de que mantiene una relación "interna" con la percepción al ser integrado por esta última y tornarse así ambos semejantes a "dos elementos inseparables de una misma situación". No puede pretenderse saldar mediante esta última analogía del "motivo" la cuestión de la compleja relación entre la fisiología de la percepción y la teoría merleaupontyana de la percepción, o entre el cuerpo anátomo-fisiológico y el cuerpo vivido. Pero ciertamente la analogía es representativa del alcance y los límites de la respuesta que Merleau-Ponty otorga al problema. No se trata de una respuesta analíticamente límpida ni tan siquiera única: de acuerdo a la variación de su oponente de turno el argumento merleaupontyano se torna más fisiologista acentuando sus contrastes con el intelectualismo, o menos fisiologista con el fin de mostrar la originalidad del cuerpo vivido frente al cuerpo

---

[320] *FP*, p. 274.

tal como es descripto objetivamente. Sin embargo, y a pesar de las ambigüedades e incluso indecisiones inherentes al planteo merleaupontyano, es clara la dirección de su búsqueda de una vía media y alternativa que parece ser la única posible una vez que se han descartado con buenas razones tanto una teoría intelectualista de la percepción como un reduccionismo materialista al cuerpo objetivado.

Capítulo III
Más allá de la fenomenología de la percepción

Las páginas que siguen se proponen ampliar el análisis de la teoría merleaupontyana de la percepción, algunos de cuyos conceptos básicos ya fueron resumidos, haciendo referencia ahora a las cuestiones de la sensibilidad, los horizontes del mundo natural y las experiencias ilusorias y alucinatorias, para divisar así algunos límites de esta fenomenología merleaupontyana. Ir más allá de la fenomenología de la percepción no significa en este caso ir más allá de la obra que lleva ese nombre hacia un pretendido "último" Merleau-Ponty que reformulara las bases de su pensamiento: ya pudo entreverse al exponer la teoría merleaupontyana de la percepción que ésta mantiene sus líneas principales de modo constante y coherente hasta sus últimos escritos. Significa, en cambio, seguir a Merleau-Ponty hasta los límites que su misma fenomenología reconoce para preguntarnos si nuestra experiencia es esencialmente perceptiva y pragmática como hasta este punto se dio por sentado, y si el mundo, incluso tal como ya es abordado en la *Fenomenología de la percepción*, no es algo más que el sistema de las cosas percibidas y manejadas utilitariamente.

III. 1. El cuerpo sentiente: una teoría estructural de la percepción

Si bien en las páginas precedentes se optó por definir la teoría merleaupontyana constrastándola con teorías intelectualistas y fisiologistas no es siempre de este modo como Merleau-Ponty presenta su propia teoría en la *Fenomenología*. Se observó que las relaciones que su teoría corporal de la percepción mantiene con los datos de las explicaciones fisiológicas no son siempre fáciles de definir para el mismo filósofo. En cambio, él desarrolla una clara y franca crítica a las explicaciones intelectualistas que se espeja en una crítica paralela al empirismo como (falsa) alternativa al intelectualismo. Considérese por ejemplo el caso de la orientación del campo perceptivo según un arriba y un abajo. Ni el espacio definido de modo intelectualista como sistema de partes que mantienen entre sí relaciones de exterioridad ni el espacio empirista como mosaico de sensaciones asociadas pueden dar cuenta de este carácter esencial e inherente a toda experiencia que hace que las cosas percibidas –un rostro, una mesa– aparezcan al derecho o al revés, comporten esencialmente un derecho y un revés. En el experimento de Stratton en el que mediante lentes especiales se invierte la imagen retiniana, el sujeto luego de unos días de moverse en el espacio vuelve a la visión normal, y la explicación otorgada por el psicólogo es de corte empirista: el sujeto ha aprendido unas nuevas asociaciones entre las sensaciones visuales (invertidas) y sus sensaciones táctiles.[321] Sin embargo, esto sólo desplaza la cuestión de la referencia absoluta que determina el arriba y el abajo: el mismo experimento muestra que los datos táctiles pueden invertirse también y "para poder dar una dirección al campo sería preciso que estos contenidos la tuviesen ya".[322] La solución merleaupontyana es que el cuerpo se organiza como una totalidad orientada así como con un sentido de "vertical" (un "nivel"), organizando simultáneamente el espacio, sólo en tanto está dispuesto en una determinada situación pragmática como portador de ciertos comportamientos posibles:

> Si el cuerpo, como mosaico de sensaciones dadas, no define ninguna dirección, el cuerpo como agente desempeña, por el contrario, un papel esencial en el establecimiento de un nivel. Las variaciones del tono muscular, incluso en un campo visual lleno, modifican la vertical aparente hasta el punto de que el sujeto inclina la cabeza para situarla paralelamente a esta vertical desviada. [...] Lo que importa para la orientación del espectáculo no es mi cuerpo tal como de hecho es, como cosa en el espacio objetivo, sino mi cuerpo como sistema de acciones posibles, un cuerpo virtual cuyo "lugar" fenomenal viene definido por su tarea y su situación.[323]

Algo similar sucede con la percepción de la profundidad espacial o el tamaño de los objetos percibidos. Siendo que la retina sólo capta una imagen plana, habría que decir que la profundidad es propiamente "invisible" y derivará, para una explicación intelectualista como la de Descartes, de un tipo de deducción geométrica instantánea, o para una

---

[321]   *FP*, pp. 260 ss.
[322]   *FP*, p. 261.
[323]   *FP*, p. 265.

explicación empirista como la de Berkeley, de la asociación de las sensaciones visuales con sensaciones táctiles: una especie de "traducción" aprendida de la imagen visual en términos de tiempo de recorrido táctil o motriz. Ahora bien, Merleau-Ponty observa que tanto empirismo como intelectualismo asimilan la profundidad con "el ancho visto de perfil": sólo desde un punto de vista pretendidamente ubicuo la profundidad puede equivaler al ancho como mera distancia medible.[324] El mundo es percibido como profundo directamente, su profundidad es una característica esencial y primaria que no aparece como el producto de un razonamiento ni de una asociación. Más que explicarla, entonces, se trata de dar cuenta de ella tal como es vivida, y la profundidad espacial o la magnitud de los objetos son sinónimos en nuestra experiencia de la posibilidad de "presa" (*prise*) que tenemos corporalmente respecto suyo:

> "Poseemos" el objeto que se aleja, no dejamos de "retenerlo" y afectarlo, hacer presa sobre el mismo, y la distancia creciente no es, como el ancho parece serlo, una exterioridad en aumento: expresa solamente que la cosa empieza a deslizarse bajo la presa de nuestra mirada y que ésta la abarca menos estrictamente. La distancia es lo que distingue esta presa esbozada de la presa completa o proximidad. Nosotros la definimos [...] por la situación del objeto respecto del poder de presa. [...] Cuando decimos que un objeto es gigantesco o minúsculo, que está lejos o cerca, lo hacemos frecuentemente sin ninguna comparación, ni siquiera implícita, con ningún otro objeto, o siquiera con la magnitud o la posición objetiva de nuestro propio cuerpo; sólo respecto de cierto "alcance" de nuestros gestos, de cierta presa del cuerpo fenomenal sobre su circundancia.[325]

Un argumento análogo es desarrollado por Merleau-Ponty respecto de la percepción del movimiento. Si el cuerpo como mosaico de sensaciones no puede proveernos un nivel ni un parámetro fijo de orientación así como tampoco una magnitud invariante con la que medir las magnitudes aparentes, tampoco puede proveer el punto fijo respecto del cual percibir las cosas en movimiento. Es solamente el cuerpo en tanto está inmerso en un contexto pragmático y dispuesto a cierto comportamiento quien constituye el eje, el nivel y el punto "cero" de lo

---

[324] *FP*, p. 270.
[325] *FP*, pp. 276, 277, 282. Reemplazamos aquí algunos términos de la traducción de Cabanes por otros que resultan más adecuados, por ejemplo "impacto" por "presa" (*prise*).

percibido: "Puedo ver, a voluntad, que mi tren o el tren próximo están en movimiento, si no hago nada o si me interrogo acerca de las ilusiones de movimiento. Pero cuando estoy jugando a los naipes en mi compartimiento, veo que se mueve el tren de al lado, aun cuando en realidad sea el mío el que se va; cuando miro al otro tren buscando a alguien, es mi tren el que se pone en marcha".[326]

Como ya se sugirió en referencia a la magnitud aparente de los objetos, invariable respecto de la multiforme imagen retiniana, es también en el cuerpo como habitante pragmático del mundo donde habrá de buscarse el sentido de las "constancias perceptivas" en general. La constancia de la forma, el tamaño, el color, etc. de un objeto percibido no puede resultar de una asociación empírica sino que parece preceder a todas las apariciones particulares como la ley que las relaciona. Y sin embargo, esta "ley" no resulta de un razonamiento ni es una "idea" del objeto, sino que es dada simultánea e inmediatamente con sus apariciones sensibles. La constancia propia de lo percibido es el hecho de que "para cada objeto, como para cada cuadro de una galería de pintura, se da una distancia óptima desde la que solicita ser visto, una orientación bajo la cual da más de sí mismo; más acá y más allá, no tenemos más que una percepción confusa por exceso o por defecto".[327] Este "óptimo" que constituye la ley de constancia según la cual es percibido cada objeto es una función de mi capacidad de presa corporal sobre él:

> Si acerco el objeto a mí, o si lo hago girar en mis dedos para 'verlo mejor', es que cada actitud de mi cuerpo es para mí potencia de cierto espectáculo, que cada espectáculo es para mí lo que es en una cierta situación cinestésica, que, en otros términos, mi cuerpo está apostado en permanencia ante las cosas para poderlas percibir, e inversamente, las apariencias están siempre envueltas por mí en una cierta actitud corpórea.[328]

Sólo es posible dar cuenta de la constancia del color por detrás de las variaciones de iluminación, por ejemplo, apelando al poder del cuerpo para acomodarse o instalarse pragmáticamente en un "nivel" de iluminación que establece y redistribuye los valores de los colores percibidos, entrando y saliendo de él:

---

[326] *FP*, p. 295.
[327] *FP*, p. 316.
[328] *Idem*.

Maurice Merleau-Ponty. Filosofía, corporalidad y percepción

El nivel se establece, y con él todos los valores coloreados que de él dependen, cuando empezamos a vivir en la atmósfera dominante y redistribuimos en los objetos los colores del espectro en función de esta convención fundamental. Nuestra instalación en cierto contexto ambiental coloreado con la trasposición que implica de todas las relaciones de colores es una operación corpórea, no puedo llevarla a cabo más que entrando en la atmósfera nueva, porque mi cuerpo es mi poder general de habitar todos los medios del mundo, la clave de todas las trasposiciones y todas las equivalencias que lo mantienen constante.[329]

Ya nos hemos detenido previamente en los contrastes entre esta teoría comportamental de la percepción y teorías de cuño intelectualista, así como en las difíciles relaciones que mantiene con los datos de la fisiología de la percepción que pretende integrar, restando por precisar su ubicación en relación con las gnoseologías empiristas. Las distancias de Merleau-Ponty respecto del empirismo remiten al menos a dos puntos claves interrelacionados, relativos a las nociones de sensación o impresión y de asociación, ambas neurálgicas en las explicaciones empiristas de la percepción.[330] En primer lugar, se constata que no tenemos experiencia de nada semejante a lo que los filósofos han entendido por sensación, y ni siquiera "el análisis tiene derecho a *proponer* como momento idealmente separable una materia del conocimiento".[331] Esto es así porque la percepción es siempre percepción de formas o estructuras significativas y no de elementos sueltos sin significado. Como dice Merleau-Ponty cerca del comienzo de su obra: "estamos condenados al sentido", no podemos dejar de percibir sentido.[332] Y además de referirse al empirismo esta crítica se aplica a teorías intelectualistas como la de Kant y aun la de Husserl en cuanto suponen la existencia de una "materia sensible" sobre la cual se aplica la actividad configuradora o dadora de sentido de la conciencia.

---

[329] *FP*, p. 325.
[330] Las críticas al empirismo se concentran especialmente en los primeros capítulos de la Parte II de la *Fenomenología* así como en la extensa Introducción a la obra (secciones referidas a la sensación, la asociación, la proyección de recuerdos, etc.).
[331] *FP*, p.258.
[332] *FP*, p. 19.

En segundo lugar, la crítica al empirismo se basa en que el aparecer de estructuras percibidas no se deja explicar por un número de *asociaciones* empíricas, puesto que la percepción de las formas precede a la de las partes que sólo pueden distinguirse *a posteriori*. En la percepción efectiva sólo identificamos tales o cuales perspectivas o apariciones parciales cuando las percibimos como apariciones de tal o cual objeto. En la percepción romboide del cubo, por ejemplo, no veo claramente el escorzo y no percibo exactamente qué es lo que efectivamente aparece hasta no percibirlo como escorzo de un cubo. Más aún, puedo reconducir apariciones nunca antes vistas al modelo lo cual confirma que no identifico primero a cada una separadamente sino en función del modelo total preexistente. Percibo inmediata y primeramente una cosa, es decir, una estructura o sistema de relaciones y diferencias entre perspectivas, lados, partes, etc., y es porque primero percibí la estructura que puedo luego distinguir aspectos parciales o elementos en ella. Sucede lo mismo en la lectura de un texto o la escucha de un discurso oral: no captamos letra por letra ni oímos fonema tras fonema, sino que captamos el sentido o la estructura total que abarca simultáneamente lo que vimos u oímos inmediatamente antes y lo que anticipamos, e inclusive más que lo efectivamente oído o visto; solamente después reconocemos las letras o fonemas como tales o cuales. Es por este principio gestáltico de la percepción que los primeros programas de desgrabación informática de un discurso oral basados en el reconocimiento de fonemas se enfrentaron a tantas dificultades: captamos el sentido sin recorrer uno por uno los elementos, y oímos la misma oración aunque en distintos actos de locución de hecho los fonemas puedan ser bastante distintos o incluso faltar algunos de ellos.[333] Además de estas constataciones fenomenológicas o empíricas fácilmente comprobables, la crítica a la noción de asociación se basa en un argumento de tipo lógico: para poder asociar un ítem (sensación, parte, perspectiva, etc.) a otro por semejanza, contigüidad, sucesión, etc. debemos haber identificado o reconocido al primero de tal modo de advertir su relación con el otro. Digamos que percibo un libro asociando la percepción parcial de la tapa y el lomo con percepciones pasadas contiguas y sucesivas de las páginas que contiene y la contratapa. Para identificar en mi percepción al libro he asociado estos últimos ítems con los primeros, pero para poder relacionar a los primeros con los otros que les son semejantes o contiguos, por ejemplo, he debido antes haber

---

[333] Hubert L. Dreyfus, *What Computers* Still *Can't Do. A Critique of Artificial Reason*, Cambridge/London, MIT Press, 1993.

identificado a los primeros de algún modo. En este punto hay que admitir que, o bien se da aquí percepción sin asociación lo cual hace superfluo el concepto (bien podríamos entonces percibir el libro directa e inmediatamente) o bien la identificación de la tapa del libro se ha hecho por asociación de las aristas, los vértices, la superficie rectangular, el color o el brillo, algo escrito en ella, etc. y este procedimiento caería en un regreso al infinito si sólo percibiéramos por medio de asociaciones. En las explicaciones empiristas, resume Merleau-Ponty, "la significación de lo percibido, lejos de ser el resultado de una asociación, se presupone, por el contrario, en todas las asociaciones".[334]

Volvamos al punto primero y central de la crítica merleaupontyana al empirismo, el referido a la noción de sensación. La primera sección de la Introducción a la *Fenomenología de la percepción* comienza constatando que al iniciar cualquier estudio de la percepción "encontramos en la lengua la idea de sensación, al parecer inmediata y clara: siento lo rojo, lo azul, lo caliente, lo frío". Sin embargo Merleau-Ponty observa que "se trata de una idea muy confusa y que, por haberla admitido los analistas clásicos han pasado por alto el fenómeno de la percepción. [...] La sensación pura sería la vivencia de un choque indiferenciado, instantáneo, puntual. No es necesario mostrar [...] que esta noción no corresponde a nada de cuanto tenemos experiencia".[335] Una primera tesis de Merleau-Ponty acerca de la sensación puede enunciarse entonces de este modo: la sensación no es nada de lo que tengamos experiencia, es sólo una abstracción que se ha usado frecuentemente con fines analíticos sin siquiera saber si es realmente útil. Por una parte ella no existe de hecho, pero también puede dudarse de que sea necesario *de derecho* distinguirla para dar cuenta de la experiencia. En el primer sentido la crítica afectaría al empirismo clásico que habla de una experiencia inmediata y vívida de estos datos no compuestos. Kant o Husserl, sin embargo, admitirían fácilmente que propiamente no tenemos experiencia de las sensaciones, puesto que sólo tenemos experiencia de objetos que nuestra conciencia "sintetiza" o "intenciona" sirviéndose de aquellos datos sensibles que nunca son percibidos por sí mismos. En los términos de la clásica analogía entre la lectura y la experiencia que fue utilizada por ambos pensadores: comprendemos el sentido de este texto "viéndolo a través" de los trazos en el papel cuyas particularidades materiales no advertimos al

---

[334] *FP*, p. 37.
[335] *FP*, p. 25.

concentrarnos en el sentido. De modo similar, para ver el paisaje pintado en un cuadro no vemos el lienzo ni cada trazo o relieve del óleo. Sin embargo, cuando Merleau-Ponty después de afirmar que no hay experiencia alguna de eso que llaman "sensación" agrega que tampoco hay razón para que el análisis la distinga "como momento idealmente separable" se está distanciando claramente de aquellos filósofos.

La filósofa Simone Weil basó también su teoría de la percepción en el modelo analógico de la lectura de un texto escrito y observó que la percepción consiste, como la lectura, en una captación directa del sentido y nunca de la materialidad que lo sostiene (la "sensación" o el "significante", en cada caso). En su "Ensayo sobre la noción de lectura" Weil observa que aquello que aparece y que nos toma en la lectura son *directamente* los significados. El color del papel de la carta, el color de la tinta y las letras mismas desaparecen tras la significación que se nos impone: "Sólo lo que leemos nos es dado; no vemos las letras".[336] El sentido es dado *inmediatamente* en la lectura. Es cierto que podemos enfocar nuestra atención en las letras como lo hace el corrector de un texto pero aun en ese caso no hemos dejado de leer un significado, el cual ya no es el de la frase o el de la palabra sino el de las letras del alfabeto. No es posible dejar de leer inmediatamente sentidos y no hay experiencia posible de la sensación: una letra suelta, los grafos considerados como meros dibujos, el color negro de la tinta o el aspecto más material que intentemos aislar seguirá tornándose siempre sentido al ser percibido de uno u otro modo. Aun el nivel fonemático está estructurado, tal como han observado los lingüistas: cada fonema adquiere identidad por su relación y distinción respecto de otros en un sistema. Hay estructura y sentido aun en la grafía: esto es lo que permite descifrar textos en lenguas muertas antes desconocidas. Y aun si en un texto en un lenguaje no descifrado observáramos sólo el grafismo, éste tiene un sentido distintivo o un estilo reconocible, es siempre visto como similar o distinto de otro, etc. Si no contiene recurrencias y es caótico puede aún ser leído en un nivel pictórico de modo que no podemos dejar de interpretarlo y de percibir directamente sentido. Respecto del caso de la audición, M. Heidegger advertía algo semejante al señalar que inmediatamente "nunca jamás oímos ruidos ni complejos de sonidos, sino la carreta que chirría o la motocicleta. [...] Es menester ya una actitud muy artificial y complicada para 'oír' un 'puro ruido'. [...] También en el expreso oír el habla del otro comprendemos inmediatamente lo dicho [...]. No oímos, por lo contrario,

---

[336] S. Weil, "Essai sur la notion de lecture", p. 14.

inmediatamente lo expresado fónicamente en cuanto tal".[337] En la misma filosofía de Husserl la noción de sensación adquiere un estatus cuanto menos dudoso. Husserl observaba en un temprano artículo que un mismo material puede ser interpretado de distintos modos tomando el ejemplo de un arabesco que, según se conozca o no el idioma, es visto como una figura o leído como una palabra. Pronto observará que todo acto de conciencia consiste en la intepretación de un material mediante la introducción de un excedente, el sentido o forma organizadora de ese material que mienta un objeto.[338] En *Ideas I* hallamos ya que la *noesis* interpreta el "dato hilético" de la sensación intencionando un *noema* y sin embargo, ya es notable la indecisión de Husserl al presentar la cuestión:

> Sobre estos elementos sensibles hay una capa, por decirlo así, "animadora", que les *da sentido* [...], capa mediante la cual se produce de lo sensible, que en sí no tiene nada de intencionalidad, justo la vivencia intencional concreta. Quede aquí indeciso si semejantes vivencias sensibles soportan en la corriente de las vivencias siempre y necesariamente alguna "apercepción animadora" [...] o, como también decimos, si se hallan siempre en función intencional. Por otra parte, dejamos también indeciso por lo pronto si los caracteres esencialmente originadores de la intencionalidad pueden tener concreción sin una base sensible.[339]

Así ha llegado a afirmar D. Carr, por ejemplo, que incluso la muy restringida noción de sensación que Husserl sostiene en estas tempranas obras (*Investigaciones Lógicas* o *Ideas*) "tiene poca importancia para la totalidad de su teoría, y gradualmente se pierde totalmente de vista. Él parece reconocer que aun en su forma más limitada, la noción de sensación es un híbrido que ha quedado precisamente de la concepción cuasi-fisiológica y causal de la experiencia que trata de superar".[340] En

---

[337] M. Heidegger, *op. cit.*, p. 525.
[338] Nos referimos al artículo "Estudios psicológicos sobre la lógica elemental" (1894), y luego a las *Investigaciones Lógicas* (1900-1901), I; V, §14.
[339] E. Husserl, *Ideas ...*, p. 203.
[340] David Carr, *Interpreting Husserl. Critical and Comparative Studies*, Phaenomenologica 106, Dordrecht/Boston/Lancaster, Martinus Nijhoff Publishers, 1987, p. 29. También L. Landgrebe considera que "el concepto de '*hyle* sensual' allí estudiado [en *Ideas*] no está aún totalmente libre de restos de la tradición sensualista" ("Principios de la teoría de la sensación", en *El camino*

la experiencia vivida, tal como afirmará Merleau-Ponty, la sensación y el sentido al igual que "el signo y su significación ni siquiera son idealmente separables".[341]

También Simone Weil concibió, como lo haría más tarde Merleau-Ponty, que todo lo percibido es el correlato de nuestras disposiciones comportamentales, y advirtió igualmente que estas disposiciones latentes de movimiento corporal hacen que los elementos o los detalles del mundo sólo aparezcan organizados o articulados en configuraciones. En los términos simples y elocuentes de Weil: "Cada uno de los objetos que vemos ordena un bosquejo de movimiento [*commande une esquisse de mouvement*], por más imperceptible que sea. (Una silla ordena sentarse, una escalera subir, etc.) Lo que toca nuestro cuerpo son pues los conjuntos [*ensembles*], no los detalles. La escalera puede ser de madera o de piedra, puede estar recubierta por una alfombra o no, etc., pero evoca antes que todo la idea de una escalera".[342] No se trata aquí propiamente de "la evocación de una idea", puesto que como Weil misma reconoce es el cuerpo mismo el que aprehende las relaciones, las formas y los conjuntos organizados en lugar de lo particular. Por ejemplo, añade Weil a modo ilustrativo, podemos reproducir una serie de golpes sobre la mesa que siguen cierto patrón rítmico sin contar el número de golpes y atendiendo sólo a su forma o estructura: "el pensamiento no tiene rol alguno en estos casos: es el cuerpo el que aprehende las relaciones".[343] De modo similar, Merleau-Ponty se pregunta: "¿Quién tiene vivencia de [una *Gestalt* o forma percibida]? ¿Un espíritu que la capta como idea o como significación? No. Es un cuerpo [...]. Mi cuerpo es una *Gestalt* y está copresente en toda *Gestalt*".[344] Lo sensible, en tanto siempre está ya por sí mismo conformado, dice Merleau-Ponty, lleva en sí mismo una lógica inmanente: "el *mundo sensible* es esta lógica perceptiva, este sistema de equivalencias, y no un amontonamiento de individuos espacio-temporales. Y esta lógica no es *producto* de nuestra constitución psicofísica ni de nuestro instrumental categorial".[345]

---

de la Fenomenología, tr. M. Presas, Buenos Aires, Sudamericana, 1968, p. 174).
[341]   *FP*, p. 60.
[342]   S. Weil, *Leçons de philosopie*, p. 20.
[343]   *Idem*. Weil hace explícita tras el párrafo citado la evidente relación de estas ideas con la psicología alemana de la *Gestalt*.
[344]   *VyI*, p. 250.
[345]   *VyI*, p. 298.

Maurice Merleau-Ponty. Filosofía, corporalidad y percepción

Ahora bien, Merleau-Ponty no sólo afirmaba que de hecho no se da experiencia alguna de la sensación sino que la distinción tampoco tiene un fundamento de derecho. Por empezar, un dato aislado "es inconcebible" puesto que la reflexión más simple muestra que el presunto pensamiento de un "dato" es ya el pensamiento de una configuración: un punto es por sí mismo una diferencia ínfima con un fondo o superficie de los que se destaca. ¿De dónde provendría entonces la supuesta necesidad de introducir en el análisis de la percepción este término situado incómodamente entre mí y el mundo, difícil de concebir e imposible de apresar en la experiencia? Si hemos sido engañados por la ilusión de percibir la silueta de un hombre en la oscuridad pero al seguir mirándola con atención se nos revela como un árbol podemos describir o intentar explicar lo sucedido aludiendo a una misma sensación más o menos indiferenciada que recibimos de algo que estaría "allá afuera" y a la que interpretamos sucesivamente de modos diversos, otorgándole alternativamente distintos sentidos. Si podemos percibir un pato o un conejo en la misma figura, debe existir entonces un estrato neutro invariable de la sensación, la "materia" recibida pasivamente que es interpretada de un modo u otro.[346]

El fundamento de derecho de la distinción de lo sensible, en fin, proviene de la necesidad de dar cuenta de esta posibilidad de tener experiencias alternativas de lo mismo, teniendo que reconocer en esta mismidad la existencia de un estrato particular: la "materia" sensible. Esta distinción introducida permitiría asimismo dar cuenta de la posibilidad inversa de tener experiencia de un mismo objeto o sentido a través de la variación de esta materia: los diferentes escorzos que

---

[346] Fuente de la imagen reproducida: I. Rock, *La percepción*, Barcelona, Prensa Científica/Ed. Labor, 1985.

presenta a nuestra visión una moneda al caer serían los materiales sensibles que cobran para nosotros el sentido único del objeto "moneda". Sin embargo, Merleau-Ponty insiste en que la constatación de los psicólogos de la *Gestalttheorie* de que una figura sobre un fondo es el dato sensible más simple que pueda obtenerse "no describe simplemente un cierto carácter contingente de la percepción de hecho que no tendría incidencia en el análisis de sus estructuras ideales: se trata en cambio de la definición misma del fenómeno perceptivo".[347] En efecto, recorriendo los ejemplos antes mencionados puede constatarse que el supuesto "estrato sensible" no alcanza nunca una simplicidad pura y última sino que sólo es concebible como otra configuración de sentido distinta de la que es objeto de nuestra percepción: ni pato, ni conejo, ni moneda, pero tampoco una ausencia absoluta de sentido sino algo siempre ya determinado de algún modo, aun si de manera más vaga, simple o menos articulada. Es precisamente porque se trata de algo determinado y no de un material bruto que no resulta posible percibir *cualquier cosa* sino sólo un pato, un conejo o una moneda. ¿Cómo dar cuenta entonces de la movilidad del sentido si siempre y solamente hay sentido, y no es distinguible una sensación sobre la que el sentido puede pivotar? La alternativa de Merleau-Ponty es afirmar que siempre y solamente hay sentidos que pivotan sobre otros sentidos, lo cual equivale a decir que siempre hay estructuras pero estructuras abiertas o en reestructuración y que pueden además desagregarse en estructuras más simples o integrarse en estructuras más complejas. Del mismo modo que podemos leer en un escrito oraciones, palabras sueltas, letras sueltas o verlo icónicamente –lo único que no podemos hacer es dejar de verlo como algo, es decir, con sentido–, en la percepción la figura puede convertirse en fondo, o al cambiar el foco de atención un elemento percibido dentro de una figura puede transformarse por sí mismo en una figura total articulando dentro suyo otros elementos que antes no aparecían. Por eso escribe Merleau-Ponty: "Un color, el amarillo: se rebasa a sí mismo: en cuanto se convierte en color de iluminación, en color dominante del campo, deja de ser tal color [...]. El 'Mundo' es ese conjunto en que cada 'parte', cuando se la toma en sí, abre de repente dimensiones ilimitadas, se convierte en *parte total* [de modo tal que] un color puede convertirse en nivel".[348] Esto lo lleva a afirmar que las cosas percibidas no son los elementos más básicos de nuestra percepción sino solamente cristalizaciones precarias, inherentes

---

[347] *FP*, p. 26.
[348] *VyI*, pp. 263, 264.

a dimensiones particulares del mundo a las que nuestro cuerpo se abre, donde nuestro cuerpo se inserta o que nuestro cuerpo recorre: "la percepción es al principio, no percepción de cosas, sino de elementos (aire, agua, ...), de radios del mundo, de cosas que son dimensiones, que son mundos; me deslizo por esos 'elementos' y me encuentro en el *mundo*".[349] Al acercarme a un café percibo el interior como una cierta atmósfera ámbar en la que se distribuyen mesas y personas en matices de la misma tonalidad. Una vez dentro, dejo de ver la luz como de un color particular: percibo con ella y de acuerdo a ella y aparecen así otros colores y diferencias en el interior de ese nuevo nivel o dimensión. Lo mismo sucede al ingresar a un ambiente de alta sonoridad, donde una vez inmerso en el nivel dejo de percibirlo para percibir otras diferencias: "no veo la luz y la tonalidad del campo, sino con ellos y de acuerdo con ellos. [...] Nuestros cuerpos están inmersos en los ejes del mundo; el mundo es aquello con lo cual percibimos".[350]

Esta particular teoría "estructural", "holística" o "gestáltica" del sentido que es aquí presentada de modo esquemático subyace a la entera *Fenomenología de la percepción* y persiste durante la entera evolución del pensamiento de Merleau-Ponty. Sus términos básicos proceden de la Psicología de la Forma, algunos de cuyos desarrollos Merleau-Ponty leyó en clave fenomenológica siguiendo la enseñanza de A. Gurwitsch.[351] En una imagen percibida la configuración global o *Gestalt* da su sentido propio a cada elemento poniéndolo en relación con todos los demás. En el pato-conejo, la forma pato o la forma conejo hacen que un mismo elemento sea captado como pico o bien como orejas, y el percibirlo de uno u otro modo significa incluirlo en una configuración total distinta en la que todos los demás elementos cambian también de sentido. Una idea afín es expresada por Husserl con su teoría de la horizonticidad. En primer lugar, cada escorzo percibido de un objeto toma su sentido de su relación con los demás no percibidos actualmente sino sólo apercibidos o mentados, lo que Husserl llama "horizonte interno" (la *Gestalt* en este caso sería el objeto "completo", si bien se verá que nunca es totalmente percibido). Cambiando de perspectiva cinestésicamente los aspectos anticipados pueden presentarse o actualizarse (o no hacerlo). En el caso

---

[349] *Idem.*
[350] A. Lingis, *Foreign Bodies*, New York, Routledge, 1994, p. 13.
[351] Aron Gurwitsch, *Théorie du champ de la conscience*, Paris, Desclée de Brower, 1957 (Si bien la obra más significativa del filósofo fue publicada con posterioridad, Merleau-Ponty fue discípulo de Gurwitsch durante la década de 1930).

del pato-conejo, donde la percepción alternativa del pico o de las orejas tiene que ver con la apercepción diferente de las demás partes, por tratarse de una imagen plana no necesitamos desplazarnos corporalmente y contar con las cinestesias del andar para plenificar los otros "escorzos", sino solamente desplazar la vista (se trata también de una cinestesia, sólo que visual). En segundo lugar, cada objeto particular toma su sentido al destacarse de un fondo (horizonte externo) y la percepción del objeto y el fondo se coimplican también, como en el caso del cáliz blanco o los dos rostros negros enfrentados (un caso de figura-fondo prototípico de la *Gestaltpsychologie*).[352]

En tercer lugar, Husserl habla de un "horizonte más externo de mundo" como la configuración total –sin que esto signifique completa o acabada– que daría sentido a todo lo percibido, al estar cada aparición inmersa en una red de relaciones con todo lo demás en un mismo mundo.[353]

En la década de los cincuenta Merleau-Ponty usará esta misma concepción estructural del sentido para definir el significado lingüístico, siguiendo ahora a Saussure: cada signo tiene un valor diacrítico u opositivo, es decir que se define por su diferencia y su relación con todos los demás. Vincent Descombes y otros intérpretes han afirmado que Merleau-Ponty confunde la "forma" de la psicología de la *Gestalt* con la "estructura" del estructuralismo, pero en realidad no habría confusión alguna si Merleau-Ponty sólo se sirve de ambas teorías para aludir a la misma tesis general de que cada elemento toma su sentido por su relación configurante con los otros. Merleau-Ponty recurre a

---

[352] Fuente de la imagen reproducida: I. Rock, *La percepción*, Barcelona, Prensa Científica/Ed. Labor, 1985.
[353] *Cf.* R. Walton, *Husserl. Mundo, Conciencia y Temporalidad*, Buenos Aires, Almagesto, 1993.

modo de ilustración a estudios empíricos acerca del aprendizaje del lenguaje en el niño que muestran que, por ejemplo, los tiempos verbales o las personas gramaticales no se aprenden de uno en uno sino en bloques en los que se interrelacionan. Pero lo mismo sucede ya, por ejemplo, con la génesis de la percepción distintiva de los colores: no se llega a percibir primero el rojo, después el verde, etc., sino conjuntos de varios colores a la vez, porque en realidad se aprende a percibir relaciones y diferencias entre ellos que son las que los definen.

No sólo en la percepción espacial cada elemento o cada objeto toma su sentido de su relación con los otros en una configuración particular, sino que esta horizonticidad espacial es también o "simultáneamente" temporal. Los escorzos espaciales ocultos de la mesa, que son los que le dan el sentido de "mesa" a los escorzos percibidos actualmente, son los escorzos retenidos y anticipados. En palabras de Merleau-Ponty: "los perfiles espaciales son también temporales: un en-otra-parte es siempre algo que uno ha visto o que podría ver".[354] Es decir que la percepción actual o el momento presente están atravesados, mezclados o entrelazados internamente con las retenciones y protensiones de las que obtienen su sentido. Husserl lo ilustra con el ejemplo más puramente temporal de la audición de una melodía o una obra musical: no sólo cada nota toma su sentido de su relación sincrónica con otras en un acorde sino que el sentido de cada nota o acorde varía según los que lo preceden y que son "retenidos", y aquellos de los que está "preñado" o que "anticipamos".

Las apariciones de escorzos espaciales visualmente percibidos se entrelazan en la percepción de todo objeto no solamente con otros escorzos espaciales y temporales, sino con otras apariciones en distintas modalidades sensoriales posibles. Tocamos aquí la cuestión de las correspondencias o trasposiciones intersensoriales, también llamadas "sinestesias", término derivado del griego *syn* (junto) y *aisthesis* (sensación) que hay que diferenciar de "cinestesias" (derivado de *kínesis*, movimiento), si bien en última instancia el fundamento del fenómeno sinestésico será puesto por Merleau-Ponty en las cinestesias. La discusión merleaupontyana acerca de esta cuestión en el capítulo de la *Fenomenología* referido a "El sentir" (Parte II, cap. 1) está atravesada por dos tesis aparentemente contradictorias, que pueden resumirse en una de las últimas notas de Merleau-Ponty, escrita unos quince años después de publicada su *Fenomenología* (lo que confirma la persistencia y la coherencia de su interpretación): "Cada 'sentido' es un 'mundo', es

---

[354] *FP*, p. 342.

decir, absolutamente incomunicable a los demás sentidos y, sin embargo, construye un *algo* que, por su estructura, *se abre* inmediatamente al mundo de los otros sentidos, y forma con ellos un solo Ser".[355] Merleau-Ponty intenta, en primer lugar, otorgar valor filosófico a la distinción entre los sentidos en oposición a un análisis intelectualista o formal como el kantiano que sólo se refiere a la sensibilidad como al modo de recibir sensaciones una fuera de otra y una después de otra (es decir, espacio-temporalmente). Hay un espacio táctil de contacto que es distinto del espacio visual de lejanía o del espacio auditivo y en este sentido, análisis empiristas como los de Condillac tienen la ventaja frente a los análisis kantianos de problematizar estas diferencias.[356] Sin embargo, hay también una unidad de los sentidos no porque sus diferencias se anulen en un espacio definido formalmente sino en tanto "los sentidos comunican. La música no está en el espacio visible, pero lo mina, lo inviste, lo desplaza",[357] lo cual es observable en la experiencia común de la transformación del espacio visual producida cuando es invadido por sonidos. En casos patológicos o de intoxicación los fenómenos de sinestesia se agudizan: "Bajo los efectos de la mescalina, un sonido de flauta da un color azul verde, el ruido de un metrónomo se traduce, en la oscuridad, en manchas grises, los intervalos espaciales de la visión corresponden a los intervalos temporales de los sonidos, la magnitud de la mancha gris a la intensidad del sonido, su altura en el espacio a la altura del sonido".[358] Pero no se trata meramente de casos patológicos sino de lo que acontece en toda percepción usual y que se muestra más patentemente en aquellos casos extremos: "La visión de los sonidos o la audición de los colores – escribe Merleau-Ponty– existen como fenómenos. Y ni siquiera se trata de casos excepcionales. La percepción sinestésica es la regla y, si no nos percatamos de ello, es porque el saber científico desplaza la experiencia, y porque hemos dejado de ver, oír y en general sentir, para deducir de nuestra organización corpórea y del mundo tal como el físico lo concibe lo que debemos ver, oír y sentir".[359]

Percibimos colores chillones y estridentes, sonidos dulces, claros, brillantes u opacos, y estas trasposiciones metafóricas sólo expresan con

---

[355] *VyI*, p. 263.
[356] Condillac, *Tratado de las sensaciones*, tr. G. Weinberg, Bs. As., Eudeba, 1963.
[357] *FP*, p. 240.
[358] *FP*, p. 243.
[359] *FP*, p. 244.

palabras la mezcla intersensorial que es propia de toda experiencia aun en una dimensión prelingüística. El caso ya referido en el capítulo anterior de los dispositivos de "visión protésica" para personas ciegas es ilustrativo en este sentido. Los investigadores no dudan en aludir a sus resultados en términos de una "visión táctil" o un "ver con la piel", en tanto las sensaciones táctiles dejan de ser percibidas como tales para ser vividas por el sujeto del experimento como desplegando paisajes, personas u objetos tridimensionales que están a distancia: una especie de "espectáculo". Sin embargo, es claro que este "espectáculo" no tiene todas las características de la visión (por ejemplo, colores). Hay un caso más significativo y común de las sinestesias experimentadas por personas ciegas: el fenómeno denominado "visión facial". Muchas personas ciegas (sin ayuda de ningún dispositivo prótesico) tienen, según los investigadores, una percepción rudimentaria de las posiciones de objetos relativamente grandes en su entorno inmediato y se pueden mover entre ellos sin temor a chocar: "Pueden caminar con confianza a lo largo de una calle sin tener que mantener un contacto constante con la pared y mantener una distancia uniforme respecto de ella. Saben inmediatamente cuándo llegan a una intersección y habiéndola cruzado no están nunca en peligro de chocar con la pared que está al otro lado".[360] Se denomina a esta capacidad "visión facial" debido a que los sujetos describen la experiencia como el "percibir los objetos y los espacios como presiones en la piel del rostro".[361] En algunos casos tales como el narrado en su autobiografía por V. Mehta, un escritor ciego de nacimiento, esta capacidad alcanza un desarrollo asombroso: el sujeto puede andar en bicicleta alrededor de una casa sin chocarse, tomando diferentes rutas y rodeando objetos interpuestos.[362] Diversos experimentos mostraron que ya en los casos usuales esta capacidad tiene grados de agudeza y precisión sorprendentes: los sujetos pueden detectar objetos que subtienden un ángulo tan pequeño como de tres grados y medio. Pueden discriminar cambios de distancia tan pequeños como del veinte por ciento y cambios de área del treinta por ciento. Un círculo, un cuadrado y un triángulo pueden ser discriminados con una precisión del ochenta por ciento, y objetos blandos de objetos duros con

---

[360] James G. Taylor, *The Behavioral Basis of Perception*, New Haven, Yale University Press, 1962, p. 272.
[361] Dominic M. McIver Lopes, "What is it Like to See with Your Ears? The Representational Theory of Mind", en *Philosophy and Phenomenological Research*, Vol. LX, No. 2, Marzo 2000, p. 447.
[362] *Cf. ibid.*, p. 446.

precisión casi perfecta. Un sujeto mostró percepción de la distancia más aguda que la propia de la visión monocular.[363] Ahora bien, lo que nos interesa en este caso es que los mismos experimentos demostraron que esta "visión facial" que los sujetos describen como "sensaciones táctiles" y "presiones de los objetos sobre su rostro" es en realidad un tipo de "ecolocación" logrado por el desarrollo de la agudeza del oído: la "visión facial" es en realidad auditiva, si bien no es percibida de este modo por los sujetos ciegos. Se tiene entonces una experiencia auditiva que es inmediatamente vivida como táctil (presiones en el rostro) y que adquiere además el significado de una suerte de "espectáculo visual", es decir, de percepción de un espacio tridimensional con objetos ubicados a distancia similar al propio de la visión. En el caso de personas ciegas esta trasposición intersensorial se agudiza por el mayor desarrollo del sentido del oído, pero es claro que aun en el caso de personas videntes, si bien en menor medida, funciona este tipo de "eco-percepción" con las trasposiciones intersensoriales implicadas.[364]

Un experimento realizado por el psicólogo gestáltico Köhler y confirmado y ampliado por Holland, Wertheimer y otros investigadores muestra patentemente esta particularidad sinestésica de nuestra percepción, esta vez respecto de las equivalencias entre la visión y la audición.[365] Se le pidió a un número de personas que relacionaran los sonidos "maluma" y "takete" con formas visuales. La mayoría de los sujetos "no dudaron en asociar 'maluma', con su larga duración y vocales de baja altura (*pitch*) con la figura suavemente redondeada y en asociar el más agudo 'takete', con su corta duración y vocales altas con la figura angulosa".[366]

---

[363] *Ibid.*, p. 447.
[364] *Ibid.*, p. 448.
[365] *Cf.* Lawrence Marks, *The Unity of the Senses. Interrelations among the Modalities*, New York, Academic Press, 1978, pp. 77 ss. (La imagen reproducida corresponde a la misma obra.)
[366] *Idem.*

Maurice Merleau-Ponty. Filosofía, corporalidad y percepción

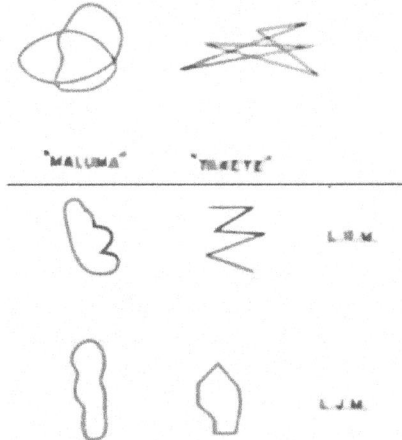

El experimento tiene la asombrosa particularidad de funcionar incluso en sentido inverso: las cuatro figuras inferiores son modos en que otros sujetos representaron los sonidos oídos sin haber visto anteriormente representaciones visuales de los mismos. Otro investigador (R. Davis) halló que niños ingleses y niños de Tanganika concordaban en las mismas asociaciones entre los sonidos pronunciados y los dibujos.[367] Los experimentos de Sapir con niños de muy diferentes culturas probaron además, por ejemplo, que palabras con el sonido "a" sugieren referentes más grandes que palabras que contienen el sonido "i" ("mal" sugiere un objeto más grande que "mil" para los hablantes de chino, inglés, etc.).[368] Ya sea que estas correspondencias intersensoriales prueben ser transculturales o dependientes de contextos culturales específicos la existencia del fenómeno es indudable. La neurofisiología lo explica identificando áreas en el cerebro que elaboran estímulos procedentes de diversas vías sensoriales o apelando, en casos patológicos o de intoxicación, al hecho de una "modificación de las cronaxias" o de las sinapsis interneuronales.[369] Merleau-Ponty no descalifica tal explicación pero considera que "el cambio de las cronaxias no puede ser la causa de la sinestesia, sino la expresión

---

[367] *Ibid.*, p. 78.
[368] *Idem.*
[369] La "sinestesia" designa en psicología también una patología, en referencia al caso singular de personas que no pueden evitar "ver sonidos" de modo alucinatorio, por ejemplo, percibiendo un sonido fuerte y brusco como una luz intensa y deslumbrante.

objetiva o el signo de un acontecimiento global y más profundo que no tiene su *sede* en el cuerpo objetivo y que interesa al cuerpo fenomenal como vehículo del ser-en-el-mundo".[370] El cuerpo fenomenal o vivido es el cuerpo-comportamiento y es en él que Merleau-Ponty busca la clave de las trasposiciones intersensoriales. Por eso afirmábamos más arriba que la clave de las sinestesias reside para el filósofo, en última instancia, en las cinestesias:

> Tiene un sentido decir que veo sonidos u oigo colores, si la visión o el oído no es la simple posesión de un *quale* opaco, sino la vivencia de una modalidad de la existencia, la sincronización de mi cuerpo con ella, y el problema de las sinestesias recibe un principio de solución si la experiencia de la cualidad es la de un cierto modo de movimiento o de una conducta. Cuando digo que veo un sonido, quiero decir que hago eco a la vibración del sonido con todo mi ser sensorial, y en particular mediante este sector de mí mismo que es capaz de colores. El movimiento, comprendido, no como movimiento objetivo y desplazamiento en el espacio, sino como proyecto de movimiento o "movimiento virtual" es el fundamento de la unidad de los sentidos.[371]

Es precisamente en esta remisión o implicación de los aspectos sensoriales entre sí donde hay que buscar, según Merleau-Ponty, la unidad que define a la cosa percibida: la "esencia" de la cosa no resulta de una "variación eidética" que descubra sus características invariantes, no es tampoco su concepto ni el resultado de una asociación empírica de diversas sensaciones, sino el entrelazamiento indisociable de sus apariciones espacio-temporales e intersensoriales que hace que cada una de estas últimas tome su sentido de su relación con las demás en una estructura total, correlativa de la unidad sinérgica que compone mi cuerpo al orientarse en vistas a un comportamiento posible.

> Las "propiedades" sensoriales de una cosa constituyen, conjuntamente, una misma cosa, tal como mi mirada, mi tacto y mis demás sentidos son, conjuntamente, las potencias de un mismo cuerpo integradas en una sola acción. [...] Una cosa es una cosa porque, nos diga lo que nos diga, nos lo dice con la misma organización de sus aspectos sensibles. Lo "real" es este contexto en el que cada momento no sólo es inseparable de los demás, en donde los "aspectos" se significan uno a otro en una equivalencia absoluta [...]. Imposible describir completamente el color del tapiz sin decir lo que es un tapiz, un tapiz

---

[370]   *FP*, p. 244.
[371]   *FP*, p. 249.

de lana, y sin implicar en este color un cierto valor táctil, un cierto peso, una cierta resistencia al sonido. La cosa es este género de ser en el que la definición completa de un atributo exige la del sujeto entero, y en la que, por consiguiente, el sentido no se distingue de la apariencia total.[372]

En el mismo sentido, en un curso posterior Merleau-Ponty se refiere, siguiendo un análisis sartreano, al gusto de la miel como un dulzor más indeleble o persistente que el del azúcar: esta cualidad sápida es indisociable de su cualidad táctil (viscosidad) de tal modo que "no es posible hacer de cada cualidad un pequeño islote separado. [...] Viscosidad y dulzor son dos maneras de ser 'meloso' de eso que llamamos miel". Del mismo modo, "es la acidez del limón la que es amarilla, es el amarillo del limón el que es ácido", y el sabor particular del milhojas es indisociable del modo que tiene de quebrarse entre los dientes.[373]

Ya se observó que este entrelazamiento de apariciones espaciales e intersensoriales se da temporalmente en el modo de la implicación de lo retenido y lo anticipado en lo actualmente presentado, lo que ilustraba el ejemplo de la audición de una melodía. Ahora bien, puede darse el caso de que la anticipación sea plenificada o actualizada tal como la anticipamos, o bien puede darse un decurso inesperado de la melodía que retrospectivamente hace cambiar su sentido a lo anterior. Lo mismo sucede, por ejemplo, al seguir la historia en una película cinematográfica. Contamos siempre al principio, por ejemplo, con episodios y personajes que esbozan sólo un sentido hipotético, flotante y fragmentario, y que típicamente al avanzar la historia se integrarán en una estructura que los relaciona y les dará un sentido más determinado. El sentido, sin embargo, está en perpetua reestructuración: la identidad de los personajes y el sentido de los episodios vistos está expuesto a ser resignificado por la introducción de nuevas secuencias o nuevos personajes. La historia, en fin, puede tener una "vuelta de tuerca" o un elemento inesperado que introduce todos los momentos anteriores dentro de una nueva estructura y hace que cambien de sentido. En la conocida película *Psicosis* (1960) dirigida por A. Hitchcock, por ejemplo, el espectador se percata cerca del final de que el conserje del hotel no estaba lidiando con su madre asesina sino que él mismo era el asesino que se veía detrás de la cortina translúcida de la ducha. La

---

[372] *FP*, pp. 336, 337.
[373] *MPS*, p. 522.

misma sombra y el mismo episodio cambian de sentido al introducirse sobre el final un elemento que reorganiza retrospectivamente todos los previos. Este último ejemplo del film que traiciona nuestras expectativas sirve para ilustrar la idea merleaupontyana de que no sólo cada elemento toma su sentido de sus interrelaciones estructurales con los otros, sino que cada estructura está en perpetua reestructuración y por lo tanto, el sentido está perpetuamente abierto a deslizamientos. Como dice Merleau-Ponty ya en *La structure du comportement*, hay "una verdadera *Umgestaltung*" (reorganización, transformación de estructura, estructura en construcción). La forma es siempre una "estructura dinámica",[374] "un conjunto de fuerzas en estado de [...] cambio constante".[375] Esta reestructuración es diacrónica y se da como consecuencia del fuir temporal: nunca puede dejar de haber estructura o sentido en tanto siempre estamos determinados por la sedimentación del pasado, pero la estructura nunca está cerrada en tanto está fluyendo hacia la novedad del futuro. Como resume B. Waldenfels, "la formación del sentido deviene un proceso de continua estructuración, reestructuración y transformación".[376] Pero esta reestructuración diacrónica se cumple simultáneamente o sincrónicamente en múltiples niveles o "dimensiones" (término que tiene la ventaja de no comportar una connotación jerárquica, como el primero).

Esta distinción de dimensiones se deriva, en principio, como una conclusión lógica de la definición estructural del sentido. Si aceptamos con Merleau-Ponty la hipótesis de la *Gestalttheorie* de que "una figura sobre un fondo es el dato [...] más simple que pueda obtenerse",[377] es consecuencia lógica el que no pueda darse una estructura por sí misma sino sólo en su relación con otra estructura. B. Waldenfels afirma que esta "estructuración de estructuras" toma dos formas. En primer lugar, distingue una dimensión horizontal en la que las estructuras se relacionarían extendiéndose unas en otras en paralelo y coimplicándose, como en el caso de las *Gestalten* de estímulos sensibles que se extenderían fisiológicamente en estructuras anatómicas cerebrales según la interpretación fisiologista de la *Gestaltphychologie* o, en la versión merleaupontyana, un estilo de comportamiento que se correlaciona con

---

[374] *EC*, p. 196.
[375] *EC*, p. 195.
[376] Bernhard Waldenfels, "Perception and Structure in Merleau-Ponty", *Research in Phenomenology*, New Jersey, Humanities Press, Vol. X, 1980, p. 27.
[377] *FP*, p. 26.

un *Umwelt* o entorno: en este último caso "estamos frente a una estructura de estructuras como nexo horizontal entre el comportamiento corporal y el mundo".[378] Por otro lado, Waldenfels distingue una dimensión vertical en que las estructuras interrelacionadas horizontalmente sirven de infraestructuras que se integran en superestructuras tales como el orden físico, el orden vital y el orden humano que Merleau-Ponty distingue en *La structure du comportement*. Merleau-Ponty, sin embargo, nunca desarrolla sistemáticamente esta distinción y hay que recordar además que una consecuencia necesaria de su teoría es la inexistencia de una estructura total: no puede concebirse en el eje horizontal del análisis una meta-estructura omniabarcadora ni en el vertical una infraestructura última, fundante u originaria, como tampoco siquiera una jerarquía absoluta entre las diversas dimensiones.

Merleau-Ponty afirma en sintonía con el contexto existencialista de su época que el mejor ejemplo de esta situación de "estar condenados al sentido"[379] pero a un sentido siempre abierto, inacabado y en perpetua resignificación es nuestra propia vida humana. Nuestro presente toma su sentido de su relación con la situación que nos viene dada de nuestras acciones o circunstancias pasadas y con lo esperado, proyectado o deseado hacia el futuro. Pero este sentido, aun si inevitable, no está nunca cerrado: nuevas experiencias, nuevos personajes y situaciones aparecen y nos revelan que esa persona no era tal como creíamos, que lo que yo sentía por tal otra persona no era en realidad tan profundo o tan trivial como creía, o que en realidad no sentía lo que creía sentir aun cuando antes "realmente" lo sentía así, en un proceso de resignificación abierto indefinidamente. Esta posibilidad de que los sentimientos se revelen como "falsos" en virtud de nuevos sentimientos "verdaderos" que pueden a su vez en el futuro revelarse como "falsos" es tratada *in extenso* por Merleau-Ponty en el capítulo de su *Fenomenología* acerca de "El 'Cogito'" (Parte III, cap. 1). Asimismo son argumentos de este tipo acerca de la perpetua y esencial reestructuración del sentido de lo vivido los que llevan a Merleau-Ponty a rechazar la concepción heideggeriana de una "existencia auténtica" en el capítulo de la misma obra acerca de "La temporalidad" (Parte III, cap. 2).

---

[378] B. Waldenfels, *loc. cit.*, p. 24.
[379] *FP*, p. 19.

III.2. Lo invisible y el mundo natural.

No solamente el sentido de mi vida escapa de sí mismo a la vez que se construye sino que en última instancia los horizontes temporales de mi vida personal se difuminan y se hunden en la oscuridad, la indeterminación y el sinsentido: en un pasado que no puedo recordar como el del nacimiento y los primeros meses de vida, y un futuro que no puedo anticipar como el de mi muerte. Se trata de los horizontes de la "naturaleza" que me corresponden por ser cuerpo: el pasado de mi nacimiento[380] vivido por mí corporalmente puede ser considerado, en los términos del filósofo, como "un pasado que nunca ha sido presente",[381] un pasado absoluto que escapa a cualquier intento conciente y voluntario de recuperarlo, y es sin embargo parte de mi vida como cuerpo que soy. Sus marcas psicofísicas se extienden hasta mi presente y definen quién soy como las marcas de los fórceps. En definitiva, mi identidad subjetiva siempre es precaria en la medida en que no existo más que carnalmente. Que yo soy cuerpo significa que sólo existo en mi inserción en un lugar del espacio como tejido de perspectivas vistas y no vistas, perspectivas que se hunden además en la indeterminación (siempre puedo seguir explorando y nunca llego a actualizar todos los horizontes), y en el fluir de un tiempo que se pierde en lo inmemorable y lo imposible de anticipar. El sujeto como conciencia y voluntad es sólo la punta del *iceberg* del "sujeto"-cuerpo, que es en inmensa medida preconciente e incluso, en su extremo, involuntario e inconciente. Los términos "yo", "conciencia" o "sujeto", entonces, resultan un tanto equívocos para referirse a este cuerpo, pero Merleau-Ponty opta generalmente por redefinir los términos tradicionales –hablando por ejemplo de un "*cogito* tácito"– en vez de simplemente abandonarlos. La misma operación de torsión del uso de los términos clásicos –al modo de un redescubrimiento o un reavivamiento de su sentido en función de la experiencia vivida– se aplica a la "corporalidad", a la "sensibilidad" o aun a la "naturaleza".

El modelo de una estructura en perpetua reestructuración o un sentido en perpetua resignificación sirve a Merleau-Ponty para pensar no sólo la percepción y la vida personal sino también el mundo mismo, como se evidencia en su tematización de la naturaleza. Al respecto afirma Merleau-Ponty: "El mundo natural es el horizonte de todos los horizontes [...] que asegura a mis experiencias una unidad dada y no

---

[380] *FP*, p. 344.
[381] *FP*, p. 257.

Maurice Merleau-Ponty. Filosofía, corporalidad y percepción

querida por debajo de todas las rupturas de mi vida personal e histórica, y cuyo correlato es en mí la existencia dada, general y prepersonal, de mis funciones sensoriales en las que hemos encontrado la definición del cuerpo".[382] Pero si el mundo es la garantía de síntesis de toda mi experiencia no lo es en el modo de un sentido último y cerrado: "el mismo mundo no es una cierta significación común a todas nuestras experiencias".[383] Suponer un horizonte total fijo implicaría suponer un punto de vista ubicuo, omniabarcador y, en última instancia, "desde ninguna parte" del tiempo ni del espacio. Pero esto no es posible si sólo existo como cuerpo, es decir, situado en el tiempo y el espacio, percibiendo desde una perspectiva particular escorzos o figuras que toman su sentido de horizontes que están siempre sólo latentes y nunca puedo actualizar por entero: "La percepción es de por sí apertura de un campo de *Gestaltungen* –y eso significa que la percepción es insconciente–. ¿Qué es lo inconsciente? Lo que funciona como gozne, existencial, y en este sentido, no es percibido. Porque sólo se perciben figuras sobre niveles -y sólo se las percibe en relación con el nivel, que, por tanto, es impercibido".[384] Es esencial a lo percibido el destacarse sobre un fondo de impercepción, a lo visible remitir a un invisible: mi "presa" sobre el mundo se hace siempre sobre un fondo de desposesión. Por ello afirma Merleau-Ponty que "mi posesión de lo lejano y lo pasado, como la del futuro, no es pues, más que de principio; mi vida se me escapa de todos lados, está circunscrita por zonas impersonales".[385] Y esto no es un obstáculo sino una condición para que haya todo el tiempo un sentido, puesto que

> si la cosa y el mundo pudieran definirse de una vez por todas, si los horizontes espacio-temporales pudiesen, siquiera idealmente, explicitarse y pensarse el mundo sin punto de vista, entonces nada existiría, yo sobrevolaría el mundo, y lejos de que todos los lugares y tiempos se volviesen a la vez reales, dejarían todos de serlo porque yo no habitaría en ninguno [...]. El mundo [...] no subsiste más que por este movimiento único que disocia lo "apresentado" de lo presente y simultáneamente los compone, y la conciencia, que pasa por ser el lugar de la claridad, es, al contrario, el lugar del equívoco. [...] Es pues, esencial para la cosa y el mundo el que se presenten como "abiertos", el que nos remitan más allá de sus manifestaciones

---

[382]   *FP*, p. 343.
[383]   *FP*, p. 342.
[384]   *VyI*, p. 232.
[385]   *FP*, p. 344.

> determinadas, que nos prometan siempre "algo más por ver". Es lo que algunas veces se expresa al decir que la cosa y el mundo son misteriosos. [...] Son incluso un misterio absoluto, que no comporta ninguna aclaración, [y esto] no por un defecto provisional de nuestro conocimiento. [...] Nada hay por ver más allá de nuestros horizontes, sino otros paisajes y otros horizontes; nada al interior de la cosa, salvo otras cosas más pequeñas.[386]

No existe una estructura total y última no solamente porque estamos situados en un punto de vista particular abierto esencialmente a otros y en un momento temporal que pasa perpetuamente a otros, sino porque los horizontes temporales y espaciales se difuminan y se pierden en lo lejano del tiempo y del espacio. Esta lejanía irreductible es lo que Merleau-Ponty llama más propiamente "la naturaleza" en su *Fenomenología de la percepción*, anticipando uno de los sentidos del concepto multívoco de "lo invisible" que el filósofo desarrollará en su último pensamiento (*Lo visible y lo invisible*). Todo lo visible no sólo está atravesado por lo invisible en el sentido de lo no actualmente presentado pero implicado o anticipado. Debe hacerse lugar también en el análisis a un invisible que no es lo ya no visto ni lo aún no visto, ni tampoco lo visto desde otro lugar o por otros, sino como dice B. Waldenfels, "más bien una forma de ausencia que como tal pertenece al mundo", "un des-ocultamiento del ocultamiento, un aparecer primordial de aquello que no puede aparecer".[387] Correlativamente, del lado subjetivo debe reconocerse un "punto ciego" de la conciencia: no sólo un límite empírico y puntual sino una opacidad interna y fundamental. "No se trata de una mera incompletitud que se movería entre los límites de lo actual y lo potencial, lo explícito y lo implícito",[388] sino de lo inactualizable e inexplicitable. Atendiendo sólo al significado lato de los términos podría decirse que existe no sólo lo subconciente o lo preconciente sino lo esencialmente inconciente. La conciencia no sólo no es transparente porque su transparencia está perpetuamente contaminada por retenciones y protensiones, sino porque al ser cuerpo y comunicar así ontológicamente con la naturaleza conserva un extremo de neta opacidad. Si hemos definido con Merleau-Ponty el sentido como estructura, habría que decir que esta última noción de invisibilidad significa que todo sentido o estructura se da, en última instancia, sobre

---

[386] *FP*, p. 345, 346.
[387] B. Waldenfels, *loc. cit.*, p. 33.
[388] *Ibid.*, p 33.

el fondo último del sinsentido o de lo no estructurado como espacio vacío que permite el despliegue y la transformación de las estructuras, el nacimiento, la novedad o "la vida del sentido", y es a esta invisibilidad que remite en última instancia el significado merleaupontyano de la naturaleza. El no sentido de la naturaleza no es meramente la nada, la limitación o lo contrario del sentido puesto que aparece como fondo de todo aparecer y todo lo visible se sirve de este invisible para ser visible. Lo inconciente tal como es necesario definirlo desde Merleau-Ponty es lo absolutamente opaco a la conciencia que se da como tal a la conciencia: la naturaleza no es sólo el límite de lo percibido sino también su posibilidad y su fundamento. Si Merleau-Ponty se refería a la naturaleza como un pasado no actualizable, en el siguiente texto se afirma que el pasado lejano y olvidado no debe concebirse por simple oposición, como una nada absoluta de sentido, sino en continuidad con el presente como una difuminación o "desarticulación" del sentido o de la estructura hasta lo absolutamente indeterminado:

> No hay que concebirlo [al olvido] como ocultación [...], como paso a la nada, aniquilación [...]. Hay que concebir el mismo tener conciencia como trascendencia, como ser superado por [...] y, por lo tanto como ignorancia [...]. Hay que entender mejor la percepción (y por consiguiente, la impercepción), es decir: entender la percepción como diferenciación y el olvido como desdiferenciación. El hecho de que ya no se ve el recuerdo = no destrucción de un material psíquico que fuera lo sensible, sino su desarticulación que hace que ya no haya distanciamiento, relieve. Es esa la oscuridad del olvido. Entender que el "tener conciencia" = tener una figura sobre un fondo, y que desaparece por desarticulación.[389]

El sujeto es temporal, se encuentra incluso en el foco del despliegue del tiempo, y sin embargo no constituye el tiempo porque el espesor de su ser corporal es la huella de un tiempo que le es a la vez propio y ajeno: desconocido, salvaje, incontrolable e inapropiable. La transparencia o entrelazamiento del pasado en el presente se transforma en última instancia por "espesamiento" en opacidad. El tiempo es "espesado" o "engrosado" en tanto el tiempo de un sujeto que ha sido redefinido como cuerpo es también por necesidad el tiempo del mundo, el tiempo de los otros y el tiempo de la naturaleza, a condición de entender que "el tiempo de la naturaleza" no es el tiempo objetivo o "en sí" que describe el físico. El ser de la naturaleza es su ser-percibida: "Lo

---

[389] *VyI*, p. 241.

que en definitiva es verdad es, pues, que hay una naturaleza, no la de las ciencias, sino aquella que la percepción me hace ver, y que incluso la luz de la conciencia es, como Heidegger dice, *lumen naturale*, dada a sí misma".[390] ¿Pero qué significa exactamente afirmar a la vez que "el ser de la naturaleza es su ser percibida" y que sin embargo "la conciencia misma es *lumen naturale*", es decir, que la conciencia percipiente misma es "natural" o *de* la naturaleza? En *La nature* (1956-1960) Merleau-Ponty encontrará formulada esta misma paradoja de un "ser percibido que antecede y funda la percepción que le da su ser" en diversos filósofos, entre ellos Bergson: "Este universo anterior a mí no lo puedo pensar más que como lo percibo [...]. Bergson postula una paradoja inherente a la percepción: el Ser es anterior a la percepción, y este Ser primordial no es concebible más que en relación con la percepción. [...] Hay ser anterior a todo conocimiento, y que sobreviene [*survient*] al mismo tiempo que la percepción".[391] Aún sin rebasar los límites de la *Fenomenología de la percepción* pueden hallarse los mismos términos paradojales del último Merleau-Ponty, el que afirma siguiendo a Schelling que "somos los padres de una Naturaleza de la cual somos los hijos. Es en el hombre que las cosas devienen por sí mismas conocidas; pero la relación es recíproca: el hombre es el devenir conciente de las cosas".[392] O bien, según la expresión de *Lo visible y lo invisible*: hay un "hacerse naturaleza del hombre que es el hacerse hombre la naturaleza".[393] Volviendo a los términos de la *Fenomenología* esto significa concretamente que, por un lado, no podemos concebir lo que el mundo haya sido antes de la conciencia humana o lo que pueda estar sucediendo en las antípodas más que como un percepto posible o una variación de lo vivido, y "esta referencia al mundo vivido contribuye a constituir su significación válida. Nada me hará comprender jamás lo que podría ser una nebulosa no vista por nadie".[394] En el mismo sentido, no concibo el mundo que durará después de mí más que empatizando imaginariamente con la mirada de otros seres que lo percibirán. Pero por otro lado y simultáneamente la vivencia misma que es la fuente de sentido aun de lo más lejano y extraño hunde sus raíces en un suelo cuyos horizontes últimos no puede divisar y vive de

---

[390] *FP*, p. 440.
[391] *N*, p. 83.
[392] *N*, p. 68. Textualmente: en el hombre "las cosas devienen por sí mismas concientes" ("*les choses deviennent par elles-mêmes conscientes*").
[393] *VyI*, p. 288.
[394] *FP*, p. 440.

un tiempo que no constituye: "yo no soy el autor del tiempo como tampoco de los latidos de mi corazón [...]; yo no decidí nacer, y, una vez nacido, el tiempo se escurre a través de mí, haga yo lo que quiera".[395] Tengo de ese modo una suerte de vivencia de lo no vivido y aun de lo que no podría nunca vivir, "lo inhumano" como aquello con lo que un yo no podría nunca coincidir: mi experiencia, fuente de sentido de todo ser, se me da a la vez como fundada en el ser y como esencialmente incompleta, nunca congruente con el ser. Y a este ser "inhumano" –o mejor "trans-humano" en el sentido de que atraviesa y excede a la experiencia humana– no es sino la misma experiencia humana la que lo vislumbra en sus lejanías y lo reconoce en la extrañeza de lo que le es más propio, su cuerpo. La naturaleza nos da la espalda o "nos ignora", como afirma el filósofo en su *Fenomenología*, pero lo primero que nos da la espalda y se escurre de nuestra visión somos nosotros mismos: la espalda de la naturaleza o su opacidad es la nuestra en tanto somos cuerpo. La excedencia del mundo y del tiempo natural no implica otro mundo y otro tiempo desligados del nuestro sino que "mi presente viviente abre hacia un pasado que, con todo, ya no vivo, y hacia un futuro que todavía no vivo, que tal vez no viviré nunca".[396] En sus últimos cursos Merleau-Ponty resume esta paradoja inherente al aparecer de lo que no aparece en la percepción –es decir, su aspecto de "naturaleza"– en los siguientes términos:

> Lo que yo percibo está a la vez en mí y en las cosas. La percepción se hace a partir del interior de la Naturaleza. [...] La revelación sensible nos pone en presencia de un término que no puede ser aproximado más, que es su "*terminus*", siendo a la vez lo contrario en tanto que es revelación [...]. Está a la vez próximo y distante. [...] La percepción nos pone en presencia de un término opaco a título definitivo. En otros términos, la Naturaleza que percibimos está tan próxima y tan distante como es posible estarlo, y esto por las mismas razones. [...] La Naturaleza es pues lo que resta intacto después del desarrollo perceptivo [...], es necesario que sea a distancia para ser tocada sin intermediario.[397]

Lo tocado sin mediación, lo más próximo que se da conservando a la vez su opacidad, es propiamente "lo sensible". En este sentido, una vez que han sido criticadas por Merleau-Ponty en sus definiciones

---

[395] *FP*, p. 434.
[396] *FP*, pp. 440, 441.
[397] *N*, p. 160.

clásicas la sensación y la sensibilidad son rehabilitadas y redefinidas –o más bien "redescubiertas"– como relativas al carácter "natural" que es inherente a todo lo percibido. No existe una materia sensible desprovista de sentido sobre la que se aplique la actividad de la conciencia, pero en cambio toda percepción se desliza y se funda en horizontes cuyo sentido en última instancia es oscuro y desarticulado. No hay experiencia de impresiones puntuales e inconexas, ya sean concebidas como "estados o maneras de ser del sujeto y, en calidad de tales, [...] verdaderas cosas mentales"[398] o física y fisiológicamente ("los estímulos tal como la física los describe y [...] los órganos de los sentidos tal como la biología los describe").[399] Sin embargo, afirma Merleau-Ponty, hay que "volver a la sensación" y a la experiencia sensible misma más allá o más acá de estas concepciones teóricas. Al volver a la experiencia sensible lo primero que ésta revela es la inseparabilidad del sujeto y el objeto, del sentiente y lo sensible. La sensación de rojo, por ejemplo, no es ni una imagen mental ni un estímulo físico o una elaboración fisiológica sino la propuesta de una cierta conducta.[400] Cada color "tiene un valor motor definido",[401] una "fisionomía motriz" o una "significación vital" en los que "el lado perceptivo del comportamiento y lado motor se comunican". El color, "antes de ser visto, se anuncia por la experiencia de una cierta actitud del cuerpo" al cual se ofrece o se propone como un campo o atmósfera.[402] No es posible distinguir aquí eslabones causales (el estímulo causando la impresión subjetiva) ni tampoco es el color constituido en la mente y "proyectado" en lo visible, sino que el color "es ya la amplificación de nuestro ser motor" y viceversa.[403] Las relaciones entre sentiente y sensible no disponen dos polos diferenciados de actividad y pasividad, sino que estas dos condiciones se entrelazan como en el sueño: "decido" irme a dormir e "invito" al sueño anticipando e imitando la posición del durmiente, pero en última instancia "me rindo" al sueño y él "viene". En este sentido la sensación es definida como "coexistencia o comunión", una experiencia primaria en que el sintiente y lo sensible, el sujeto y el objeto son indiscernibles:[404] "en este intercambio entre el sujeto de la sensación y lo sensible no

---

[398] *FP*, p. 223.
[399] *Idem.*
[400] *FP*, p. 224.
[401] *FP*, p. 225.
[402] *FP*, p. 226.
[403] *FP*, p. 227.
[404] *FP*, pp. 227-229.

Maurice Merleau-Ponty. Filosofía, corporalidad y percepción

puede decirse que el uno actúe y el otro sufra, que uno sea el agente y el otro el paciente, que uno dé sentido al otro. [...] Lo sensible me devuelve aquello que le presté, pero que yo había recibido ya de él".[405] Mi experiencia sensible del azul del cielo no consiste en la captación mental o subjetiva del azul como objeto frente a mí, sino que "me abandono a él, me sumerjo [...], él 'se piensa en mí'".[406]

De esta redefinición de la sensibilidad como "comunión" en que las dimensiones subjetiva y objetiva se confunden Merleau-Ponty deriva como consecuencia la necesidad de caracterizar en otros términos tanto al sujeto como al objeto de la percepción.[407] El sujeto de la percepción es "una existencia general",[408] es anónimo o prepersonal. Debería decirse que "se percibe en mí" y no que yo percibo: "toda sensación implica un germen de sueño o de despersonalización". Afirma también que "la percepción se da siempre en el modo del 'se'" (impersonal).[409] Esta despersonalización se sigue tanto de que percibo de acuerdo a habitualidades sedimentadas ("la sensación es una reconstitución, supone en mí los sedimentos de una constitución previa"[410]) como de que en última instancia, mi cuerpo es el "sujeto natural" de la percepción, por el que "estoy colmado de poderes naturales de los que soy el primero en asombrarme"[411] y que son tan opacos a mi conciencia –me son tan extraños y tan impropios– como mi nacimiento o mi muerte.[412] Que el sujeto de la percepción es anónimo significa correlativamente que el objeto es parcial y se da siempre sólo por escorzos, pertenece a un cierto "campo" y está inserto en un "horizonte". Y la misma observación válida para el sujeto se aplica al objeto: éste no solamente es parcial porque siempre se da como abierto a "más de lo que actualmente veo" sino que en última instancia señala "una profundidad que ninguna captación sensorial agotará", un horizonte que "no [es] solamente ser sensible"[413] correspondiente a lo que llamará en sus últimos escritos "lo invisible" y que relacionamos previamente con la naturaleza.

---

[405] *FP*, p. 229.
[406] *FP*, p. 230.
[407] *FP*, pp. 230-232.
[408] *FP*, p. 231.
[409] *FP*, p. 255.
[410] *FP*, p. 230.
[411] *Idem.*
[412] *FP*, p. 231.
[413] *FP*, p. 232.

Especialmente en escritos posteriores a su *Fenomenología* Merleau-Ponty identifica a la naturaleza con el "ser sensible" en general: "la carne del mundo" que es esencialmente un "ser-visto, o sea que es un ser que es eminentemente *percipi*".[414] Ahora bien, la percepción es el entrelazamiento de las perspectivas o la horizonticidad misma, por lo cual "la naturaleza" alude en ocasiones más específicamente a los horizontes copresentes en toda percepción y, en particular, al "horizonte más externo de mundo" en que se apoya y de donde surge toda percepción. En este sentido más propio la naturaleza señala una dimensión particular de lo percibido, la más fundamental y originaria: aquel fondo "inhumano" en que "están arraigadas las cosas" percibidas;[415] aquello que se da como permaneciendo siempre por detrás o por debajo de las cosas. Si bien es posible que este horizonte de indeterminación se haga más patente en ciertas cosas "que no han sido fabricadas" por el hombre[416] o en perceptos que no pueden ser por sí mismos denominados "cosas" como el suelo y el cielo, él está presente como horizonte en la percepción de cualquier cosa, aun las fabricadas por el hombre –y no podría ser de otro modo si el ser humano en tanto es corporal es también un ser natural–.

> Todo objeto cultural remite a un fondo de naturaleza sobre el que se manifiesta y que, por lo demás, puede ser confuso y lejano. Nuestra percepción presente bajo el cuadro la presencia próxima de la tela, la del cemento que se deshace bajo el monumento, la del actor que se fatiga bajo el personaje. Pero la naturaleza de la que habla el empirismo [o la descripta por las ciencias] es una suma de estímulos y cualidades [físico-químicas]. De una naturaleza tal es absurdo pretender que sea, siquiera en intención, el objeto primero de nuestra percepción: es muy posterior a la experiencia de los objetos culturales, o mejor, es uno de ellos. Tendremos, pues, que redescubrir el mundo natural y su modo de existencia que no se confunde con el del objeto científico.[417]

Un párrafo de un artículo posterior vuelve a referirse elocuentemente al mismo aparecer de las cosas como "naturales", es decir, como extendiendo sus horizontes a lo indeterminado e inabarcable, reconociendo que este aparecer se da cuando "interrumpo

---

[414] *VyI*, p. 301.
[415] *FP*, p. 338.
[416] *FP*, p. 337.
[417] *FP*, p. 46.

mi comercio habitual" con ellas, es decir, cuando dejo de captarlas a partir de mis proyectos de comportamiento sedimentados y latentes en mi esquema motriz para percibirlas con mi cuerpo en tanto él mismo escapa al control y la funcionalidad:

> Existe en la condición de ser consciente un perpetuo malestar. En el momento en que percibo una cosa, me doy cuenta de que ya estaba allí antes que yo, fuera de mi campo de visión. Un horizonte infinito de cosas posibles rodea el pequeño número de las que tengo al alcance de la mano. Un silbido de locomotora en la noche, la sala de teatro vacía donde entro, hacen aparecer, en el tiempo de un relámpago, estas cosas que existen en todas partes y que están dispuestas para la percepción, espectáculos que nadie contempla, tinieblas repletas de seres. Incluso las cosas que me rodean me exceden a condición de que interrumpa mi comercio habitual con ellas y de que las vuelva a encontrar, más acá del mundo humano o simplemente viviente, bajo su aspecto de cosas naturales. Una vieja chaqueta dejada sobre una silla en el silencio de una casa de campo, cerrada ya la puerta a los olores del monte bajo y a los gritos de los pájaros, si la tomo como se me presenta, se convierte ya en un enigma. Allí está, ciega y limitada, sin saber que está allí, contentándose con ocupar este espacio, pero ocupándolo como yo nunca podré ocupar lugar alguno.[418]

El mundo natural en su sentido originario es el fondo de indeterminación que provee el suelo y el espacio abierto de aparición de toda cosa sin ser él mismo una cosa particular. Ahora bien, esta dimensión natural, fundamental u originaria del mundo es en última instancia una dimensión de la experiencia del mundo: una experiencia perceptiva posible que está siempre latente en toda percepción común y que puede en ocasiones hacerse más presente. En sus últimos cursos Merleau-Ponty se refiere a la naturaleza en los siguientes términos: "Este inaprehensible, este englobante, como diría Jaspers, es el horizonte de toda reflexión [...]. El hombre debe ser comprendido con toda la masa que arrastra tras él. Si esto es así, la filosofía de la Naturaleza es algo totalmente distinto [...] de una teoría particular: *ella caracteriza una actitud respecto del ser dado*".[419] La naturaleza, en este sentido, no es propiamente un estrato del mundo sino una actitud posible respecto suyo. De lo antedicho podría deducirse en qué consistiría esta actitud o experiencia natural del mundo –o esta

---

[418] SS, pp. 60, 61.
[419] N, p. 74. El subrayado es nuestro.

experiencia del mundo natural–. Si el sentido de una cosa percibida es para Merleau-Ponty un determinado comportamiento posible respecto suyo, es decir que la cosa percibida es básicamente una especie de "útil" o de "quehacer" posible, la cosa en su dimensión de naturaleza es lo que escapa de cualquier proyecto pragmático o utilitario particular. Y en este punto la teoría de la percepción de Merleau-Ponty, ya desde la *Fenomenología de la percepción*, sugiere un giro interesante que se acentuará en escritos posteriores: si bien lo percibido es descripto primeramente como una cosa definida que es el correlato de un proyecto pragmático particular, la explicitación de lo percibido tal como es percibido lo revela en última instancia como fundado en un horizonte de indeterminación que escapa a cualquier proyecto utilitario. Este horizonte acompaña y es inherente a la percepción de toda cosa como su fundamento de sentido –que a la vez la hace deslizar en el sinsentido–, de tal modo que sólo por una reducción apresurada pudo afirmarse en primera instancia que percibimos "cosas". Es por ello que el análisis merleaupontyano de la sensibilidad y la crítica de la sensación conducen en última instancia a la siguiente constatación acerca de la indeterminación y la ambigüedad de todo lo que aparece:

> La cualidad nunca es inmediatamente experimentada y [...] toda conciencia es conciencia de algo. Por lo demás, este "algo" no tiene por qué ser un objeto identificable. Hay dos maneras de equivocarse respecto de la cualidad: una consiste en [...] tratarla como una impresión muda, siendo así que siempre tiene un sentido; la otra consiste en creer que este sentido y este objeto son [...] plenos y determinados. Y lo mismo este segundo error que el primero provienen del prejuicio del mundo. Nosotros construimos mediante la óptica y la geometría el fragmento del mundo cuya imagen puede formarse, a cada momento, sobre nuestra retina. Todo lo que se sale de este perímetro, que no se refleja en ninguna superficie sensible, no actúa más sobre nuestra visión de lo que actúa la luz sobre nuestros ojos cerrados. Tendríamos que percibir, pues, un segmento del mundo cercado por límites precisos, rodeado de una zona negra [...]. Pues bien, la experiencia no ofrece nada parecido y nunca comprenderemos, a partir del mundo, qué es un *campo visual*. [...] La región que rodea el campo visual no es fácil de describir, pero no es, con toda seguridad, ni negra ni gris. Se da aquí una visión indeterminada, una visión de no se qué, y, de llegar al límite, lo que está detrás de mi espalda no carece de presencia visual. [...] En el mundo tomado en sí todo está determinado. Sí, hay espectáculos confusos, como un paisaje en un día de niebla, pero nosotros admitimos precisamente que ningún paisaje real es en sí confuso. Sólo para nosotros lo es. El objeto, dirán los

psicólogos, nunca es ambiguo, solamente la falta de atención lo vuelve tal. [...] Mas la idea de atención [...] no tiene en su favor ningún testimonio de la conciencia. Es una hipótesis auxiliar forjada para salvar el prejuicio del mundo objetivo. Nos es preciso reconocer lo indeterminado como un fenómeno positivo.[420]

En sus últimos escritos Merleau-Ponty se preguntará, extremando la misma línea argumentativa del párrafo de la *Fenomenología* recién citado *in extenso*, si la experiencia es originariamente experiencia de cosas o si en cambio la cosa no es derivada de una interpretación o idealización de la experiencia tal como es vivida:

Hemos de preguntarnos si [la cosa] está realmente implicada de modo originario en nuestro contacto con todo, si realmente partiendo de ella podemos comprender lo demás, si nuestra experiencia es por principio experiencia de la cosa, si el mundo, por ejemplo, es una inmensa cosa, si nuestra experiencia apunta directamente a las cosas [...] o si por el contrario no habremos introducido como esenciales elementos que en realidad son derivados y, a su vez, requieren aclaración. [...] La cosa, la piedra, la concha [...] son fuerzas tenues que desarrollan sus implicaciones con el concurso de circunstancias favorables. [...] Si esto es cierto, la identidad de la cosa consigo misma, esta especie de fundamento propio, [...] esta plenitud y esta positividad que le hemos reconocido, rebasan ya la experiencia, son ya interpretación añadida a la experiencia.[421]

III.3. Imágenes, sueños, ilusiones y alucinaciones.

Hasta este punto el análisis se concentró en la tesis merleaupontyana según la cual el sujeto percipiente es fundamentalmente el cuerpo sentiente y motriz tal como de él tenemos experiencia antes que un sujeto mental o un cuerpo definido anátomo-fisiológicamente. Esta afirmación es paralela de otra correlativa acerca del objeto: antes que ser una representación o una suma de procesos físicos el objeto de la percepción es en primera instancia lo percibido tal como de él tenemos experiencia. Estas afirmaciones, lejos de ser tautológicas, comportan una significación radical: al dar cuenta de la percepción no es necesario

---

[420] *FP*, pp. 27, 28.
[421] *VyI*, p. 201.

ni suficiente buscar por detrás de nuestra experiencia corporal percipiente como causas o explicaciones últimas de la percepción a la mente ni al organismo, ni por detrás del mundo tal como es vivido al mundo del físico. Por el contrario, la experiencia tal como es vivida es el fundamento de sentido último de cualquier explicación e integra las dimensiones que intentamos separar dándoles un sentido que por sí mismas no tendrían. Respecto del aspecto noemático u "objetual" esto significa que el mundo tal como es percibido es la fuente de sentido de la descripción "objetiva" del mundo provista por la ciencia, como una serie de procesos que estarían ahí independientemente de su ser percibidos:

> Todo el universo de la ciencia está construido sobre el mundo vivido, y si queremos pensar rigurosamente a la ciencia, apreciar exactamente su sentido y alcance, tendremos, primero, que despertar esta experiencia del mundo del que la ciencia es expresión segunda. [...] Volver a las cosas mismas es volver a este mundo antes del conocimiento del que el conocimiento habla siempre, y respecto del cual toda determinación científica es abstracta, signitiva y dependiente, como la geografía respecto del paisaje en el que aprendimos por primera vez qué era un bosque, un río o una pradera.[422]

Simone Weil ya afirmaba en la misma dirección que "toda ciencia de la naturaleza reposa sobre la percepción; declarar la percepción falsa en nombre de la ciencia es una contradicción. Los átomos no son más reales. Son percepciones supuestas".[423] El mundo es entonces fundamentalmente el mundo percibido tal como es percibido o, para reiterar la fórmula de los últimos escritos del filósofo, "la carne del mundo es [...] un ser que es eminentemente *percipi*".[424] A la pregunta por si la rama del árbol que se quiebra en el bosque hace ruido cuando ninguna criatura se halla lo bastante cerca para oírla el científico podría responder que no habría sonido –porque un sonido por definición implica la sensación suscitada por la vibración del aire en un organismo viviente–, pero "por descontado que esa caída produciría vibraciones en el aire. Éstas, a buen seguro, existirían".[425] Desde la perspectiva fenomenológica adoptada por Merleau-Ponty relativa al "primado de la percepción" debería observarse en cambio que aun las vibraciones del

---

[422]   *FP*, pp. 8, 9.
[423]   S. Weil, *Oeuvres complètes VI 1*, París, Gallimard, 1994, p. 173.
[424]   *VyI*, p. 301.
[425]   I. Rock, *op. cit.*, p. 4.

aire son "seres de percepción": son percibidas por los científicos mediante instrumentos que amplían las posibilidades perceptivas usuales. Ellas son, en última instancia, como dice Weil, "percepciones supuestas", aun cuando se las suponga independientes de toda percepción. Esto no significa sin embargo renunciar a toda noción de objetividad. Si bien las cosas no son "en sí" en el sentido de tener una existencia objetiva independiente de su ser percibidas, no es menos cierto que *se nos aparecen* como existiendo "en sí" y que son percibidas como trascendentes a nuestra conciencia actual de ellas: percibimos el chirrido de la rama del árbol al acercarnos como existiendo ahí fuera, sonando aún antes de que nos acercáramos, y percibimos la mesa que percibimos actualmente al entrar a la habitación como estando ahí antes de que entráramos. Tenemos además percepciones de cosas como existiendo realmente "ahí fuera" y otras percepciones que reconocemos como "ilusiones" y cargamos a cuenta de nuestro propio cuerpo o de nosotros mismos y no del mundo. Cuando percibimos primeramente una persona al caminar por una calle oscura y luego al acercarnos percibimos un árbol, percibimos al árbol como real mientras que reconocemos la anterior percepción de una persona como ilusoria. ¿Cómo definir esta objetividad percibida una vez que se ha renunciado a la tesis de que existan cosas y mundo independientemente de su ser percibidos? ¿No debería afirmarse que se trata, en el caso de las ilusiones de los sentidos, sólo de dos percepciones sucesivas de igual valor de verdad? ¿Cuál sería el criterio según el cual diferenciamos percepciones reales de percepciones ilusorias o alucinaciones si no se cuenta con el respaldo de cosas de existencia independiente respecto de las cuales nuestra percepción podría medir su correspondencia? Como observa Merleau-Ponty, "la verdad de la percepción y la falsedad de la ilusión tienen que estar marcadas por algún carácter intrínseco", es decir, no por su adecuación a una realidad independiente de su ser percibida. "Si todo el ser de mi percepción y todo el ser de mi ilusión está en su manera de aparecer, es necesario que la verdad que define la una y la falsedad que define a la otra se me manifiesten también. Habrá pues, entre ellas, una diferencia de estructura. La percepción verdadera será, simplemente, una verdadera percepción".[426]

Percibir la rama chirriando ahora como chirriando aun si no estuviéramos ahí o percibir la mesa percibida actualmente como existiendo objetivamente o en sí significa simplemente que en nuestra percepción actual están entrelazados los horizontes de percepciones

---

[426] *FP*, p. 309.

pasadas y futuras: que percibimos actualmente el chirrido como ya chirriando antes y la mesa ahora vista como ya visible antes de que entráramos. En los términos de Merleau-Ponty, "me parece que el mundo se vive a sí mismo fuera de mí, como los paisajes ausentes continúan viviéndose más allá del alcance de mi campo visual, y como mi pasado se vivió en otro tiempo más acá de mi presente".[427] No está en juego aquí una operación intelectual y en este sentido no se trata de "percepciones supuestas" como decía Weil: en lo percibido mismo tal como es percibido están entrelazadas –o son "apercibidas", en la terminología de Husserl– otras percepciones efectuadas y posibles. El percibir la mesa como mesa ya es percibir su parte trasera aun si ésta no es el escorzo actualmente presentado: no percibimos nunca sólo lo actualmente presentado al percibir un objeto y en cierto modo percibir un objeto es completarlo. Es precisamente esta imbricación de las perspectivas espacio-temporales en la perspectiva actualmente presentada la que da "solidez" a lo percibido y hace aparecer las cosas como trascendentes a nuestra percepción: como existiendo "en sí" además de "para mí".

En la expresión "trascendentes a *nuestra* percepción" se insinúa algo más acerca de lo que significa percibir algo como "en sí": el hecho de que no existe sólo para mí sino que es percibido como existiendo para otros. Y en realidad al hablar de la interimplicación de los horizontes espacio-temporales se estaba siempre ya mentando la interimplicación de los cuerpos percipientes entre sí, porque los aspectos no vistos actualmente pero apercibidos o coimplicados en la percepción actual son los aspectos que otros seres percipientes ven o podrían ver desde otros puntos de vista. Lo que otorga profundidad a toda percepción no es otra cosa entonces que la implicación de esas otras miradas, y este es otro sentido en el que puede volver a afirmarse que toda percepción es esencialmente copercepción y el mundo percibido "objetivamente" o como "trascendente" es propiamente el mundo "intersubjetivo". Mi cuerpo tal como es vivido –el "esquema corporal"– no sólo es co-vivido juntamente con los cuerpos de los otros desde que se constituyó en una comunidad intersubjetiva y cultural con la que comparte habitualidades comportamentales básicas, sino que también en el presente de cada percepción actual los otros cuerpos están entrelazados ontológicamente con mi cuerpo percipiente otorgando profundidad –es decir, "realidad", "objetividad", "trascendencia" o "solidez"– a lo que veo. Así, en uno de sus últimos cursos afirma elocuentemente Merleau-Ponty: "Esta mezcla

---

[427] *FP*, p. 347.

y este desbordamiento [de los cuerpos entre sí] existen ya porque vemos, es decir que vemos a los otros ver [...], *vemos con los ojos de los otros desde que tenemos ojos*".[428] Lo mismo era expresado con mayor detalle ya en su *Fenomenología*:

> El mundo percibido no es solamente *mi* mundo, es en él que veo dibujarse las conductas del otro, éstas también apuntan a aquél, que es el correlato no solamente de mi conciencia sino también de toda conciencia *con que pueda encontrarme*. Lo que con mis ojos veo agota para mí las posibilidades de la visión. Es indudable que no lo veo más que bajo cierto ángulo, y admito que un espectador situado de manera diferente pueda advertir lo que yo no hago más que adivinar. Pero estos espectáculos diferentes están actualmente implicados en el mío, como la espalda o el debajo de los objetos se percibe al mismo tiempo que su cara visible o como la pieza de al lado preexiste a la percepción que de la misma tendría si a ella me desplazara. [...] Mi percepción hace coexistir un número indefinido de cadenas perceptivas que la confirmarían en todos sus puntos y concordarían entre ellas.[429]

¿Cómo sería un mundo percibido por uno solo, un mundo sin otros? Michel Tournier en su "novela filosófica" *Vendredi ou les limbes du Pacifique* –a la que se refiere Gilles Deleuze en un apéndice a su *Lógica del sentido*– reescribe la historia de Robinson Crusoe para desarrollar esta hipótesis. Se trata en este caso sólo de una suerte de mito o de experimento mental, puesto que el ser humano no nace en condiciones biológicas que le permitan sobrevivir sin el cuidado de otros y es por ello esencialmente un ser social. Esta es justamente una de aquellas condiciones empíricas de la existencia humana que, en la perspectiva merleaupontyana, adquieren un carácter trascendental: la contingencia empírica de la imposibilidad de sobrevivir sin el cuidado de otros es un "hecho necesario" sin contradicción alguna en los términos, y por ello la intersubjetividad o la intercorporalidad adquieren un significado y un valor "esencial"; el "ser-con" es indisociable del modo de ser particular del humano. Ahora bien, según aquel "mito" filosófico-novelístico de un ser humano que existe ontológicamente separado tal como lo narra Tournier, mientras el náufrago ontológico permanece solo en su isla – antes de la aparición del personaje Viernes o de tener contacto con cualquier "otro"– no puede percibir propiamente objetos. Está inmerso en los elementos y se desliza por las superficies de todo lo que aparece y

---

[428] *NC*, p. 211. El subrayado es nuestro.
[429] *FP*, p. 351.

se desvanece sin solución de continuidad. Las cosas sólo adquieren solidez y profundidad tornándose propiamente cosas y Robinson un sujeto de percepciones una vez que aparece Viernes. El comentario de Deleuze a la novela de Tournier constituye una elocuente exposición de la teoría fenomenológica de la implicación de los horizontes espacio-temporales e intersubjetivos:

> El primer efecto del otro es, alrededor de cada objeto que percibo, [...] la organización de un mundo marginal, de una mancha, de un fondo de donde otros objetos [...] pueden salir siguiendo leyes de transición que regulen el paso de unos a otros. Yo miro un objeto, después me doy vuelta, lo dejo introducirse en el fondo, al mismo tiempo que emerge del fondo un nuevo objeto de mi atención. Si este nuevo objeto no me hiere, no me agrede, con la violencia de un proyectil (como cuando uno tropieza contra algo que nunca ha visto) es porque el primer objeto disponía de todo un margen en el que yo sentía ya la preexistencia de los siguientes, todo un campo de virtualidades y de potencialidades que sabía capaz de actualizarse. Ahora bien, un tal saber, o sentimiento de la existencia marginal, no es posible más que por el otro. "El otro [...] arroja un vago destello sobre un universo de objetos situados al margen de nuestra atención, pero capaz en todo instante de convertirse en su centro". La parte del objeto que no veo la pongo al mismo tiempo como visible para el otro; hasta el punto de que, cuando haya dado el rodeo para alcanzar esta parte oculta, me encontraré con el otro tras el objeto para hacer una totalización previsible. Y siento que los objetos detrás de mi espalda se encrespan y forman un mundo, precisamente en tanto que visibles y vistos por el otro. Y, para mí, esta profundidad, a partir de la que los objetos se inmiscuyen o se muerden unos a otros, y se ocultan unos a otros, la veo también como una extensión posible para el otro, extensión en la que se alinean y pacifican (desde el punto de vista de otra profundidad). En síntesis, el otro asegura los márgenes y transiciones en el mundo. Es la suavidad de las contigüidades y semejanzas. Regula las transformaciones de la forma y del fondo, las variaciones de profundidad. Impide los asaltos por detrás. Puebla el mundo con un rumor benévolo. Hace que las cosas se inclinen las unas hacia las otras, y de una a otra encuentren sus complementos naturales.[430]

La experiencia perceptiva es siempre más que una relación diádica de sujeto y objeto: se trata cuanto menos de un *ménage-à-trois* por

---

[430] Gilles Deleuze, *Lógica del sentido*, tr. M. Morey, Barcelona, Paidós, 1994, pp. 304, 305.

Maurice Merleau-Ponty. Filosofía, corporalidad y percepción

cuanto el tercero o el otro es quien otorga profundidad y realidad a lo percibido, espejando a la vez mi propio esquema corporal de cuya misma constitución ha coparticipado.

¿Qué significa concretamente todo esto respecto de la diferencia entre la percepción de algo como real o verdadero, y la ilusión, el sueño o la alucinación? La realidad del objeto o su profundidad horizóntica está esencialmente sostenida por otras miradas virtuales, apoyada en otros que pueden no estar presentes, y en este sentido la experiencia perceptiva está constitutivamente abierta a ilusiones y alucinaciones. No hay entre la experiencia de algo como real, como ilusorio o como alucinado una diferencia esencial o un hiato sino un deslizamiento, una continuidad y una diferencia de estructura. La diferencia entre la percepción, el sueño, la ilusión o la alucinación "es intrínseca"[431] en tanto es una diferencia en el modo de darse, y siempre compromete simultáneamente a los tres términos del triángulo que conforma toda experiencia: el esquema corporal propio, los otros cuerpos y lo percibido. En el caso de una imagen pictórica tal como la representación de un paisaje los horizontes de lo percibido se reducen al marco del cuadro y me ubico o habito el ambiente fijado por la perspectiva particular del pintor. El cuadro como pedazo de tela sobre la pared se desvanece como figura y pasa a ser el "nivel", la "dimensión" o el fondo en el cual veo aparecer un mundo alternativo interior al mundo percibido. La perspectiva actualmente percibida coimplica otras perspectivas posibles, las de otros seres virtuales o fantasmáticos que habitan la atmósfera del cuadro y le dan una relativa profundidad: los trazos dispuestos sobre la dimensión plana del lienzo evocan un espesor y el árbol o el camino dibujado se disponen en profundidad, si bien ésta consta de perspectivas que es imposible actualizar por más que varíe cinestésicamente mi perspectiva frente al cuadro. Aun si veo la mesa en profundidad y no sólo trazos sobre el papel no puedo actualizar las perspectivas que están coimplicadas en la percepción de la imagen de la mesa (su parte trasera, por ejemplo) precisamente porque los "otros virtuales" o las "miradas virtuales" que sostienen mi percepción de la imagen como imagen le son interiores, determinando un sistema fijo de perspectivas posibles. Lo alucinado es en este sentido semejante a una imagen pictórica sólo que se sirve de fragmentos o "escombros" –en palabras de Merleau-Ponty– del mundo actualmente percibido. Lo percibido se desarticula en fragmentos y se rearticula en esbozos de otros mundos posibles que, sin embargo, son percibidos en una

---

[431] *FP*, p. 311.

modalidad de pseudo-realidad: "las alucinaciones tienen lugar en una escena diferente de la del mundo percibido, están como superpuestas".[432] En este caso la covariación de los tres vértices que constituyen la percepción es patente. En primer lugar, desde el vértice objetivo lo alucinado es un tipo de percepción carente de la misma profundidad y espesor espacio-temporal que lo percibido como real ya que no se presta a nuestras intenciones de proseguir su exploración como las cosas "realmente" vistas. Por eso las alucinaciones son esencialmente "fenómenos efímeros, picaduras, sacudidas, estallidos, corrientes de aire, oleadas de frío o de calor, chispas, puntos brillantes, resplandores, siluetas. Cuando se trata de verdaderas cosas, como por ejemplo un ratón, no están representadas más que por su estilo o fisionomía"[433] y se desvanecen cambiando el punto de vista o con el transcurrir del tiempo: la alucinación sólo se muestra en una perspectiva o un número escaso de perspectivas. Lo mismo sucede con las así denominadas "ilusiones de los sentidos", a las que podría definirse como percepciones peculiares que, a diferencia de las percepciones que se dan como "reales" u "objetivas", no resisten la continuidad de su exploración y no se apoyan en la copercepción de un número suficiente de otros cuerpos. Obsérvese que el número de cuerpos copercipientes "suficiente" para otorgar "realidad" a lo percibido dista de proveer un criterio absoluto o claramente determinable: desde el punto de vista de esta teoría parece no haber razón alguna para pensar que una alucinación o ilusión de la que coparticipen muchos cuerpos difiera de una percepción real o, a la inversa, que el mundo percibido como real no sea más que una especie de alucinación colectiva. Ahora bien, desde el segundo vértice del triángulo perceptivo correspondiente al cuerpo que percibe, la desarticulación de lo percibido en lo alucinado es correlativa de una perturbación o rearticulación del esquema motriz: "toda alucinación es, primero, alucinación del propio cuerpo. 'Es como si oyera con mi propia boca'. 'El que habla se sostiene en mis labios'".[434] Simultáneamente en el tercer polo intersubjetivo del proceso perceptivo se da un empobrecimiento de la intercorporalidad que otorga profundidad al mundo y unidad a mi esquema corpóreo. Aparece así cuanto más un "doble", un fantasma o un número escaso de fantasmas que sostienen precariamente las perspectivas discretas que conforman lo alucinado: "los enfermos experimentan inmediatamente a su lado, tras ellos o en

---

[432] *FP*, p. 348.
[433] *FP*, p. 353.
[434] *FP*, p. 352.

ellos, la presencia de alguien que no ven nunca, sienten cómo se aproxima o se aleja. Una esquizofrénica tiene incesantemente la impresión de que la ven desnuda y de espaldas. [...] La despersonalización y la perturbación del esquema corpóreo se traducen inmediatamente por un fantasma exterior".[435] Ahora bien, se observó previamente que para Merleau-Ponty la realidad del objeto o su "profundidad" en la experiencia perceptiva usual está también esencialmente sostenida por otras miradas virtuales o fantasmáticas, es decir, por otros que pueden estar presentes pero por lo general "no están realmente ahí". Por eso la experiencia perceptiva está constitutivamente abierta a ilusiones y alucinaciones (percepciones que no se confirmarían o no se sostendrían al proseguir la exploración perceptiva). Más aún, a toda experiencia de lo "real" le es esencial un carácter precario, presuntivo e indeterminado, en tanto si al movernos en ambientes familiares el progreso de la experiencia confirma por lo general nuestras anticipaciones, nunca podemos de todos modos actualizar el sistema total de perspectivas coimplicadas en lo actualmente percibido. Por eso afirma Merleau-Ponty que el espacio perceptivo es siempre y esencialmente "polimorfo",[436] "todos los objetos comportan, en el límite, esta indeterminación",[437] los "bordes del mundo" son siempre precarios y están "en andrajos".[438]

Desde un punto de vista semejante al adoptado respecto de la alucinación como un modo de la experiencia perceptiva corporal es posible abordar también la cuestión del sueño. En una de sus últimas notas Merleau-Ponty escribe un tanto enigmáticamente:

> El escenario distinto del sueño [es] incomprensible dentro de la filosofía que agrega lo imaginario a lo real [como dos esferas separadas] – porque entonces habrá que comprender cómo todo ello pertenece a la misma conciencia–. Entender el sueño a partir del cuerpo: como el ser en el mundo [...] con un cuerpo imaginario sin peso. Entender lo imaginario por lo imaginario del cuerpo. [...] El 'sujeto' del sueño [...] es el cuerpo como *recinto*. Recinto del que salimos puesto que el cuerpo es visible.[439]

---

[435] *FP*, p. 352.
[436] *N*, p. 144.
[437] *N*, p. 137.
[438] *N*, p. 101.
[439] *VyI*, p. 315.

Desde una perspectiva filosófica como la cartesiana el *cogito* sigue valiendo como primera certeza con independencia de si estoy durmiendo o despierto (aun si pienso que sueño, pienso, *i.e.*, existo como pensamiento). El *cogito* cartesiano se hace inmune al sueño expulsando fuera de sí la posibilidad de una experiencia con sentido que no sea autotransparente como lo es la de soñar. Desde una filosofía del *cogito*, o bien el sueño es pura inconciencia y no es vivido por mí o bien es pensamiento conciente y autoconciente de soñar. Y sin embargo es evidente que el sueño tal como lo vivimos no es ni una cosa ni la otra: es necesario entonces, afirma Merleau-Ponty, comprender "cómo la conciencia puede dormir". Y sólo es posible comprenderlo una vez que la conciencia perceptiva ha sido redefinida como esquema corporal, tornándose en su núcleo pre-conciente o semi-conciente, una conciencia siempre "crepuscular" y nunca clara y autotransparente como el pensamiento cartesiano. El sueño entonces no se opone a la vigilia como la inconciencia a la conciencia, puesto que la percepción despierta ya es en sí misma relativamente ambigua e indeterminada, y el sueño no es la ausencia de lo percibido ni el soñador es incorpóreo sino que se trata en todos los casos de posibilidades de una misma experiencia perceptiva y corporal. Como afirma Merleau-Ponty en uno de sus cursos:

> Dormir no es, pese a las palabras, un acto, una operación, el pensamiento o la conciencia de dormir; es una modalidad del encaminamiento perceptivo. Con mayor precisión, es la involución provisional de éste, la desdiferenciación, el regreso a lo inarticulado, el recogimiento en una relación global o prepersonal con el mundo –que no está verdaderamente ausente, sino más bien distante–, en cual el cuerpo señala nuestro sitio y con el cual continúa manteniendo un mínimo de relaciones que harán posible el despertar. Toda filosofía de la conciencia traduce –y deforma– esta relación, pues dice que dormir es estar ausente del mundo verdadero, o presente en un mundo imaginario, sin consistencia [...]. La negación del mundo en el sueño es también una manera de mantenerlo, y la conciencia durmiente no es, por tanto, una accesión de nada pura: la entorpecen los restos del pasado y del presente, y con ellos juega [...]. La distinción entre lo real y lo onírico no puede ser la simple distinción entre una conciencia colmada por los sentidos y una conciencia restituida a su vacío propio. Ambas modalidades se desbordan mutuamente. En la vigilia, nuestras relaciones con las cosas y, sobre todo, con los demás tienen por principio un carácter onírico: los demás están presentes para nosotros como sueños, como mitos, y esto basta para rebatir la ruptura entre lo real y lo imaginario.[440]

No sólo los otros sino también las cosas en tanto son percibidas en un entrelazamiento de horizontes que se pierde en lo indeterminado tienen en la experiencia común un carácter onírico, de tal modo que Merleau-Ponty llega a afirmar que "en la actitud natural, no tengo percepciones, no sitúo este objeto al lado de este otro y sus relaciones objetivas" sino que "tengo un flujo de experiencias que se implican [...] una a otra lo mismo en lo simultáneo que en la sucesión." Propiamente, entonces, "no percibimos casi ningún objeto, como no vemos los ojos de un rostro familiar, sino su mirada y su expresión".[441] Todas las cosas sólo se dan en tanto señalan y significan más y otra cosa que sí mismas, y en este sentido comportan un carácter onírico y emblemático. El sueño no hace más que exacerbar y liberar esta remisión horizóntica, y lo hace cuando el cuerpo se cierra sobre sí mismo y esboza libremente escenarios espaciales a partir de sus posibilidades y disposiciones sensomotrices, como el cuerpo del niño en la descripción de Proust citada más arriba desplegaba en el entresueño a partir de su "memoria corporal" espacios virtuales que había habitado. El soñador, dice Merleau-Ponty, se presta enteramente "a los hechos corpóreos de la respiración y del deseo, infundiéndoles así una significación general y simbólica, hasta el punto de no verlos aparecer en el sueño más que bajo la forma de una imagen." Hay que comprender "cómo los acontecimientos respiratorios o sexuales que tienen su lugar en el espacio objetivo se separan del mismo en el sueño y se establecen en otro teatro. Ello no se conseguirá si no se otorga al cuerpo, incluso en estado de vigilia, un valor emblemático".[442]

Es sabido que en un encefalograma pueden distinguirse dos tipos de sueño en los durmientes: el sueño profundo caracterizado por un patrón de baja frecuencia y el sueño REM que muestra patrones más irregulares y es acompañado por movimientos rápidos de los ojos (REMs) que pueden ser registrados mediante electrodos colocados en el área ocular. Los sujetos reportan estar soñando sólo cuando son despertados durante los sueños REM por lo que se considera que en los largos períodos de sueño profundo se duerme sin soñar. Puede resultar de interés en relación con la propuesta merleaupontyana de considerar el sueño como una función del cuerpo percipiente mediante la cual proyecta espacios a partir de sus disposiciones sensorio-motrices, el que

---

[440] *FL*, pp. 55 ss.
[441] *FP*, p. 296.
[442] *FP*, p. 299.

los movimientos oculares durante el sueño REM "se asemejan a aquellos que se esperarían durante la actividad o experiencia acerca de la cual la persona está soñando. Por ejemplo, soñar con un partido de tenis produce movimientos oculares de lado a lado mientras el soñador sigue la pelota".[443] El escenario del sueño consistiría, sin embargo, en una proyección visual "libre" de los montajes corporales en la medida en que al dormir, así como al imaginar, el espectáculo esbozado, como decía Merleau-Ponty en el texto reproducido más arriba, es correlativo de un cuerpo sin peso y por lo tanto con otras posibilidades motrices. Leroi-Gourhan realiza una observación similar:

> El peso del cuerpo es percibido por los músculos y se combina con el equilibrio espacial para arraigar al hombre en su universo concreto y constituir por antítesis un universo imaginario donde el peso y el equilibrio son abolidos. La acrobacia, los ejercicios de equilibrio, la danza materializan en gran medida el esfuerzo de sustracción a las cadenas operatorias normales, la búsqueda de una creación que quiebre el ciclo cotidiano de las posiciones en el espacio. La liberación se produce espontáneamente en los sueños de vuelo, en el momento donde el reposo del oído interno y de los músculos en el sueño crea el reverso del decorado cotidiano.[444]

En sus referencias a la cuestión del sueño se observa que Merleau-Ponty intenta atender a la experiencia de soñar tal como es vivida para redescubrirla como un modo más de nuestra experiencia perceptiva-corporal, no esencialmente distinta de la percepción despierta sino en continuidad con ella, a la que también es inherente un carácter onírico. Una dificultad para volver a ver el soñar desde esta perspectiva corporal reside en las idealizaciones y preconceptos que arrastran nuestras reflexiones sobre el sueño. Es usual considerar el sueño como un fenómeno incuestionablemente psicológico y mental, independiente de la experiencia corporal e incluso como una cuestión propia de la "psicología profunda". El sueño, se dice por un lado, tiene que ver con lo "simbólico" entendiendo ahora este término en el sentido del lenguaje humano. Es verdad que soñamos no sólo imágenes sino palabras, y en

---

[443] D. Griffin, *Animal Minds*, Chicago/London, The University of Chicago Press, 1992, p. 259. Griffin resume en este punto numerosos estudios de neurólogos y psicólogos como Fishbein, Morrison, Hartman, Jouvet, Cohen, Winson, etc. citados en su obra.
[444] A. Leroi-Gourhan, *Le geste et la parole. La mémoire et les rythmes*, París, Albin Michel, 1964, p. 103.

estas últimas el psicoanalista descubre que el misterioso "trabajo del sueño" operó "condensaciones" y "desplazamientos" –metáforas y metonimias– a través de los cuales se manifestaría una estructura profunda, la estructura "inconciente". La intervención de palabras en el sueño no significa un obstáculo desde un punto de vista merleaupontyano para pensar que el sueño es "algo del cuerpo", puesto que el lenguaje es visto en su perspectiva como un modo de expresión corporal y de comportamiento intercorporal (que sería vivido en el sueño en una modalidad de tipo alucinatoria). En los sueños de los animales también intervienen sus particulares modos de expresión, como se puede inferir del hecho de que, así como muchas veces pronunciamos en voz alta las palabras soñadas, los perros también vocalizan, gruñen y ladran al soñar.[445] Sin embargo, ¿no es el sueño, como la fantasía y la imaginación en las que "soñamos despiertos", un modo de escapar al "principio de realidad" que hemos incorporado a nuestra estructura psíquica bajo la forma de un "super-yó" tras la resolución de un "complejo edípico" propio de la particular organización familiar humana? El sueño como cristalización de lo "inconciente", desplegándose según el "principio del placer", realización velada o sustitutiva de deseos "reprimidos", producto de un complejo proceso de *Traumarbeit* que disfraza para la conciencia las pulsiones que no puede integrar sin conflicto: todas estas consideraciones psicoanalíticas, algunas de las cuales han cristalizado en nuestro "sentido común", nos conducen a ver el sueño como un fenómeno particularmente humano, espacio del inconciente *de* una conciencia propiamente humana, y subyacen a nuestro prejuicio de abordar el sueño como un fenómeno mental y desligado del cuerpo. Sin sugerir necesariamente que la concepción psicoanalítica del sueño no elucide algo del sentido de los sueños humanos, desde la perspectiva merleaupontyana de volver a ver el sueño como un modo de la "practognosia" corporal los resultados psicoanalíticos podrían ser vistos bajo otra luz: el soñar humano es básicamente un modo particular de la capacidad general de los cuerpos de proyectar a partir de sus posibilidades sensorio-motrices espacios y sonidos desligados del contexto efectivo, una capacidad que también tienen los cuerpos de muchos otros animales si, como dice Merleau-Ponty en sus últimos cursos sobre *La naturaleza*, ser humano, ser perro o ser delfín son sólo "distintas maneras de ser cuerpo". Según afirma el etólogo cognitivo experimental Donald Griffin, "el padre de esta área" de investigación

---

[445] Donald Griffin, *op. cit.*, p. 258.

según D. Dennett,[446] a pesar de que suponemos usualmente que los animales están "pegados a su contexto efectivo" y perciben el mundo básicamente en función de tareas básicas y pragmáticas, "los simios y los delfines con frecuencia muestran ser juguetones, traviesos e inconstantes, y nada eficientes, prácticos y objetivos".[447] Sus corporalidades percipientes también se abren a lo ilusorio e imaginario: "el mono que da una señal de alarma 'de águila' específica cuando sólo hay un pájaro inofensivo debe realmente temer que aquella [otra] criatura atacará".[448] Y los estudios empíricos indican que los cuerpos de pájaros y mamíferos, cuanto menos, también "proyectan" espacios alternativos a los percibidos en la vigilia a partir de sus posibilidades corporales particulares, es decir que, tal como los animales humanos, sueñan. Darwin y muchos otros ya habían observado el hecho por todos verificable de que los perros al dormir se mueven y vocalizan de modos tales que nos sugieren que están soñando. Sus movimientos, al soñar, se asemejan a los de alimentarse, correr, morder y copular, además de que pueden gruñir y ladrar dormidos. Durante estos períodos en que parecen estar soñando los contemporáneos estudios encefalográficos comprobaron que, tal como en los humanos, se obtienen patrones de sueño REM.[449]

Para concluir puede resumirse la visión general que decanta de los análisis merleaupontyanos relativos a la "objetividad" de lo percibido en los siguientes términos. El filósofo define una diferencia estructural entre lo percibido como real y lo percibido como ilusorio, alucinado o soñado sin dejar de reconocer al mismo tiempo una continuidad esencial entre ellos como modos diversos de una misma experiencia perceptiva corporal: la experiencia cotidiana está esencial o inherentemente contaminada por la ilusión, asediada por fantasmas y acosada por alucinaciones. Si la ilusión, el sueño o la alucinación son definidos como modos particulares de la experiencia perceptiva nada impide definir, a la inversa, la experiencia perceptiva "normal" del mundo "real" como una experiencia alucinatoria particular que tiene sus modos distintivos de confirmación en la remisión concordante entre las perspectivas y en una intersubjetividad lo suficientemente extensa. Lo único que evitaría que la teoría merleaupontyana arrojara una

---

[446] D. Dennett, *Kinds of Minds. The Origins of Consciousness*, London, Phoenix, 2001, p. 228.
[447] D. Griffin, *op. cit.*, p. 258.
[448] *Idem.*
[449] *Ibid.*, p. 259.

conclusión semejante sería contar con una concepción de la naturaleza que sus mismos términos descartan: el cuerpo como sujeto natural de la percepción y el mundo natural no definen un *a priori* biológico fijo o una base común para lo humanamente perceptible. Esto es así porque, por un lado, el cuerpo orgánico provee en la visión de Merleau-Ponty una base demasiado lábil para dar cuenta de lo percibido, siendo resignificado por las habitualidades de comportamiento corporal adquiridas intersubjetiva o culturalmente. Por otro lado, porque la naturaleza en el único sentido que conserva el término para Merleau-Ponty sólo es "el horizonte de todos los horizontes [...] que asegura a mis experiencias una unidad dada y no querida por debajo de todas las rupturas de mi vida personal e histórica"[450] al precio de ser a la vez lo esencialmente inacabado, misterioso, indeterminado y abierto, cuyo "sentido último sigue estando enmarañado" por principio.[451]

Sólo resta agregar, por último, algunas breves consideraciones acerca del sentido y el valor que comporta la mirada merleaupontyana, *i.e.*, el punto de vista particular aportado por su filosofía, en el contexto de la discusión filosófica contemporánea. La filosofía del siglo XX asumió definitivamente –explícita o implícitamente, gozosamente, cínicamente o a su pesar, según el caso– el fracaso del "sistema": aquella peregrina vocación de dar sentido a la totalidad de lo existente que se creía propia de los filósofos. Frente a esta situación, desde fines del siglo pasado se ha visto con frecuencia a los filósofos continentales volver los ojos hacia la tradición y hacia los filósofos del pasado para realizar lo que algunos de sus colegas angloamericanos consideran que no es filosofía sino mera exégesis, historia de la filosofía o aun, en el peor de los casos, algún tipo de crítica textual más cercana a la literatura. Para desestimar el *cliché* bastaría con recordar el círculo metodológico entre filosofía e historia de la filosofía que ya fue reconocido en la introducción de este trabajo, el cual impide realizar cada una de estas tareas con prescindencia de la otra. Pero la objeción tiene su parte de razón: el estudio de los textos y de los autores no puede ser nunca el tema último de la filosofía sino sólo el intermediario obligado para la elucidación de los problemas filosóficos. La mirada merleaupontyana, su peculiar modo de pensar y preguntar, muestra con evidencia este estilo de filosofar que hace escala en los filósofos del pasado sólo como recurso para pensar en los problemas que ocupan a su propia investigación. Tras una conferencia en la que el filósofo exponía

---

[450] *FP*, p. 343.
[451] *FP*, pp. 346, 347.

los conceptos claves de su recién publicada *Fenomenología*, un asistente le preguntó extensamente acerca de la relación entre los puntos de vista expresados en la conferencia y algunos conceptos de Descartes, Comte, James, Bergson además de varios "ismos" filosóficos tales como el "idealismo" y el "realismo". La respuesta del filósofo es terminante y representativa de su primario interés en los problemas por sobre los autores: "Deliberadamente no he empleado el término realismo. Puesto que utilizar tal término nos comprometería en todo tipo de explicaciones históricas del género de las que usted condujo creo que no hay ninguna ventaja en utilizarlo. Esto prolonga la discusión sin aclararla. Por mi parte, preferiría responder a una pregunta concreta más que a una cuestión acerca de la interrelación histórica de las doctrinas".[452]

Parecería entonces darse cabida a la paradójica interpretación de que los continuadores no reconocidos de la "mirada merleaupontyana" serían más bien algunos de los actuales filósofos angloamericanos, con su interés en los problemas por sobre los autores y la historia, y su modo de filosofar en contacto con las ciencias empíricas, tal como Merleau-Ponty exigía para la filosofía y ponía en práctica en su propia reflexión. Sin embargo, demasiado frecuentemente se ha visto a estos filósofos idear nuevos intrincados argumentos y experimentos mentales sólo para reiterar los mismos problemas y soluciones ya propuestos más de una vez en la historia de la filosofía. Esto se puede observar con evidencia, por ejemplo, en algunas actuales discusiones cognitivistas o relativas a la teoría de la mente que se debaten entre un reduccionismo materialista inspirado en el entusiasmo por los asombrosos avances contemporáneos de las neurociencias, y la necesidad de hacer contar un ámbito irreductible de contenidos mentales, pasando por un número de soluciones mixtas, ambivalentes o de compromiso entre ambas tendencias. Merleau-Ponty seguramente estaría hoy fascinado por los nuevos descubrimientos neurocientíficos, tal como ya lo estaba hacia mediados del siglo pasado cuando éstos eran mucho más pobres en resultados. Sin embargo, su concepción del pensar filosófico lo mantuvo a una distancia crítica de los desarrollos empíricos, distancia que le permitía reinterpretar sus resultados y aun preguntarse acerca del sentido y el valor explicativo de estos descubrimientos en cuanto su método es aún deudor del "mito cartesiano".

A la luz de esta "mirada merleaupontyana" que consideramos aún hoy valiosa y original, ¿cuál es entonces el motor del preguntar filosófico si no es en primera instancia la historia de la filosofía, ni los

---

[452] *PPCP*, p. 83.

desarrollos científicos, ni tampoco la pretensión del sistema? La filosofía expresa las preguntas informuladas que ya son propias de nuestra experiencia de nosotros mismos, del mundo y de los otros tal como es vivida, por cuanto esta experiencia nos resulta siempre y esencialmente misteriosa en el sentido de aquel misterio irreductible inherente a los horizontes del mundo del que hablaba Merleau-Ponty. El entrelazo indiscernible de estas tres dimensiones nos es dado inmediatamente al volver la atención a nuestra experiencia haciendo a un lado las idealizaciones y los preconceptos, redescubriendo así el dato insoslayable de nuestra carnalidad: los seres humanos cognoscentes, hablantes y pensantes somos sólo cuerpos hábiles que perciben, cuerpos inoperantes que desean, cuerpos que suenan, cuerpos que sueñan, cuerpos que alucinan. Pero volver la atención hacia lo más obvio no puede ser una empresa fácil si somos deudores de una tradición cultural que ha cifrado lo más esencial y valioso de nuestra humanidad en la mente, una función que se ha pretendido separable del cuerpo cuando no es más que un tipo de comportamiento fundado, derivado e inseparable de otros varios comportamientos corporales más básicos y originarios. En este sentido el proyecto merleaupontyano de una filosofía del cuerpo mantiene su vigencia y su originalidad en el contexto de la investigación filosófica contemporánea, revitalizando la pregunta por la experiencia y atravesando así las fronteras geográficas y estilísticas que desafortunadamente separan a la filosofía actual: la alternativa que la filosofía merleaupontyana señala no consiste en aislarse de la historia ni de la investigación empírica sino en interesarse en sus resultados y servirse de ellos para mantener viva la interrogación de la experiencia. Una observación final realizada por el filósofo en la conferencia antes citada resulta de suma utilidad para definir su relación con la tradición filosófica así como con la investigación científica, además de reflejar la perspectiva metodológica que se intentó adoptar en este trabajo siguiendo los pasos del filósofo: "Debo haberme expresado de manera inexacta si di la impresión de que quería criticar o arrasar con todo, ya que, por el contrario, a mí me parece que todo es interesante y, en cierta manera, verdadero, con la sola condición de que se tomen las cosas tal como se presentan en nuestra experiencia plenamente elucidada".[453]

---

[453] *PPCP*, p. 89.

Bibliografía

1. Obras de Maurice Merleau-Ponty.*

Causeries 1948, París, Éd. du Seuil, 2002 (*El mundo de la percepción. Siete conferencias*, Buenos Aires, Fondo de Cultura Económica, 2003).
Éloge de la philosophie, París, Gallimard, 1953 (*Elogio de la filosofía. El lenguaje indirecto y las voces del silencio*, Buenos Aires, Nueva Visión, 1970; trabajos recogidos en *Signes*).
Humanisme et terreur. Essai sur le problème communiste, París, Gallimard, 1947 (*Humanismo y terror*, Bs. As., Leviatán, 1970).
La nature. Notes de courses du Collège de France, París, Éditions du Seuil, 1995.
La prose du monde, París, Gallimard, 1969.
La structure du comportement, París, P.U.F., 1942 (*La estructura del comportamiento*, tr. Enrique Alonso, Bs. As., Hachette, 1976).
Le monde sensible et le monde de l'expression, Genève, MētisPresses, 2011.
Le primat de la perception et ses conséquences philosophiques, Grenoble, Cynara, 1989.
Les aventures de la dialectique, París, Gallimard, 1955 (*Las aventuras de la dialéctica*, tr. León Rozitchner, Buenos Aires, Leviatán, 1957).
Le visible et l'invisible. Suivi de notes de travail, París, Gallimard, 1964 (*Lo visible y lo invisible. Seguido de notas de trabajo*, tr. J. Escudé, Barcelona, Seix Barral, 1970).
L' institution. Le problème de la passivité, París, Belin, 2003 (*La institución. La pasividad. I: La institución en la historia personal y pública*, tr. Mariana Larison, Madrid, Anthropos, 2012)
L' oeil et l' esprit, París, Gallimard, 1964.

---

* Esta bibliografía no pretende ser exhaustiva. Numerosos trabajos del filósofo que fueron publicados separadamente, en revistas o en obras colectivas, fueron incluidas en compilaciones posteriores que aquí consignamos.

L'union de l'ame et du corps chez Malebranche, Biran et Bergson (Notes prises au cours de M. Merleau-Ponty à l'École Normale Supériere 1947-1948), París, Vrin, 1978.
Merleau-Ponty à la Sorbonne. Resumé de cours 1949-1952, Dijon-Quetigny, Cynara, 1988. Incluye entre otros: "La conscience et l'acquisition du langage" (*Consciousness and the Acquisition of Language*, tr. H. Silverman, Evanston, Northwestern University Press, 1973); "Les sciences de l'homme et la phénoménologie" (*La fenomenología y las ciencias del hombre*, tr. I. González y R. Piérola, Bs. As., Nova, 1977); "Les relations avec autrui chez l' enfant" (*Las relaciones del niño con los otros*, Universidad Nacional de Córdoba, 1959).
Notes de cours au Collège de France 1958-1959 et 1960-1961, París, Gallimard, 1996.
Notes de cours sur L'origine de la géométrie *de Husserl*, París, Presses Universitaires de France, 1998.
Parcours 1935-1951, Lonrai, Verdier, 1997.
Parcours deux 1951-1961, Lonrai, Verdier, 2000.
Phénoménologie de la perception, París, Gallimard, 1945 (*Fenomenología de la percepción*, tr. J. Cabanes, Barcelona, Plancta, 1994).
Résumés de cours. Collège de France 1952-1960, París, Gallimard, 1968 (*Filosofía y lenguaje*, tr. H. Acevedo, Buenos Aires, Proteo, 1969).
Sens et non-sens, París, Nagel, 1948 (*Sentido y sinsentido*, tr. N. Comadira, Barcelona, Península, 1977).
Signes, París, Gallimard, 1960 (*Signos*, tr. C. Martínez y G. Oliver, Barcelona, Seix Barral, 1964).

2. Bibliografía sobre Maurice Merleau-Ponty.

Barbaras, R. (1988) *Le tournant de l'expérience. Recherches sur la philosophie de Merleau-Ponty*, París, Vrin.
Barbaras, R.-Carbone, M.-Lawlor, L. (eds.) (1999-2011), *Chiasmi International. Trilingual Studies Concerning the Thought of Merleau-Ponty*, I-XIII.
Battán, A. (2004) *Hacia una fenomenología de la corporeidad*, Córdoba, Universitas. Editorial Científica Universitaria, 2004.
Baumgarten, E. (1975) *Merleau-Ponty's Phenomenological*

Reformulation of Freudian Psychoanalysis (Tesis de Doctorado en Filosofía, Northwestern University), Evanston, Illinois.

Bernard, M. (1994) *Le corps*, París, Jean Pierre Delarge, Editions Universitaires, 1976 (*El cuerpo. Un fenómeno ambivalente*, Barcelona, Paidós, 1994).

Burke, P.-Van der Veken, J. (eds.) (1993), *Merleau-Ponty in Contemporary Perspectives*, Dordrecht/Boston/London, Kluwer Academic Publishers.

Busch, T.-Gallaher, S. (eds.) (1992), *Merleau-Ponty, Hermeneutics and Postmodernism*, Albany, SUNY Press.

Ceriotto, C. (1969) *Fenomenología y psicoanálisis. Aproximación fenomenológica a la obra de Freud*, Buenos Aires, Troquel.

Depraz, N. (2001) *Lucidité du corps. De l'empirisme transcendental en phénoménologie* (Phaenomenologica 160), Dordrecht/Boston/London, Kluwer Academic Publishers.

Descombes, V. (1979) *Lo mismo y lo otro. Cuarenta y cinco años de filosofía francesa (1933-1978)*, Madrid, Cátedra.

Dillon, M. (1988) *Merleau-Ponty's Ontology*, Bloomington & Indianapolis, Indiana University Press.

Dillon, M. (ed.) (1991) *Merleau-Ponty vivant*, Albany, State University of New York Press, 1991.

Dreyfus, H. (1993) *What Computers Still Can't Do. A Critique of Artificial Reason*, Cambridge/London, MIT Press.

Edie, J. (1980) "The meaning and Development of Merleau-Ponty's Concept of Structure", en *Research in Phenomenology*, New Jersey, Humanities Press, Vol. X, 1980, pp. 39-57.

Haas, L.-Olkowski, D. (1980) *Rereading Merleau-Ponty. Essays Beyond the Continental-Analytical Divide*, New York, Humanity Books.

Johnson, G.-Smith, M. (eds.) (1990) *Ontology and Alterity in Merleau-Ponty*, Evanston, Northwestern University Press.

Kwant, R. (1963) *The Phenomenological Philosophy of Merleau-Ponty*, Pittsburgh/Louvain, Duquesne University Press.

Kwant, R. (1966) *From Phenomenology to Metaphysics*, Pittsburgh/Louvain, Duquesne University Press/Nauwelaerts.

Levin, D. (1985) *The Body's Recollection of Being: Phenomenological Psychology and the Deconstruction of Nihilism*, London, Routledge & Kegan Paul.

Lévinas, E. (1972) *Humanisme de l'autre homme*, París, Fata Morgana,

1972, Parte I (*Humanismo del otro hombre*, tr. G. González y R. Arnáiz, Madrid, Caparrós Editores, 1993).
Lingis, A. (1994) *Foreign Bodies*, New York/London, Routledge, 1994.
Lingis, A. (1986) *Libido: The French Existential Theories*, Bloomington, Indiana University Press.
Lutereau, L.- Kripper, A. (eds.) (2011), *Arqueología de la mirada. Merleau-Ponty y el psicoanálisis*, Buenos Aires, Letra Viva.
Micieli, C. (2003) *Foucault y la fenomenología. Kant, Husserl, Merleau-Ponty*, Buenos Aires, Biblos.
Nebreda, J. (1981) *La fenomenología del lenguaje de Maurice Merleau-Ponty. Prolegómenos para una ontología diacrítica*, Madrid, UPCM.
Pietersma, H. (ed.) (1989) *Merleau-Ponty. Critical Essays*, Washington D.C., Center for Advanced Research in Phenomenology, 1989.
Sartre, J.-P. (1961)"Merleau-Ponty vivant" en *Les Temps Modernes*, 17, 1961, pp. 304-376.
Steinbock, A. (1987) "Merleau-Ponty's concept of depth", en *Philosophy Today*, vol. 31, no. 4/5.
Taylor, C. (1997) *Argumentos Filosóficos. Ensayos sobre el conocimiento, el lenguaje y la modernidad*, Barcelona, Paidós.
Walton, R. (1993) *Husserl. Mundo, Conciencia y Temporalidad*, Buenos Aires, Almagesto.
Walton, R. (1993) *El fenómeno y sus configuraciones*, Buenos Aires, Almagesto.
Waldenfels, B. (1980) "Perception and Strucuture in Merleau-Ponty", en *Research in Phenomenology*, New Jersey, Humanities Press, Vol. X, pp. 21-38.

www.ingramcontent.com/pod-product-compliance
Lightning Source LLC
Chambersburg PA
CBHW051100230426
43667CB00013B/2377